道家内丹经典精讲

中华传统养生女丹炼养方法

孔德 著

CCTP
中央编译出版社
Central Compilation & Translation Press

图书在版编目 (CIP) 数据

道家内丹经典精讲 / 孔德著 . —北京 ：中央编译出版社，2014.8
ISBN 978-7-5117-2035-1

I. ①道… II. ①孔… III. ①内丹-研究 IV. ① B95

中国版本图书馆 CIP 数据核字 (2014) 第 016220 号

道家内丹经典精讲

出 版 人：刘明清
出版统筹：董 巍
责任编辑：董 巍
责任印制：尹 珺
出版发行：中央编译出版社
地 址：北京西城区车公庄大街乙 5 号鸿儒大厦 B 座 (100044)
电 话：(010) 52612345（总编室） (010) 52612363（编辑室）
(010) 52612316（发行部） (010) 52612315（网络销售）
(010) 52612346（馆配部） (010) 66509618（读者服务部）
传 真：(010) 66515838
经 销：全国新华书店
印 刷：北京龙跃印务有限公司
开 本：787 毫米 × 1092 毫米 1/16
字 数：238 千字
印 张：18
版 次：2014 年 8 月第 1 版第 1 次印刷
定 价：39.80 元

网 址：www.cctphome.com 邮 箱：cctp@cctphome.com
新浪微博：@ 中央编译出版社 微 信：中央编译出版社 （ID：cctphome）
淘宝网店：编译出版社书店 （http://shop108367160.taobao.com/）

本社常年法律顾问：北京市吴栾赵阎律师事务所律师 闫军 梁勤
凡有印装质量问题，本社负责调换。电话：010-66509618

本书作者孔德练功图

孔德仙学纲领

以天人合一的大道哲学为信仰
以广采博收的真理通融为胸怀
以唯象唯存的客观态度为前提
以灵通活变的自主精神为动力
以积极乐观的社会责任为进阶
以文明道德的思想情操为素养
以性命双修的自身实践为证验
以文武动静的综合修炼为方法
以人己共渡的操持举动为品德
以长生久视的生命永存为目标
以人类身心的全面升华为理想

说明：该纲领是孔德先生在当年仙学巨子陈撄宁先生“仙学箴言”的基础上提出的。

前　言

中华仙学养生的历史是非常悠久的。以我的推断，其历史源头和中医药学当是同源而分流的。说同源，当然，中医药学的历史要比仙学更为悠久。因为自从有了原始人类，医药学即开始萌芽，继而才有仙学伴随产生。如果说医药学是产生于人类的生活经验之上，那么，仙学乃是产生于人类生活的理想之上。由理想而后才产生实践。自从仙学产生之伊始，仙学养生的部分方式即嫁接或借用在中医药学之上的——这便是外丹烧炼和服食术。原始人类从最早的伙食当中偶然发现某些经过火烧过的食物和矿物植物，当人不经意服食之后，竟会治好某些疾病，竟会产生生理上某些良性反应，并且利于健康和长寿。于是后来，外丹烧炼术便由众多的偶然发现转入必然的研究实验，使之最终成熟为一门专门的仙道学问。而原始人类充足的睡眠，特别是充足的冬天睡眠时间，又会从某些智者中偶然发现，无思无虑的清静状态的长期维持，不仅会缓解、消除许多疾病，而且会使生理发生许多奇妙变化：或者白发转黑，或者齿落复生，或者肌肤变细变嫩等等。于是后来，由众多偶然体验到必然进行研究实践的清修养生术和仙道之术也应运而生，并且最终成熟为仙学的又一门类。我推断，外丹烧炼和清修，它们的历史源头最迟不会低于两万年。它们最早是脱胎于中医药学，而后方成为一门独立的养生学问，因此是谓“分流”。但虽谓“分流”，却又始终与中医药学有着千丝万缕的联系。因为，中医药学从总的目的上讲，是为人类的养生服务的。它们虽然起不到仙学养生所能发挥的对人生命终极关怀的作用，但也可以在一定层次和某些方面为仙学养生所服务所利用。

但是，最初的清修养生术还不能算作仙学养生的功夫学问。因为，仙学养生的功夫学问是建立在清修养生术有了祛病养生、延年益寿的效验以后，逐渐诱发了人类长生不死并有像鸟儿一样自由飞翔的“生命无限自由”的念头，从而在清修养生术的基础上分析、探索、研究天人之间的奥秘以及人的生命奥秘后，主动采取一些特殊的调心、调息、调形和心息相依、神气相合，并与之匹配的“火候”等技术性手段，持之以恒地进行修炼，以求达到最终成仙的理想目的。所以说，“功夫”的含义就是：用特别的方法、技巧和措施，通过恒持修炼所得到的扎实效验。

我们可以想象得到，最初的仙学养生功夫，男女大致是没有区别的。但由于男女在生理上确又存在某些本质上的区别，所以，没有区别的功夫对于确有区别的生理，功夫效验肯定在许多方面存在差异：或于男此利彼弊，或于女此弊彼利。在这样的情况下，久而久之就会唤起从事仙学养生的圣哲们再度进行男女修功异同的探索研究。这样一来，就逐渐有了男子丹法和女子丹法某些方面之异同的探索和经验。

若从中华人类的发展史和文化史考察，女子丹法的产生和成熟应该远远早于男子丹法。何以这么肯定作答，事实在于我们现在从一些历史文献的介绍上可以知道，五千年前，黄帝不仅是一位政治家，同时也是一位中医药家和仙学养生家。黄帝曾经拜求过很多位医药学和养生学的老师，而这些老师当中就有今人所能知道的好几位女老师，如西王母、玄女、采女、素女等。这个情况反映出的历史事实是，人类社会在进入父系社会之前，曾经经历了一个漫长的母系社会（历史学又称“母权社会”或“母系氏族社会”）。正是这个漫长的母系社会，使得置身其中的女性养生家们，有了一个最优越的女子丹法的探索实验和积累经验，继而获得成功的时间过程。

依我的粗浅认识与推理，母系社会时的女子丹法大概有两种，一种是清修，一种是双修。而这两种方法并不是截然分开的，可能只是分段分层次分别而用罢了。

母系社会中有一个与父系社会完全不同的婚姻制度，这就是“女权婚姻”。因为这时女性在生产资料的拥有和分配上处于绝对权力，所以在婚姻上同样也拥有这种绝对权力。特别是对于一个掌管氏族权力的女人，她想得到哪个男人做配偶就一定能得到；她不想要哪个男人做配偶，只要某一晚上不让那个男人进卧室就行了。女子到了结婚年龄，家里就会为她单设一个卧室，她从此就可以凭着她的爱与不爱，来自由自主迎接或拒绝深夜来到卧室外造访求爱的不同男人们。被准许入房的男人，天未亮以前一定要赶回自己“娘”家。一生如此。那时，在一个家庭里，只有母亲和舅舅，而没有父亲。“父亲”永远只能住在“娘”家。而且“父亲”这个角色既是埋名的，又是不固定的。我想那时的婚姻，纯粹是以“爱”为根本条件而存在。这“爱”可以是单纯的性爱，也可以是感情之爱；可以是一宿之爱，也可以是一生之爱。只要有爱的基础，爱就维系，否则爱就结束。自由自在，无拘无束。那个时候离封建社会还很遥远，因而也就没有封建思想，婚姻和性都是自然合理的开放。这种特殊的以女权为中心的性文化时代，给女子丹法的研究实验提供了优越的条件。同时，也为男子丹法的研究探索获取了许多相关的经验（当然其中两者均不乏无数的教训，甚至是沉痛的教训）。

据知在先秦时代，女丹经和男女双修的丹法典籍都是很多的。但这时的社会早已转型为父权社会，在以男人为主导的社会制度里，妇女在社会中属于从属的地位，女子丹法自然缺乏了风行于世的社会土壤，不被社会所倡导，自然呈现为自生自灭的状态。相反，以男性为中心的长生久视的神仙之术则大行其道。我们还有理由推断，后来有两次大的政治与文化变革，使女子丹法与男女双修的历史典籍更加遭到灾难性的毁灭，这就是秦始皇的焚书坑儒和后来汉武帝的“废黜百家，独尊儒术”。其实，秦始皇和汉武帝都是信仰神仙不死之事的，但他们对其他相关学术典籍的销毁，大约只是想把这些大众均可享受的福利变为一种特权内的享受罢了。所以自汉代以后，许多这方面的历史文献都散失了。我们今天所能见到的，无论是传世文献，还是出土文献，都是少之又少的一小部分。特别是历史发展到后来，父权夫权加上封建伦理，使女子丹法几乎完全失去了社会生存的土壤。

当然，话又说回来，尽管几千年来女子丹法的行施几乎完全丧失了其社会生存的土壤，但作为内丹仙学的一个重要组成部分，和作为后来历史上仙学传承的隐秘性，女子丹法也所幸没有真正湮灭。历代也出现过一些颇有成就的女丹修炼家，如三国至晋时的谌姆；晋朝魏夫人；唐朝谢自然、何仙姑；宋朝曹文逸真人；元朝“北七真”之一的孙不二……直到清代至民国时期，虽未闻有证果很高的女丹家，但从事女丹功修炼且出类拔萃的女丹人才还是后继有人。当时，中国仙学界的“仙学”倡导者和领军人物陈撄宁先生，并于女丹功法方面做了一定的研究整理工作。但再往后来，由于社会变革的复杂原因，女子丹法真正面临到行将消亡的衰微时期。

上个世纪 80 年代开始，随着中国的改革开放，气功热潮在中国兴起。因为在气功爱好者当中女性人数所占比例大于男性人数，这实为女子丹法的再度复兴创造了一个很好的社会氛围。但可惜的是，在这个时期尚未来得及出现有关女子丹法的研究人才和研究成果，女子丹法故未能得以弘扬光大，整个气功的热潮流于很肤浅的表面形式。但反过来看，近来十年，气功虽然走入低谷，倒也发生着大浪淘沙的作用。许许多多当时盲目地、赶热闹地涌入气功热潮的人，到头来却是一无所获，不知“气”为何物，“功”为何事。气功热过去了，他们和她们就与气功成了陌路之人。只有少数坚持探索真理的人，在气功热过去一无所获后，有了更多的反省思索，从而升华性地走上丹道修炼这条性命双修的路子。所以我可以说，近十年来是道家内丹仙学走向学术性研究、探讨、实践和发展的特定历史下的最好时期。可以预料，随着社会法制的健全和社会政治文明的进步，未来的情况会比今天更好。所以说，女子丹法的弘扬传播面临着一个美好的春天。

大约在15年前，那时我曾发愿，有朝一日，将构建一个较为完善的仙学养生的科学体系，将历史以来的、隐秘的、晦涩的、零散的、分门别派的仙学养生内容来一番研究整理，为后人提供一个明白无误、可供循序渐进修炼的仙学养生的系统理论和方法。这个工作自1997年开始动手，至2000年，历时三年，撰文八十余万字，使基本主体内容业已形成，并已惠及了一些真心求道之人。但在这项工程中，还有两大内容，虽有一定程度的涉及，但尚未来得及深入去做：一为男女双修功法，一为女丹功法。实际上，近些年来，国内许多同道也在涉及这项工作，有的广为搜集文献进行汇编出版，有的先后进行过各自的整理研究，发表一些功理功法文章，这些工作都是极有意义的。但同时我又深深感到，要想把女子丹法科学系统的研究整理出来，实是一个大工程，并不是简单地整理一些典籍或介绍几个功法可以了事。但同时，面对一个21世纪人类健康的主要话题，面对全中国与全世界庞大的女性群体，女子丹法系统工程的研究不但具有特殊的时代使命和重大的意义，而且还显得十分迫切。还使我感到愧疚不安的是，近几年来，有不少女性道友不断来信来电，寄希望我早日把女丹功法系统介绍出来。还有女道友直接寄来某些女丹经篇章请求注解发表。在这种迫切的呼声下，我经思之再三，只好决定在时间和精力许可下，先将部分实用的女丹功典籍文章作些注解，以后再视机缘来决定何时启动女子丹法的研究工程。最终我是否有能力、有精力完成这件大事，目前尚难预计。若今后能有其他的高修大德，能身先士卒，承此大任，亦实乃莫大功德矣。

孔德

2006年春天于蛰龙居

目　录

男女丹工异同辨

竹阳女史颜泽寰晏清[①]/纂述

仙井女史贺为烈全贞[②]/参校

原按：此编皆女子金炼[③]也，若玉炼[④]之要，详《西王母宝神起居经》，道藏辑已刻编中。女修程途，即孙元君[⑤]内丹法语之坤道[⑥]功夫次第也。

考法语[⑦]尚有《女工内丹》一卷，《丹道秘书》三卷，内列《玉清胎元内养真经》、《玉清无上内景真经》、《大道守一宝章》，附范阳卢陲真[⑧]始传崔少玄[⑨]一诗。但皆上乘大道，于初工诀窍未露，故未选刻。然女到出神之后，亦宜参方可超脱也。

编中附《旁门录》，恐女初入门误入其中也；附《九品莲华经》，恐女斩龙[⑩]后不知前程也。女能多购著者，眼界大，法力亦大，否则专习此编亦足证果。

井研贺龙骧又跋

【注释】

①竹阳女史颜泽寰晏清纂述：竹阳，地名。女史，此“史”本指史官，这里“女史”特指寺庙里的女文书。颜泽寰晏清，前三字为姓名，后二字为字，即姓颜，名泽寰，字晏清。

②仙井女史贺为烈全贞参校：与①同义。

③金炼：主旨命功中采炼服食先天一气的功夫。因先天一气永恒不灭，故丹家喻之为金。

④玉炼：一指命功筑基中炼精化气的功夫；一指性功修炼。指气指性，皆比之美玉的温润中和。同时也比喻“玉”与“金”的差距，玉埋土中遇到侵蚀，经千年玉化为石，再化为粉，终则成泥，而金则永久不坏。

⑤孙元君：即丹道全真派北七真之一的孙不二。北七真中唯孙不二一人为女性，故称元君。

⑥坤道：指女子入道者。乾为男，坤为女。

⑦法语：义即丹诀。

⑧范阳卢陲真：范阳，地名。卢陲真，人名。

⑨崔少玄：人名，乃坤道。

⑩斩龙：又名斩赤龙，乃女子丹法中断除月经之喻。

【文译】

按：今所介绍的《男女丹工异同辨》，皆为女子命功的上乘功夫，若涉及性功及其他内容，可以详细参考《西王母宝神起居经》，道藏辑已将这个内容收入其中。有关女性修炼的方法要领和次第顺序，也即孙不二元君内丹法诀中的坤道功夫次第。

考前人相关的女子丹诀，尚有《女工内丹》一卷，《丹道秘书》三卷，其中收有《玉清胎元内养真经》、《玉清无上内景真经》、《大道守一宝章》，另附有范阳卢陲真初传坤道崔少玄的一首诗。但这些皆为上乘大道，于初步入门下手的功夫诀窍都未透露，所以此编就没有选入。然而，女子修炼到出神的阶段，这些典籍与法诀都还是要详细参阅，而后方可步入超脱阶段。

本篇中还附有《旁门录》，其目的在于让初入道的女子加以了解，以免误入歧途；还附有《九品莲华经》让初入道的女子参阅，以免功夫炼到斩赤龙后不知后面该怎么下工夫。

作为女性修炼者，最好能够广泛购买各种丹经道书阅读，懂得的知识和道理越多，自行修炼的法力就越大。退一步讲，若没有那些条件，专门学习本编，也足以能够提供证果的理法。

贺龙骧

序

【原文】

泽寰少，孤母守节[①]，乏嗣抚，未遂膝下[②]，惟姊妹三人。未几二妹殇[③]，三妹亦字人[④]待嫁。泽寰不忍母之孀[⑤]居寂苦也，立志守贞奉母，誓不出阁[⑥]。年十二即随母持斋[⑦]，互以劝善歌文自娱。每羡善书中言修行之美，仙佛之贵，憾无明师指点诀窍，复无丹经印证身心。默叩天缘[⑧]，几历十载，忽值庚子夏京都之变，奉母回避峨山[⑨]，始知佛门中言女修者有《摩耶夫人经》、《摩登伽女经》、《寄孤长者女经》、《比丘尼传》、《善女人传》、《海南一勺编》；复又得《摩尼烛坤集》一部，约七十余种，系如山夫人名善一优婆夷[⑩]者所集也。但释藏深邃，样性略命，非初机[⑪]所能应手。若夫玄门中言女丹者，往往附诸《道藏》中，无次序，无专书，望海汪洋。无任[⑫]于邑，不揣陋劣，割裂圣经，汇集女丹约白余纸，与母演说，一消寂闷，一励潜修。承欢之余，又遵母命，于所集女丹中，提出男女异同之处，另抄一册，约五千余言，曰《男女丹工异同辨》，置诸座右，以免工法混淆，身罗奇疾。牙慧[⑬]之诮，知不免焉，若工[⑭]同好，则吾岂敢。

时光绪癸卯春竹阳女史颜泽寰晏清自记

【注释】

①孤母守节：指父亲去世，母亲没有再婚，孤独地守着“一女不嫁二夫男”的礼教贞节。

②乏嗣抚，未遂膝下：膝下未生能传宗接代的儿子，这个心愿一直未能达到。

③殇：因病夭折。

④字人：古代的婚姻，往往男女双方在婴幼时就由父母包办代替订亲，只要双方命相和合即“八字相合”就行。此“八字”为人出生年、月、日、时配天干、地支，四乘二为八，故名“八字”。“字人”义即纳了八字，许配了人家。

⑤孀：即遗孀、孀妇，指死去丈夫的妇人。“孀”之义古无详释，大约指死去丈夫的妇人孤苦伶仃，犹如立于初冬季节的风霜之中。

⑥出阁：即出嫁。古时上等人家都置有专门供女儿独处的闺阁，以别男女。闺阁内设书房、琴房、绣房等，以利女子才艺的培养。女子直到出嫁才会离开自己的闺阁。

⑦持斋：进入人生的宗教信仰阶段。持斋的内容有不食腥荤、不杀生、清心寡欲、积德行善、敬奉神灵等等。

⑧默叩天缘：默默地祈祷上天赐予缘分。

⑨峨山：似指峨眉山。

⑩如山夫人名善一优婆夷：如山，地名。夫人，对中年妇女的尊称。名善一，名字叫善一。优婆夷，即女居士的意思。

⑪初机：刚入门的粗浅阶段。

⑫无任：即无事。这里的“无任”特指著者没有文书工作任务的时候。

⑬牙慧：即牙缝里残留的食物。此语借喻拣拾别人剩余的东西以用。

⑭工：义指标准的范本。

【文译】

我（泽寰）在年少之时，父亲就已经去世了，留下母亲孤独一人，为了守节，也未再婚。父母没有生养儿子，膝下没有传宗接代的人，这是他们最大的遗憾。父母就生养了我们姊妹三人，全是闺女，我是老大，其余两个是妹妹。常言说："福不双降，祸不单行。"父亲死后不久，二妹因病也相继去世。而三妹从小就纳了八字许配了人家，最终也是要离开这个家的。我不忍心看到将来母亲孤独寂寞地生活，立志一生陪伴侍奉母亲，发誓不嫁人。

我从十二岁即开始随母亲步入持斋修行的人生。平时常以劝善诗歌和文章与母亲共读共咏，自励自娱。通过前人的劝善歌文中，了解到许多修行人的证果和仙佛神异的故事，令人无限向往。但遗憾的是没有明师指点诀窍，也没有相关的丹经提供实践中的指导和释疑解难。那时我经常在心中默默地祈祷上天，盼望有一天能赐予我这一机缘。大约过了十年，到光绪庚子年（注：即 1900 年）夏天，京城发生了大的政治事件，人心惶惶。为防不测，我侍奉母亲早早躲避到四川峨嵋山。进入佛门，才开始知道佛门中有专讲女修的经典，如《摩耶夫人经》、《摩登伽女经》、《寄孤长者女经》、《比丘尼传》、《善女人传》、《海南一勺编》等。以后又得到《摩尼烛坤集》一部，内中有各相关内容文章 70 余种，皆为如山叫善一的女道者所汇辑。但释门的著述深妙高玄，谈论性功很详细，而涉及命功则非常简略不明，不是初入修道之门和功夫浅薄之人所能理解和掌握的。但是，道门中虽有女丹的著述，而往往是作为附带的文献收录在《道藏》之中的，找不到头绪，更没有专门的书籍，真令人望洋兴叹啊！

近一个时期，由于寺庙中尚无文书的工作，我就不怕别人说自己浅薄，而对前代圣贤的典籍中有关女丹的内容进行摘录剪辑，汇辑了一百多页有关女丹的内容，为母亲讲解。一方面为了消除她的烦闷，另一方面激励她潜心修行。使得母亲高兴之后，又听从母亲安排，于所汇辑的女丹内容中，提出男女有别之处，另外抄成一册，约有五千多字，取名为《男女丹工异同辨》，放在桌边以成座右铭，以免修功实践中把男女不同的地方搞混淆了，非但无效，反而会招下奇病怪疾。

我的这种汇辑工作，可能在别人看来，不过是拣拾古人的牙慧，没有什么创新。但别人说就说吧，这只不过仅供我们自己学习而已，根本不敢想作为范本供女同修们学习使用。

颜泽寰

集　说

【原文】

孙元君《坤诀》注曰:《象》[①]曰“至哉坤元，万物滋生”。“坤”属老阴[②]，阴极阳生，顺承乎天则生人生物，顺承乎己则成道成真。

清烈古佛[③]曰：凡男子修行，皆从初工[④]运炼，筑基起手。若是女子修行，与男子不同。男子阳从下泄，女子阳从上升；男子体刚，女子体柔。男子用丹田阳精，常常保守，不致外泄。积之既久，用火煅烧，使精化为气，气化为神，神化为虚。由渐而近，工完了道飞升。若女子则不同，女子乃是阴浊[⑤]之体，血液之躯，用乳房灵脂变化气质，久久运炼，自然赤返为白，血化为气。仍用火符[⑥]锻炼，亦能气反纯阳，了道归真。女子初工，先炼形质，后炼本元。不似男子之工，先炼本元，后炼形质[⑦]。其体各殊，其工自异。若不分门立教，何以能造化阴阳，男女共济也。然形既为我有，何必用炼？女子之体原属阴浊，不若男子之体，实秉阳刚。苟不陶冶，不能使血化为气，如何孕得出先天，产得出真气？若不得真气，仍然一片纯阴，又焉能复得了还丹，成得了大道？故女子之形，必先炼而后可。

【注释】

①《象》:《周易》的组成部分。《周易》分“经”与“传”两部分。据

传，“经”为周文王所演后天八卦六十四卦，“传”为孔子所作，也称“十翼”，是对“经”所作的各种解释。“十翼”包括《彖》上下、《象》上下、《系辞》上下、《文言》、《序卦》、《说卦》、《杂卦》等。孔颖达疏：“彖辞统论一卦之义，或说其卦之德，或说其卦之文，或说其卦之名。”也就是说，“彖”辞是对每一卦象从爻象、文字到含义所作的具体解释。

②坤属老阴：在周易六十四卦中，“乾”为六阳爻，是为阳的极致，称老阳；“坤”为六阴爻，是为阴的极致，称老阴。

③清烈古佛：指古时佛门的某一高僧。其人其事不详。

④初工：初，指初步的阶段、程序；工，这里指要领、法诀。

⑤浊：与清相对，主旨带有复杂物质性性状。这里用义非有贬义。

⑥火符：内丹修炼术专用术语。火，即指阳火；符，即指阴符。阳火用进，阴符用退。总的意思是指在功中根据阴阳动静而采取的合宜调节手段。

⑦形质：此指人的生理肉体和生理肉体所排泄的有形物质，如女子经血与喂养婴儿的乳汁等。

【文译】

孙不二元君有关女丹功的著作《坤诀》注中说到，《周易》“彖辞”说：“气运达到最根本的状态，那就是‘坤’的本原态，万物之生都是依赖在这‘坤’的本原态上。”在阴阳循环的自然规律里，阴阳在循环过程中，性状在属性不变的情况下会有质量的不同变化。这可以用六十四卦的卦象借以说明。其中‘坤’表示阴的极致，称为老阴。而在阴阳循环中，凡阴达到极致，阳就从中开始产生。这种“阴极阳生”的规律，体现在地球大自然中，就有了像人一样生命现象的动物和像树一样生命现象的植物产生，而且生生不息。修道者破译和掌握、顺应了这一“阴极阳生”的自然规律，把它变为功夫应用，就会了完大道，修成仙真。

古代有位法号叫“清烈”的高僧，对于男女修行的不同方面有这样的讲解，他说，凡是男性修炼，可以按照内丹学通常遵循的系统程序，由初步的阶段、初步的要领法诀由浅入深一步步去练。总的来说，初步是由命功的筑基阶段下手，它的落实点、表现点在下丹田，并且跟生殖器官相关。如果是女性修炼，那就与男性在初步入手的情况不一样了。这种区别，要从男女生理性别的先天生命功能现象上去认识。我们可以看到，当男子生理发育成熟，他们的性特征是外生殖器易勃举，并易排出精液，这叫作阳从下泄；当女子生理发育成熟，她们的性特征是乳房隆挺，并会在哺乳时分泌乳汁，这叫做阳从上升。这种男女生理现象的不同，是由男女的先天阴阳属性不同所决定。在先天属性里，男子的生理机能属阳、属刚，女子的生理机能属阴、属柔。先天阴阳的属性不同，决定了后天生理发育成熟的表征与功能不同。正是因为这种不同的先决存在，所以就决定了男女间入手练功的情况必然是不同的。

一般来说，男子入手修炼，要炼要用的都是下丹田的阳精，使这阳精生发、保存、蓄养，而不再让它外泄。等积累得越来越旺盛时，再使用心息相依的神火加以锻炼，使精化为气，气化为神，神化为虚（编者按：这里是指一个内丹修炼的总次序，切莫误会初入手时，在下丹田就能做这么多事），由浅入深逐步前进，到功夫完成便能达到天仙“了道飞升”的证果。女子入手则与男子入手不同，由于女性生理的先天属性为阴，生理发育成熟后的表现是先有月经，以后又有哺乳的乳汁等偏重形质的东西，所以初步入手按照后天返先天的次序，就要先从乳房做功，把乳房的灵脂炼化为阳气。待这阳气不断壮大，不断精纯，随着练功的进程，月经也会由红变白，由有化无，而成为气。到了这个地步，再按照阴阳动静的法诀火候坚持运炼，就也能同男子一样气返纯阳，最后了道飞升。所以由此看来，男女入手功夫的不同，就在于女子初入手是先炼形质，后炼本元，而不像男子初入手是先炼本元，后炼形质（编者按：男女阴阳属性之不同的最根本后天表征在于，男子是因气而化精；无形之气在先，有形之精在后；无形之气为本元，有形之精为形质。而女子则是因血而涵气；有形之经血在外，无形之元气含内；经血为形质，阳气为本元。由于先天属性不同，故下手方式不同）。因为男女体性殊异，所以入手功法自然有别。如果对这样的现象不分别给予不同的方式方法进行指导，又怎么能顺应天道的阴阳造化，让男女修道者都能得到修道的证果呢?

有人可能会问，女子的经血和乳汁等，这些先天所属形质都是生理固有的，有什么必要去“炼”呢？这是因为，女子生理的先天属性属阴，偏重于形质，她们不同于男子生理先天属性为阳，起始点就已立基在阳刚之属性上，而内丹的精华又正是阳性之元气。可见，女子入手修炼若不从属阴的形质上去陶冶，就不能使经血炼化而成为阳气，如何能孕育培养出先天并产生出先天真气呢？如果得不到先天真气，生理仍然处在阴的属性上，又怎么谈得上还丹，成什么道呢？所以说，女子的经血这类形质，必先进行锻炼，而后方可步入和男子一样的修炼次序上去。

【编者按】

结合本段文章的内容，我想跟读者谈一谈道家阴阳学说，以及阴阳学说中阴阳与男女的对应关系问题。

中国古代的道家先哲，在对天人间万事万物的观察、体悟、分析中，发现其中普遍并永恒存在一种对立而又统一的关系。例如，星球中的太阳与月亮，季节的春夏与秋冬，亮度的光明与黑暗，方位的前与后、上与下，行为的来与去；人财产的富与贫，人情绪的苦与乐，人生追求的得与失，等等；当然还有生命性别的雌与雄，人类性别的男与女。这些在大统一中的对立关系，就概括性地称为阴阳。这是我要谈的第一层意思。

道家又认为，阴阳，作为属性是对立的，但在宇宙自然的万事万物演化过程中，这种属性的对立只是相对的。也即是说，此阴此阳的对立，是在此时此地此条件下的对立。如果时、地、条件发生变化，原来的“此阴此阳”的属性关系也就会发生变化，原来的阳可能就变成了阴，原来的阴也可能就成了阳。另外，阴阳的属性也会在层次上存在相对变化。比如，在一个高与低的两个不同层次里，低层次的阳在高层次里就有可能属于阴，高层次的阴在低层次里就有可能属于阳。还有，阴与阳从属性上讲是截然对立的，但在实际事物的演化过程中，却从来没有绝对对立的阴与阳。这也即是说，在相对的阴阳中，阳中总是含有阴，阴中总是含有阳。在相对的情况下，阴阳的属性体现只是一个偏于阴或阳的趋向。只要这个趋向极化到一定限度，阴阳属性就会从质上发生转化，阴会转化为阳，阳会转化为阴。以天空和大地作个比喻，天空为阳，大地为阴，天空中的水蒸气为阳，大地的土壤为阴。水蒸气为阳，是轻轻的，故上升；土壤为阴，是重浊的，故下降。但属阳的水蒸气中含有属阴的重浊物质，水蒸气上升到一定高度，因水分子密度和所遇温度变化，就会凝结成水滴，落下大地。这就是阳中有阴，阳变为阴。而属阴的大地土壤里含有属阳的轻清物质，土壤中温度酝酿到一定程度，土壤中的水分就会蒸发，升上天空。这就是阴中有阳，阴能变阳。再上升一层讲，在地球自然界中，有形的大地属阴，但这个重浊的阴却是由原始以来无形的阳气所聚积而成。打个比方讲，地球是个有形有象的物质体，属阴；太空是个无形无象的能量体，属阳。如果几百亿年后，地球猛然来一次自身大爆炸，有形之体仍会解化归于无形之气，返归为无形的太空，物质又变成了能量，阴又变为阳。所以，修炼丹道的人一定要懂得道学里的阴阳学说，以及阴阳学说里的辩证法，不能落入对语言文字的表象理解上。比如，在古人的某一丹经著述里，或前或后讲了许多的阴阳关系，若把这前与后的阴阳关系以死板的、教条的眼光去看待，就会觉得前后矛盾。若懂得此阴阳非彼阴阳，那就处处顺畅。以此类推，理解某些别的术语也应如是。

再谈谈阴阳与男女之间的关系。上面我们虽然说到阴阳在不同时空、不同条件下是可以相互转化的，不是绝对不变的，但又显然可以发现，阴阳在同一时空、同一条件下，既存在互根互生的统一性，又存在属性的对立性。正是对立的两种不同属性的事物发生交合，才有了新事物的产生。我们就拿一个有生命现象的地球自然环境来讲，一切生命都是由阴阳（雌雄、男女）媾合交配而产生的。无非，原始低级生命的产生，来源于雌雄同体的阴阳交合，而后来高级生命的产生，都是雌雄与男女独立体的相互媾合交配。生命的发展史与宇宙自然的发展史有相同的经历。或者说，生命的发展史是符合于宇宙自然发展史规律的。这个规律就是老子所讲的“道生一,一生二,二生三,三生万物”。“道生一”，为无极，这时为混沌自然，阴阳不分；“一生二”，为太极，这时为氤氲自然，阴阳合体；“二生三”，这时为化生自然，阴阳相生。有了“阴阳相生”的“三”，宇宙自然纷纭多彩的“生”的现象也便由此拉开序幕而演化无穷。

在地球自然界中，最大的阴阳是天地。一切地球自然界中的生命现象，都是因天地阴阳的媾合交配而产生。按天地的属性与功能而言，天为阳，地为阴；天主生，地主成；天主培，地主养。那么，再就某一生命类别——比如人类的生命现象来看，也存在类同天地阴阳的“生成”、“培养”情况，男为阳，女为阴。在生命的传宗接代过程中，男主生（播种），女主成（孕育）；男主培，女主养。神奇的是，人类男女的生理构造与其生育功能竟与天地完全相似：男子性交合初始，先诱发性冲动，全身阳气氤氲勃发，此类如天空温度骤升，水蒸气弥漫。当男子性欲冲动到极点，全身阳气之精华骤然化为阴精之液，由阴囊排出（当然，这其中还有挺复杂的生理机制功能的演化过程），这正如同天空中过高的温度使水蒸气迅速上升，又因水分子聚集到一定密度和高度就凝聚成大雨而降临大地。大自然降下的雨水并不单纯是雨水，这雨水中含有复杂的有机物成分，所以说，自然中的雨水中实际负载着地球自然纷纭繁杂的生命信息。而男子的精液则负载着人生命遗传再生的复杂生命信息。女子在性交合初始，受男子性冲动的影响，也会应时产生性兴奋，周身热血沸腾，这很类似大地久旱，土壤疏松，渴盼霖泽滋润。在大自然中，一场雨水过后，一部分水分被排出，成为溪流江海；一部分水分被保存在土地中，生长着万物。在男女生育的情况中，男子的精液如同大自然的雨水，一部分多余的被排出，而一部分（此是比喻，实际只是一粒）精子则落入女子子宫，与卵子结合，开始孕育一个新生命。女子如同大地，其“成”“养”生命的功能分两大阶段，第一阶段是孕成生命，十月怀胎在子宫，这如同土壤在孕育植物种子。第二阶段是一朝分娩后要哺乳三年，这如同大地在植物生长过程中要不断地提供营养。大地为植物提供生长的营养与孕育种子提供营养的方式是不同的，孕育种子的营养提供形式是包围式的，而生长植物的营养提供形式则是“升输”式的，即由下往上升腾式输送。而女子哺乳过程则与此类同，也是将身中营养精华由孕育生命时在子宫而转变上移为乳房。

在天地阴阳中，无论阴阳怎么交合，纷纭的生命现象怎样无穷无尽地演化，而主宰其间的不过是一“炁”流行。这个“炁”虽被阴阳所利用，有升有降，有潜有露，但其本质永远不变。在人的男女阴阳中，仍是这一“炁”在发挥作用。而丹道修炼，正是要从后天找回这先天一炁。无非是男体属刚，炁能先蕴。若炁已蕴萌，不使流失，便可顺水流舟一直炼下去。若炁虽蕴萌，因性而动，又化为精水流出，仍归前功尽弃。女体属柔，炁涵血中。若能煅尽血浊，必留精纯之炁，生理气质便与得丹男子相似，从此，也可与得丹男子一样顺水流舟般一直炼下去，更能一得永得。若血烛未煅，欲得丹道之大功，终是劳而无功也。这即是男女丹功之异同之处，不当不明。

【原文】

女真[①]之道，原与男子之工夫大不相同。男子之道贵在炼药，是以前段工夫逐一讲明。果能旦夕行之，虔心进步，使身中五脏之血皆返为气，自然化生。若真气潜生，将阴浊之体变为纯阳工夫，至此，方能用火行符，才与男子同等。若不分门别类，其工焉能有济？故男子先炼药，后炼形；女子先炼形，后炼药。因其体相攸[②]分，故前后工夫差别。吾今立法教人，不得不分明指示，方使学者无亏。

【注释】

①女真：此称谓含二义，一义将女子修道者恭称为女真人，一义谓女子修真。本释即取第一义，然则用第二义行文。

②攸：音 yōu。义为“所”“如”，如“性命攸关”“责有攸归”等。

【文译】

女子修真之道，根据生理性别的特征，原本就与男子修真之道在基础进阶上有很大的不同。男子修真之道基础下手的功夫，贵在炼采先天元气这味生命再生之药物，而历代的丹经已经将这基础下手的功夫次序都逐一讲明了。女子基础下手的功夫，基本道理和原则及方法，前面也作了总的介绍。问题是只有恒持修炼才会有效果。如果能一早一晚每天不间断地修持，用心虔诚，日日进步，使身中五脏之血皆炼化返还为先天之气，那么，这先天之气自然会化为生命之“生”的不息能源。从效验和火候的把握上讲，如果先天真气开始从五脏肌体中萌生，并因此逐步将阴浊之体向阳转化，最后变为纯阳之体，到了这个时候，才能使用“进阳火，退阴符”的法诀，才能与男子练功处于同一起跑线上。如果我们不将女子丹法与男子丹法在特定阶段、特定情况下作分别的处理，盲目地去修炼，怎么会有济于事呢？所以说，男子丹法下手先炼先天元气之药，后炼阴浊之形；而女子丹法下手则先炼阴浊之形，后炼先天真气之药。先天真气是生命之本体，后天阴浊之形是生命显示的现象。这一体一象因性别不同而处理之手段也不同，所以存在体前形后和形前体后的差别。我现在制定方法教授人们，不得不把这些区别指示明白，方能使学习者不走冤枉路。

【编者按】

读此一节，我以为当有两个问题必须弄清。

第一，文中言“若真气潜生，将阴浊之体变为纯阳工夫，至此，方能用火行符”。何为阴浊之体，何为纯阳工夫，何为用火行符？实则这里所言“阴浊之体”，乃指女子自从有了月经、乳汁哺乳之后的肉体。若女子童贞之体未破之时，身中即无阴浊，无阴浊即为纯阳之体。但这里又有一个问题必须弄清：即女子有月经，有乳汁哺乳之后的肉身属阴浊之体，那么，男子二八精通之后的肉身是否也该属于阴浊之体呢？这个问题，古人没有回答。依我之见，应作如是理解。因为男子精液为先天真气所化，按无形为阳、有形为阴，先天为阳、后天为阴的阴阳逻辑公式推论，男子精通之后，也应属阴浊之体。不然，为什么还要做炼精化气的功夫呢？所以说，虽然前人没有明确说明男子精通之后的肉身也属阴浊之体，但属阴浊之体是肯定的。不过，古人为了用阴阳来比附男女，既然把女体比附为阴浊之体，那就不便说男体也为阴浊之体了。其实，你只要从道理上去推敲，得出这个答案是不难的。何况在古人的丹经里，在说明人的目光是纯阳之性的时候，就曾讲过“四大一身皆属阴，惟此一点是阳精”。可见，无论男女，儿童体已破之后，皆属阴浊之体。不过，在这两者的阴浊之体中，男子之精与女子之血在比附天地阴阳气运方面，构成情况不一罢了。比如，把先天气比作“体”，把后天精血比作“相”，男子是因体而成相，即因气而化精；而女子则是因相所涵体，炼相可得体。但男子之精、女子之血，在形成的过程中，有一个渐变过程。换句话说，无论精与血，都不是由无形的气瞬间变成的，它需要一个物质演化的中间阶段及中间形态。这个阶段和形态，我们可将其称之为先天而后天、后天而先天的太极态。现拿男子的精形成过程作比喻，为先天真气时，好比天空中水蒸气弥漫，这为无极态；无极之极，水蒸气蒸发上升到一定高度，密度达到一定饱和，温度达到一定程度，但它尚未变成水滴，尚未下降，这就为太极态。在自然规律中，按照先天而后天的顺行逻辑，太极态必将顺行为有极态，先天落入后天。所以，水蒸气聚积到一定程度，上升到一定高度，就变成了水滴降落下来，成为雨水落入大地。男子的先天真气也像这样的经过而化为后天之精。女子之血和乳的形成实际也同此理——即便我们把女体比作大地，道理也是如此。无论血与乳，它们的形成，也都经过了一个先天而后天、后天而先天的太极态，从太极态再转化为后天有极态。而无论男女，修炼的奥秘正在于对太极态的把握和处理上。这就是“顺为凡，逆为仙，妙在中间颠倒颠”。因为，在太极态上，只要修道者能逆运天机，就能转“顺”为“逆”，重返先天。所用者，只一味真火而已。比如太极态的水蒸气，再上升时则温度也在增加，那么它又会化为混沌之气弥散四空。而如果一旦形成水滴下降，成为后天有极有形之物，就没有办法再使它化为先天了。女子炼血亦同此理，所炼之候，也在血未成血之时。所以，以太极作比喻，以先天作比喻，我们可将男子之精与女子之血在似成未成之时，称之为先天精或先天血。修炼者，即修炼此先天精，或说先天血，千万别误会是落入后天的有形之物。若错误理解或执著于后天有形之物，乃是错用大道，误入旁门。

第二，谈谈“药”与“形”的问题。

先谈谈“药”。在丹经中，“药”的所指有两个方面。一个方面，它是借用外丹烧炼来做比喻的。秦汉时期盛行外丹烧炼术，利用铅、汞、雄黄、硫磺、戎盐等诸多矿物质为原料配方，进行合成烧炼，认为烧炼成功的丹药被服用之后，便可以肉身成仙。原料配方是药物，烧炼合成的则为丹，又合名为丹药。所以，“药”指配方中的单元药物。以外丹术语比附清静内修，名为内丹养生术。在内丹养生术中，精、气、神各名为“药”，精气神合一不分则名为“丹”。在本文中，“先炼药，后炼形”之“药”，即指精气神三者之中的气，也即先天之气。

另外，“药”在各丹经中，因不同对象、不同下手方法、练功所处的不同层次，或者因为某仙家某时所用的不同说教方式，也会有不同的所指。例如，就精气神三者而言，某时所指可单指精，可单指气，亦可单指神。又如，“药”可以先后天精气神儿分别称为先天药和后天药；可以阶段进程称炼精化气完成为小药，以连气化神为大药；以神自内守为内药，以气自外摄为外药；也可以性自外修为外药，命自内养为内药。因此，我们在接触不同丹经对于一个术语名词有不同的界定时，只能领会其意思，不可执著于名词。否则，就可能坠入五里云雾，甚至会犯偏执的错误。现在，每见有人爱打嘴皮官司，以唯我正确自封，除了认识上的偏见外，就是犯了教条主义的执著毛病。对虽然是同一个名词却又属不同范畴的观念，强行拿一把标尺来检验，结果被他检验的当然处处都是毛病。岂不知往往是自己的毛病已经在先了。

再谈谈“形”的问题。

在本文中，“形”指的是男子之精、女子之血。乃有形有相之物，故名。其实，在贯穿修炼的全过程中，“形”应指整个身体，以及身体所有分泌排泄之物。这些分泌排泄之物，除了男子精、女子血之外，还包括眼中泪、口中津、鼻中涕、毛孔汗、肉中血、乳中汁和大小便，等等。这等等一切的有形之物，相对于无形无相的先天元气，统统属于阴浊之物。所以，就整体的性命双修而言，无论男女，炼药与炼形都是同步的，或者说是一体二兼的。换句话说，一个人如果身体有很多疾病，身体相当衰弱，无论男女，必须先修补好身体，而后才谈得上采药炼丹。否则，不问具体情况，下手就讲男子先炼药后炼形，女子先炼形后炼药，那岂不是空话。因为，从身体的“形”上讲，没有完好的“形”，就无法炼出足够的药。这亦如酿酒，只有粮精曲精，才能酿出好酒。如果粮劣曲劣，定然酿不出好酒。

再补充谈谈男女炼药炼形的关系问题。文中说，“男子先炼药（气），后炼形（精）”，“女子先炼形（血），后炼药（气）”。这一说法的实际意思是在于说明，在初步入门阶段，男子下手应先从先天元气上进行，那么，炼形（炼精）自然可以解决。同理，女子下手先从炼形（炼血）做起，那么，炼药（炼气）也自在其中。并非说，男子先炼好先天之气，再接着来炼阴囊之精液；女子先把月经炼没了，再重新炼先天之气。当然，初级阶段功夫完成，再转入更高层次的修炼，那就另当别论了。

【原文】

女丹修法，其理原本不繁。当其运炼，亦自不难。诸丹经内，不传女子修炼者多。何以不传女流？盖因其未能男女双度故也。吾今垂法教人，实愿男女双度，故此于丹书后编接列女道十则，以度有缘之辈。何以女丹之道至简不繁？女子之性纯全，女子之身安靖，但得一点功夫，便能彻底造就。不似男子之念颇多偏僻[①]，故其身心所向[②]不同，其工办[③]当浅显发明[④]。

【注释】

①偏僻：实指偏激，执著。

②所向：指目的趋向。

③工办：指功夫的实践过程。

④发明：清楚地阐解。

【文译】

女子丹法的修炼，从理论上说是根本不复杂的，所以说，实践起来也应该是不困难的。但历来的丹经之中，大都缺乏对女子内丹修炼的专门介绍。为什么众多的丹经不向女性传授修炼方法呢？这都是受历史上“重男轻女”时代风尚的制约所致，所以只度男不度女。而我今天明示修炼方法传授世人，就是要扭转只度男不度女的陋习，实行男女平等的共度。所以，在于丹法书籍的后部分列出专供女子修炼内丹的有关问题十则，以度女子中的有缘之辈。

为什么说女丹修习的过程很简单而不复杂呢？这是因为女子的习性比较单纯质朴，女子之身体没有过多劳动，损伤也较少。因此，只要得到一点真法诀并坚持修炼，就能彻底地取得大成就。不像世间的男人们，思想复杂，贪欲过多。所以，从男女习性与劳动各方面的区别而论，身心的趋向行为不同，从事修炼所需的经历实践其简繁情况也就自然不同。因此，对于女子丹法教授过程的阐释，也自然能够很浅显明白。

【编者按】

本节文义比较明了，不必过多作出解释。但有关女丹功法，文中说到“至简不繁”，我以为这其中作为诱导手段所占分量很大。当然，在整个男权为主的封建社会里，妇女没有社会地位，只能屈从于“三从四德”。所以，女人们没有合法的社会工作及社会活动，只能以侍奉丈夫、公公婆婆和抚养子女为职业，足不出户，不可能有过多的理想与奢望，当然也不会有过强的体力劳动。从这层意义上讲，女子修丹只要得了诀，又肯下功夫，见效就快，进步就大。但像这样的情况，必须有老师随时指导方可。因为，练功的过程中，虽有共性的阶段过程，也有因人而异出现的不同反应。若无老师指导，单靠丹书指引，除了少有的聪慧过人者，绝大多数都是无法自主完成的。何况进入当今之时代，女性已频繁参与社会工作及社会活动，女性的脑力劳动和体力劳动在许多方面已不逊色于男性。所以，强说女丹功法一定比男丹功法至易至简，恐怕会产生误导。因为，是简是繁，从来都是辩证的，不可机械论之。

【原文】

女子之工比男子便捷些，女丹从养真至胎息，其工已得三分之二。不若男子之工，便有许多作用①，方能到得调神②地步。所以，女道丹书，从养真至胎息工毕，便接录外行功修③。俟其外行有余，方可练调神一段事体。

【注释】

①作用：这里指出现情况与处理情况的方法和手段。

②调神：指阳神出壳之前的准备和之后的调训工夫。

③外行功修：古之仙家教育后学之士，每在筑基功夫完成之后，不急于接做向上的功夫，而于此时广游尘世，积功累行，多为社会做好事，做善事，所谓积小德三千，大功八百。此即为外行功修。外行功修达到一定程度，即为功德圆满，无愧于人，无愧于天。此后才可续做向上功夫，或成地仙之果，或成天仙之果。

【文译】

相比之下，女性修炼内丹养生的功夫比男性还要方便快捷些。女子修炼内丹养生的功夫从进入真清真静而达到胎息的层次，筑基的功夫将近完成了三分之二，不像男性，在进入真清真静这个过程里要花费很大的力气和很长的时间，方能把调神这步功夫做好，要达到胎息说不定还有很长的路要走呢。因为女性比男性调神容易，所以古来的女道丹书先不讲调神，先讲养真至胎息。等把养真至胎息的功夫完成了，生命的基础打牢了，先去修积功德。待功德圆满有余之后，再去练调神的功夫，就可以从最初下手调神的功夫一直做到调神出壳的最高功夫。

【编者按】

此节虽有上节的重复之义，但也道出了女丹证果与男子的不同之处。依我之理解，从初步下手功夫而论，理论上讲，男子之功应速于女子之功。因男子下手，先从炼药入手，药既得手，炼形之效自在其中。而女子下手则要先从炼形做起，炼形功夫做得好，药才能从中产出。所以，在功夫上比男子多了一步，速度就相应慢一些。但反过来看，女子一旦炼形得药，以后的功夫就比男子简便多了。这种先难后易的状况，大约体现在周天运炼上。因为，女子下手炼形，既炼好了经血之形，也兼顾了躯体之形，为周身经络疏通奠定了很好的基础，所以行小周天并不费事，可以很快跨越小周天这个阶段步骤，从而进入大周天功夫中去。但男子丹法，在得药后的炼形过程中，却要花很大功夫在小周天运炼这个过程上。所以说，男女丹功之分别，从理论上讲，男子是先易后难，女子是先难后易，最终殊途同归。但若针对男女之个体因素，这难易之分又当辩证而论了。

【原文】

女真修行何以必用待度①？因其血弱之躯，假②内工修炼以成阳体，体虽成阳而阴凝之性尚未炼尽，故女子工夫少还虚③一段运用，未能尽天地之妙化，所以不得超生世外者，患由体相之不坚固也。不若男子之体，以炼成金刚不坏之身，还虚之工养成，神光充满天地，故不用待度而可了道成真，亲朝上帝，游晏蓬莱。若女子则不然，女丹修成，务必广行功德。倘功德行满，上圣见而怜之，保奏上帝，方得敕旨，下颁金书选诏，证得人天无上道果，否则成就一个散仙而已。

【注释】

①待度：指等待上圣仙师的举荐提拔而位列仙班。

②假：即“借”。

③还虚：特指仙道最高也即最后的一着修炼工夫，全称为“炼神还虚”。按仙道修炼的全过程可划分为“炼精化气”、“炼气化神”、“炼神还虚”，直至“炼虚还道”等几个大的阶段。据说，功至炼神还虚，人若枯木顽石，进入大定大静，一定或一百二百年、三百五百年、千而八百年不等，只待肉身阴质炼尽，全成金光一团，与宇宙自然混沌一体，聚则成形，散则化炁，与天地齐寿，与万物同化，是谓最高证果的大罗金仙。

【文译】

女子修道者当修到接近成功的最后阶段时，为什么一定要靠上圣仙师的举荐引渡，才能证得有序有位的“仙”果呢？这个原因在于，女子的血肉之躯虽然凭借内功修炼能够转化为阳性之体，但是，肉体虽然转阴为阳，但作为女质的本质之阴性仍然没有炼尽。所以，女子的工夫和男子工夫之差别，就是少了一段“炼神还虚”的最后工夫，不能彻底地尽天地的妙化功能。既然不能得到天地彻底的妙化功能培养锻炼，因之也就不能自主地证得大罗金仙之果。个中根本原因就在于女子的先后天皆含阴性成分过多，根基不够坚固。不像男子之肉身，当筑基完成，就能成就为金刚不坏之躯，再经炼神还虚一着工夫的锻炼，功达圆满，通体皆化神光，充满宇宙天地，自然成就大罗金仙，不需要什么上圣仙帅之引渡举荐，自己就能自主地了道成真，列入天界的仙班，逍遥游历于仙山蓬岛之间。而女子就不同了，女子因为不能自主从事炼神还虚这一着工夫，在筑基完成后，必须走广行功德这一条路。等到功德圆满，上圣仙师见其意诚行坚，生起恻隐之心，保奏上帝，由上帝颁诏下旨，才能超度列入仙班。否则，功夫再高，仅能做得一个散仙而已。

【编者按】

本节文章我以为其意重在说教，并且偏于宗教性说教。有些说教过于牵强。例如说，女子修真必用待度，其说到女子少还虚一着功夫，阴凝之性不能炼尽等，这从理论上是讲不通的。因为男女在童体未破之时，都属纯阳之体，那么功夫炼至男似处子，女似处女，后天就返还为先天，仍返还为纯阳之体。既然男子可行还虚工夫，女子也理应可行还虚功夫。反过来讲，如果体内阴凝之性未能炼尽，靠待度就能超升天界位列仙班了吗？按理讲，这是绝不可能的。因为人能否证得大罗金仙之果，是靠功夫是否能修炼到家，它是要拿肉体物质的性状改变作标准。广修功德只是对一个仙家所应尽社会责任的道德要求，这个道德要求的贡献仅可以作为以后功夫修行的潜动力（人生无悔无愧，可为进入大定大静创造条件），而无法作为生命再生与改良“功夫”的替代。这就像一个学生，学习成绩和品德毕竟是不同的两个方面，品德再好，学习成绩不好，考试还是过不了关，初中升不了高中，高中考不上大学。这是“待度”之说难以成立的一个方面。其次，功夫修不到家，只靠功德广积，到时候令上圣仙师发起恻隐之心，超度天界，这似乎是一种投机的宗教心理。宗教家们惯用这种手段去诱导那些惰性严重、不能下实在功夫修炼的人，说只要他们念十万百万声佛，或者做多少多少件好事，就有可能在某一天被仙佛引渡，超升天界。甚至，生前不能超度天界，死后自然能被引入极乐世界。宗教家们的这一手段可谓一箭双雕，一方面它满足了一些人既不改惰性又实现了理想的美梦，一方面它又为社会道德的维系不断注入新的动力。但无论如何，对于一个仙学修炼的实践者来说，毕竟不能被宗教的说教所迷惑。因为，相信“待度”，你就等于承认拉关系、走后门是正当的、必需的。这跟当今拿钱买假文凭真有异曲同工之妙。这是“待度”之说难以成立的又一方面。另外，拿仙学的历史源流上一些事情来看，一些修成正果的女仙家并未听说有谁引渡。例如，唐朝的韩愈，他虽把仙术视为异端，但他在一首诗中曾记述了一个女子白日飞升的事例。这女子能白日飞升，说明她已证得天仙之果；这女子能白日飞升，说明她无须他人引渡。反过来，五千年前的黄帝时期，倒是有不少女仙家成为黄帝的老师，说明男子修炼也有待度的情况。这是女子必须“待度”之说法难以成立的又一个方面。

所以，此节文章只可以从特定历史时代背景下的宗教说教上去理解，不能纳入内丹养生的理法之中。

【原文】

吕祖曰：太阴①炼形，与男子修炼之法大同小异。初工下手，是谓斩赤龙。其后十月工夫②，阳神出现，粉碎虚空，一路修真，与男子同，无彼此之别也。

绥山道士曰：赤龙自斩，乳头自缩，如男子一般。而真阴之气化为真阳云云，以后用工与男子无异。但女属静③体，后四层④虽与男丹同其运用，而其建功更速也。

吕祖曰：男子修行降白虎，女子修行斩赤龙。

【注释】

①太阴：中医学上太阴指脾、肺二经，又指经穴奇名。在宇宙天体上太阴也特指月球。“太阴”的意思就是阴气极盛。此处乃女修之代称，特指中老年女体之属性。

②十月工夫：指内丹术的“十月怀胎”阶段工夫。按内丹术的修炼证果进阶，由初入深、由低到高分为“百日筑基”、“十月怀胎”、“三年哺乳”、“九年面壁”等几个阶段。

③静：此含有“坤”“阴”之义。按八卦中乾、坤二卦之义，乾表示阳，表示运动；坤表示阴，表示沉静。

④后四层：此指“太阴炼形”九层功的后四层功夫。此九层功依《太阴

炼形歌》可概括分为：第一层“火烧两乳”，第二层“调配坎离”，第三层“倒卷黄河”，第四层“闭户开关”，第五层“固命调形”，第六层“虎啸龙吟”，第七层“擒龙锁虎”，第八层“九宫闭息”，第九层“超凡入圣”。

【文译】

吕洞宾祖师说：女子修炼内丹，名曰太阴炼形。其下手修炼之法与男子内丹修炼之法大同小异。所谓异者，就在初步下手施功的定点部位不同。女子初下手工夫，首在断除月经，这在术语上称为“斩赤龙”，属于“百日筑基”的功夫。这步功夫完成了，以后进入“十月怀胎”、“三年哺乳”、“九年面壁”各阶段功夫修炼，则与男子修炼在方法上完全一致了。

绥山道士（编者按：此为前代修道高士，其人其事未知其详）说：女子初步下手工夫，只要把月经彻底断除，隆起的乳房也会退缩到如同男子一般。这种外形上的改变，反映了体内真阴之气已经化为真阳之气，效益内涵是很丰富的。只要这个阶段功夫完成，以后的功夫从方法上讲，跟男子丹法没有两样。再从男女之体的分别上讲，男体属阳，主动；女体属阴，主静。真正进入高层次功夫，根据男女之体的阴阳属性之天赋，女性进入和保持静定的功态要比男性优越。所以，以女性“太阴炼形”九层功夫而论，前五层为女性之专门功夫，后四层则与男子功夫相同。但女性有静定的优越天赋，所以后四层功夫的长进速度一般都比男子快得多。

对于男女之别的下手功夫，吕洞宾祖师有个简单的口诀说明，即“男子修行降白虎，女子修行斩赤龙”。

【编者按】

此节文义比较浅显，主要说明男女丹法在本质上、在总的原则上、在主体方法上，都是一致的，只是因为生理之区别而在初步下手时采取的方法略有不同而已。

另外，此节文还引用了绥山道士的话，强调女丹功夫进入高层次后优越于男子。此既有引证者的依据，也具有对女性修道者的精神激励。

又，关于“龙”“虎”，内丹术引用最多。由于适喻范围不同，含义也是各不相同的。此节文中吕祖所喻“白虎”，为男子后天生殖之精。所喻“赤龙”，为女子后天月经。但在另外的地方，“龙”可指性，可指神，甚至可指舌头；“虎”可指情，可指气等。

【原文】

《三命篇》曰：男子之命在丹田[①]。丹田者，生丹之真土也。女子之命在乳房。乳房者，母气[②]之木精[③]也。又云：女子以血为肾[④]，乃空窍[⑤]焉。过四十九岁，腰乾[⑥]血涸，无生机矣。养而久之，又生血元[⑦]，似处子[⑧]焉。此又无中生有之妙也。见其有之，一斩即化而命生矣。此时则用性命工夫，与男子同也。

【注释】

①丹田：丹田有三，上丹田在大脑泥丸，中丹田在膻中黄庭，下丹田在脐下土釜。一般情况下特指下丹田，此同。

②母气：一、指养育后代的营养精华，源自母体；二、指祖气、元气，有“生”之义；三、即生气。

③木精：比喻之义。形容女子乳房可产乳汁，像树木吸收大地之营养（即母气）之后能合成液体营养。

④以血为肾：此“肾”指生命本元造化机能，也即“肾”的功能，非指具体有形的肾脏。

⑤空窍：即没有具体部位的穴窍。

⑥乾：通假字，即干湿的“干”。

⑦血元：义指反映生命旺盛、生殖特征初显得有形之血象，即女子最初的月经出现。

⑧处子：此是泛称，指出现月事的处女。

【文译】

《三命篇》讲解说，男人生命的本元能源，发生、涵养的地方在下丹田。所谓“丹田”，就是比喻这个地方是培养并萌生先天之气这枚“金丹”的真正土壤。女人生命的本元能量，发生、涵养的地方在乳房。乳房发生、涵养的生命本元能量就是先天元气，因为它是“生”的根本，可称为母气。母气与乳房的关系，就好像土地与树木的关系。母气为乳房提供着生命能源精华，乳房就把这生命能源精华酿造成乳汁而哺育后代。女子的后天生殖功能特征还有一个重要反应，那就是有月经来潮，以血为象。所以，女子的这种血象有如肾一样的生命造化功能（编者按：已婚女子在正常的情况下，一旦月经不来，即表示已经怀孕。说明血象已构成生命造化功能）。但女子这种特殊意义的“肾”，不像真正的肾，处于实在的地方，它只是一个比喻，没有具体的位置。凡血行之处皆名为“肾”，所以只是个空窍。女子二七经通，始有月事。如此以往，一直到四十九岁左右，月事自然断绝。女子有月事存在，说明生命造化的机能存在。一旦月事断绝，说明生命造化的机能自此丧失。按女子丹法的修炼，女子若有月经，则要经修炼断除月经。而若女子年过四十九岁，自然腰杆血涸，则要经过修炼再把月经炼出来，即找回生命造化的机能来。由绝去月经再炼出月经，这好比处女的初经，是一种无中生有的现象。后天顺从自然的无中生有，是大自然天赋所致。而后天返先天经修炼出现的无中生有，则是逆转造化的大道玄妙之功。女子由绝经再生经，一旦有来潮现象，急行锻炼，再由有化无，这就将生命造化的机能转化为自体生命的内用，生命就呈现生生不息之象。这以后，再用功夫进行性命双修，就跟男子的修炼法一样了。

【编者按】

注到此节，我发现《集说》行文采取了循序渐进的手法，利用女性的心理和接受能力，由浅入深地阐述，颇为得当。

【原文】

懒道人[①]曰：女命何以有三？谓上中下也。上者阳穴[②]，中者黄房[③]，下者丹田。少者[④]从上，衰者[⑤]从中，成方从下[⑥]耳。又女子内阳外阴，先须斩赤龙以全其体，则坎化为乾[⑦]矣。然后用男子之工，修之一年，即得以[⑧]金丹在起中故也。

【注释】

①懒道人：古之得道高人之自号，其人其事不详。

②阳穴：指上丹田泥丸宫，阳神超脱之所。阳神超脱经顶门而出，故顶门亦称阳门。

③黄房：指中丹田黄庭宫。因中丹田为神气交合之处，而神气交合必以真意调配，故真意被喻为介绍婚姻的黄婆。黄婆所在之处，故称黄房。“黄”喻真土。

④少者：指童体未破的少女，纯阳之体。

⑤衰者：指年岁偏大、气血亏损、月事已绝或将绝的中老年妇女。

⑥成方从下：“成”即修炼有成，指筑基功成。意即只有到筑基功成才可

以从下丹田做功夫。

⑦坎化为乾：坎、乾为八卦中之二卦。八卦中每卦为三爻，乾卦为三阳爻，坎卦为内阳外阴一阳二阴爻。此以女体比坎卦内阳外阴，然以功夫修炼，煅化外阴，使居外之阴爻转变为阳爻，就成了三阳爻（纯阳无阴）的乾卦。

⑧以：此“以”似应为“一”。

【文译】

懒道人讲解说：女子的命功修炼之法为什么分为三种形式，这三种形式又是指的什么呢？答案为，三种形式的修炼法分别体现在上中下三个丹田部位。上丹田亦称阳穴，中丹田亦称黄房，下丹田就叫作丹田。童体未破的少年女子可以直接从上丹田阳穴下手修炼。而气血双亏、月事已绝或将绝的中老年妇女则要从中丹田下手修炼，只待筑基功完成才可转为到下丹田修炼。从另一个方面讲，女子的生理属性以八卦卦象比喻，就好比坎卦，内阳外阴。要想同乾卦那样纯阳无阴，就须把在外且有形之阴炼化。这个过程就是通过修炼断除阴浊的月事现象，以恢复先天的纯全完美之体，也就使坎卦变为乾卦了。再往后，功夫就跟男子一样，估计再修炼一年功夫，体内的金丹就会产生而长存了。

【编者按】

此段文章又进一步讲到女子练功的三种形式。而这三种形式就是分上中下三丹田做功夫。指出童体未破之少女，下手可直接从上丹田做工夫。而在男子丹法中，同样，童体未破的少男，做功夫也是直接由上丹田进行的。这证明，无论男女，儿童体未破，生理属性都是纯阳之体，居于先天，免去筑基这一段工夫。而儿童体已破，无论程度轻重，均为本元亏损，故下手必须从中丹田做功夫。月经未绝使之炼化而断绝，月经已绝使之复出再炼化而断绝，这才视为筑基功成。男子与女子凡筑基功成，再行功夫，就将处于同一起跑线上。故而，从此女子练功也同男子一样从下丹田做起，循序渐进行小大周天之功了。

【原文】

《修真辨难》曰，或[①]问曰：男女下手处分别如何？答曰：男子下手以炼气为要，女子下手以炼形为要。炼气者，伏[②]其气也。伏气务期其气迴[③]，气迴则虚极静笃，归根复命，而白虎[④]降。炼形者，隐[⑤]其形也。隐形务期其形灭，形灭则四大入空[⑥]，剥烂肢体，而赤脉[⑦]斩。男子白虎降则变为童体，而后天之精自不泄漏，可以结丹，可以延年。女子赤龙斩则变为童体，而阴浊之血自不下行，可以出死，可以入生。故男子修炼曰太阳炼气，女子修炼曰太阴炼形。

【注释】

①或：或者，似“如果”之义。

②伏：此用有二义，一为潜伏之伏，静其后天之气，使之潜伏；二为归伏之伏，指先天之气回归。二义在此连贯融汇使用。

③迴：此“迴”之使用有二义，一可作“回”用，指先天之气的回归；二作循环用，指先天气在人体内循环周流。

④白虎：指先天元气。先天元气初由后天之精所化而来。后天之精在五脏归肾，在五行为水，在五色为黑。炼后天之精化先天元气名曰“水中金生”，五色金为白，又因这先天气既可生人，亦可杀人，喜怒无常，取象为虎，故名白虎。

⑤隐：指隐蔽而看不到。这里“隐”字使用不贴切，实则为化解之义。

⑥四大入空："四大"一说，佛教指构成一切物质现象（色法）的四种本原物，即地、水、火、风；道家如老子理论则指天、地、人、道。这里借喻的"四大"，实指主观、客观的一切现象。"四大入空"，即指进入一种将主观、客观皆归于空无的状态。

⑦赤脉：指妇女之月经。赤，色红也；脉，中有血也。本词按术语和句子的对仗应名"赤龙"。

【文译】

在《修真辨难》这部丹经里头曾有这样的阐述：如果有人要问，男人和女人的生理有不同，那他们在修习丹道的最初阶段，功夫下手的区别在什么地方呢？那我们可以这样来回答：男子下手是以炼气为首要，女子下手是以炼形为首要。所谓炼气，是要先调伏后天之气，以便招摄先天之气。先使后天之气回归体内周流循环，等到周流循环得十分充分，周身经络得以疏通之后，功态就可进入虚极静笃之境，此名为归根。归根即归到先天根本之上，生命就会发生再生之功用，此名曰复命。所谓归根复命，就是指先天元气这个既杀人又生人的"白虎"降临了。所谓炼形，就是指通过特定功夫的修炼，化去后天有形的经血。不但从表面上化去后天有形的经血，还要从根本上彻底锄灭产生后天有形经血的可能。这步功夫是既有特定的功法形式，又配合步入"无人无我无物"的空无功境，让先天自然对后天生命体进行其大无外、其小无内的彻底锻造，待火候成熟，有形的"赤龙"就可以彻底地铲除掉。男子身中有先天元气这"白虎"被降伏后专门保护自己，生理就会返还为童真之体，而后天生殖之精从此永不再泄漏。有了这个基础条件，继而再行练功，就可以结丹，超常延长寿命。成年女子一旦功夫修到月经这条"赤龙"被彻底斩除，生理也会返还为童真之体，再也不会有阴浊之血月月从身体排泄下行了。由此继续下工夫，就可以告别死的威胁，进入永生的快乐之境。

所以说，男子修炼下手阶段称为太阳炼气，女子修炼下手阶段称为太阴炼形。

【编者按】

此节文章，作为“集说”乃是另集了一家异曲同工之说，实无特别之处。但里面却披露了其中一些法诀，如“伏气”、“隐形”等。这些法诀，若光从字面上去看，一是门外人无法懂，二也常会使人觉得前后矛盾，无法理解。实则古之丹经，能公布者，实是让内行人去读的。而在门内，对这些丹诀都是要由老师开讲的。这也正如旧时代的学堂，先生教学生《三字经》、《百家姓》、四书五经，开始都是叫学生先背读，背读得滚瓜烂熟之后，再由老师开讲。若不然，背得再熟也不知背的内容究竟是什么。

现在我们先从“炼”字上谈起。“炼”是由冶炼术转引而来。中国的冶炼术，人们所知者，商周已有了成熟的青铜器冶炼铸造技术，岂知他们从偶然到必然的发现、试验阶段更为悠久。据说，现在考古界已发现了四五千年前的黄铜制品，可见源头比此更早。而我们从道家仙学的历史研究推测，金属冶炼技术最早应借鉴自仙学的外丹烧炼之术，源头可能在万年之前。这些虽为题外之话，但它告诉我们，道家内丹养生自称为修炼，借喻的历史是很早的。其次，所谓“炼”，指炼去矿物中的渣滓，留下矿物中所含的精华。所以，无论炼气炼形，都是要炼去“矿物”的渣滓，而留下“矿”中精华之宝。在内丹术中，凡所炼之“矿”，因其有形，又乃渣滓之物，故全指后天，气指后天之气，形指后天之形。但“炼”字总归一个比喻，具体到功夫操作上则另有法诀。这法诀，男子炼气，其诀在“伏”；女子炼形，其诀在“隐”。下面分别试做剖析。

何谓“伏”？从字的象形构造看是“犬卧人旁”，即为“伏卧”之义。狗能卧在人的身旁，这是狗被人所驯服的结果，故“伏”有“降伏”之义。又，“伏”字在传统节令中很早就出现了，如夏季最炎热的季节有“三伏”，共四十天，头伏十天，二伏二十天，三伏十天。这三“伏”之“伏”是什么意思呢？原来，上古之人洞穴而居，气候适宜时就在外边活动，气候不适宜就栖居到洞穴之内——炎伏寒蛰。夏季最炎热时，人们就卧伏在洞里不出（间或出来弄些水或食物，时间只是短暂的，故而伏天分作三段）。所以，“伏”字又含“潜伏”、“安伏”之义。从“伏”字二义联系丹经炼气法程，可知这个下手过程是先降伏后天之气，继而招摄先天之气。后天气包括后天气质之气（即人的性格脾气，可名性气）、后天呼吸之气、后天五谷之气、后天经络之营卫之气、后天生殖之精气等。先炼者乃“降伏”，从修性与调息入手；后炼者乃“潜伏”，从培养调动营卫之气入手，打通周身经络，营造身心的静空之境，以俟先天之气的到来。“虚极静笃”即营造静空之境以“归根”。“白虎降”即先天之气到来以“复命”。能“归根复命”乃可返还童体，永无泄漏，可以结丹，可以延年。

何谓“隐”？隐而不现之谓也。这里实指“消化”之义，故此“隐”乃是动词，而非形容词。又故“隐其形”者，乃“化其形”也。“形”者何？此有二指，一指妇女之月经，一指妇女之乳房。凡女子从童少渐长，生理发育趋于成熟，此二“形”的显示为其本质特征。因为此二“形”的显示，表示该女子已具有生育之能力。月经的产生表明已具“生”的能力，乳房的隆起表明已具“育”的能力。尽管我们从生命进化史意义上去看待人与其他动物的生殖功能，都是自然赋予的本能现象。但若换成生命长寿学去认识，去研究，那就可以看到，一切生殖功能展示的过程，也就是生命的消耗过程，即用生命一部分的消耗去再生生命。而内丹学则是破译了生命的这一奥秘，让追求长寿甚至永生者，在完成人类生殖使命之后，不再向生命消耗的极端走去，使生命的由内向外消耗转变为向内蓄养，使生命的体外再生转化为体内再生。就女子功法来讲，既然女子性成熟（即生育能力具备）的特征是上述二“形”的显示，并一直延续到自然衰退期（四十九岁左右），那么下手修炼自然也要从二“形”上操作。既然童体女子无此二形，那么入手功也就要化去这二形，使其共隐而不现。岂止隐而不现，实是要从根本上化除。再从后天返先天的过程来看，女子生育是先生后育，故哺乳的乳房是后天之后天。因此，下手也必先从化乳形开始，待隆乳缩如童真，月经之“赤龙”亦自斩尽。自此，男亦童体，女亦童体，继行功夫，再无分别也。

【原文】

又问：女子炼形不服气乎？答曰：女子性阴，其气易伏，而赤脉最能害道①，其所重者在此，故下手则在着重处用力。赤脉一斩，气自驯顺。非若男子性阳，其气难伏。譬如男子伏气三年，女子一年可伏。果是女中丈夫②，得师口诀，行太阴炼形法，三五年间，即可成道③，比男子省力。但女中丈夫最不易得。不易得者，刚烈④须过于男子百倍之力者，方能济事。若与男子等力⑤者，万万不能。

又问：大道不分男女，何以男女有分别？答曰：其道则同，其用则异。盖以秉性⑥不同，形体有别，故同一性命之道而行持大有不同也。

【注释】

①害道：指妨碍大道修行，不能进入丹道功夫的高层次。

②女中丈夫：即女中英豪。

③成道：此特指筑基功夫的完成。

④刚烈：比喻超常的、坚忍不拔的意志和毅力。

⑤等力：指相等的意志和毅力。

【文译】

又有人会问：说女子下手功夫叫炼形，难道就不服气吗？回答是：女子的生理从属性上属阴，所以她们的气容易收服而蓄养。但女子有月经经常排泄，这从养生上讲是极有妨碍的，所以女子下手练功所重视解决的问题就在于此。这也就是说，初步下手的功夫，都是从后天最关键的问题入手。女子修炼到月经斩除，气自然归伏于身。这不比男子，生理的属性属阳，他们的气就难以收服。男女之间的属性不同，伏气收效的迅速也自然不同。比方说，男子伏气要花三年功夫，而女子一年即可完成。因此，可以这样讲，果然是一位有大智大勇的女中豪杰的话，只要得到真师明师的法诀，下手行施太阴炼形之法，大约三到五年，就可完成筑基的功夫。可见，女子练功收效要比男子练功快多了。但是话要说回来，在女子中有大志向、大毅力的人却是最为难得。这个难得，可不是从一般意义上说的，它是指这种大志向、大毅力比起男子来还要胜过千百倍，才能够达到那种速效。如果一个女子，她的志向和毅力仅和男子相等，想取得那种速效是万万不可能的。

有人可能又会问：既然大道修行不分男女，为什么在功夫下手上却要分别对待？回答是：道有“体”与“用”两个方面。从体上讲，男女练功的本质内涵与目的都是一样的，但在采用的入门下手方式方法上则是有区别的。这是因为，大自然赋予男女先天生理属性不一样，所以生理的特征有区别。从这个情况可以看到，功夫都是性命双修的大道，而行持的入门手法却会大有不同。

【编者按】

这一节法诀内容并无特别新鲜之处，领会重点在如下两点：

第一点，讲男女伏气的迅速分别。女子虽然下手讲炼形，但后来也要伏气。虽然从炼形上比男子多了一层功，但后来的伏气却要比男子快多了。这个道理是从男女先天生理属性上讲起的。我们以八卦卦象作个说明，乾卦，坤卦，此为纯阳纯阴，表示天地大自然的阴阳属性。人与天地相比，天地为先天，人为后天。人为天地所生，此为先天生后天。先天生后天乃是先天阴阳交媾之后的派生物。这种先天阴阳交媾时的配额不同，后天派生物的阴阳属性其趋向也就不同，所谓“乾道成男，坤道成女”。所以，男子生理属性卦象为离，阳外阴内，阳多阴少。女子生理属性卦象为坎，阴外阳内，阴多阳少。从动静性质上讲，阳主动，阴主静。男子阳在外，性质易动，气易消耗，所以伏气不易。女子阴在外，性质易静，气易蓄养，所以伏气容易。又从卦象阴阳分气血，男阳在外，阳主气，所以下手直接炼气；女阴在外，阴主血，所以下手直接炼形。再从卦象阴阳分气精，阳为气，阴为精。男卦内阴，阴生精，所以男子下手功夫是炼精化气；女卦内阳，阳生气，所以女子可以直接伏气。这就是为什么女子伏气要比男子快速的道理。

第二点，讲女子伏气的条件。这个条件特指超常的大志向、大毅力，不但是女子中的超常者，而且与男子相比仍是超常者。若没有这个超常的条件，所谓“女子伏气比男子快得多”仍是一句空话。这好比说，按女子的先天生理属性，练功效果确实存在“天上掉下馅饼”的机会。但这个“馅饼”却是掉在波涛汹涌的大海之上，只有不怕惊涛骇浪驾驭航船一往无前的人才能得到。这就告诉所有练功的女功友们，只有树立百折不挠的意志才有取得成功的希望，万不可心存侥幸。当然，这个超常的大志向大毅力也不是高不可攀的，只要心存“恒持”并始终坚持练功即可，并非上刀山下火海。换句话说，知难而进，离成功的目标就会越走越近；知难而退，就是自己放弃希望。

【原文】

玄天上帝①曰:《易》曰“乾父坤母”。阴阳之义，昭昭可考。有天地然后有男女，则阴阳之道又不言而喻，则是“天地之不可无男女”明矣。男受乾坤之变化而成其象，女亦秉乾坤之交泰而有形。凡具兹形象者，皆具乾坤之炁而同列于宇宙之间耳。今当慈航普度之际，宝筏共撑之时[②]，男则教亦多术，竟舍坤维[③]而不顾哉！指男之玄精奥妙，不啻[④]汗牛充栋[⑤]，度女之法范典型，殊成寥寥无几也。吾切发悲悯而独论之：

男体以精力之炁而贯些子[⑥]，女子以血中之炁而熏些子。些子足而莲窍[⑦]足，莲窍足而抽添始运，抽添运而始有甘露下降[⑧]之说也。不知男子之精其炁充足，女子之血其炁甚微，故名之“男阳而女阴”也。修吾道者，绝七情为本，断六欲为先，则微微之气又较胜于男子者多矣。何也？男子之心易动，女子之念略静，动则而炁易泄，静则而炁易长。一则易长，一则易泄，何啻千里之谬欤！

【注释】

①玄天上帝：道教敬奉的北方之神。道教认为天有四方星宿，各有神主：东方青龙，西方白虎，南方朱雀，北方玄武。玄武者，龟蛇同体之象。龙汉之年，玄武之精下降人间，投胎为净乐国太子，十二岁时经师父紫元君点化，入太和山修道，经四十二年修成大道，被上天封为北极玄天大帝，坐镇太和山。因此山“非玄武不足当之”，后名武当山。本文所谓玄天大帝论说女丹法诀，明显是托名而已，意在引起修功者的虔敬向道之心。

②今当慈航普度之际，宝筏共撑之时：比喻当时社会盛行修道之风，并且社会环境很宽松，极有利于修道之风的普及。

③坤维：义指女性群体。坤，女也；维，本指特定空间范围，此引申指群体。

④啻：音 chì，包含“但”、“仅”、“止”诸义。

⑤汗牛充栋：表示书籍很多很多。古时书籍为竹简所制，一部大作可能

会有几十束甚至几百束竹简。“汗牛”，比喻用牛车拉竹简把牛都累出汗了。“充栋”，充，填补也；栋，屋宇也，义喻书籍把屋宇都堆满了。

⑥些子：其他丹经无此说。根据全文意思推测，“些子”应指真意。“些子”，表示细微甚至不可见的意思，这正是真意之特征。我在按语中另有详细阐述。

⑦莲窍：此是借用释家的术语作比喻，以无形无象指玄关，以有感有应指丹田。或说此“莲窍”有内外，外为玄关，内为丹田。我在按语中另有详细阐述。

⑧甘露下降：指炼精化气小周天运转之际口中所生之津液。温润甘甜，好比甘露，吞咽而下，滋养丹田。

【文译】

玄天上帝说:《易经》把乾坤概括为“乾父坤母”，可以说这是对阴阳的高度归类概括。它的涵义如此明确，是深有考究的。乾坤阴阳代表天地，天地是万物的父母，当然也是人类的父母。正是因为有了天地阴阳，然后才有人类中的男女阴阳。由是，这个阴阳存在于宏观微观系统之中的道理又是十分明白的。既然人有男女，那么天地也有男女，宇宙自然都离不开男女，这个道理也是十分清楚的。我们从人类的生命形象构造而言，男性生命形象是受乾坤阴阳交合变化而产生，女性生命形象也是受乾坤阴阳交合变化而产生，无非是阴阳搭配的偏向性多少罢了。总的来说，凡是具有生命形象者，都包含乾坤的阴阳二炁，在宇宙自然中都是同样的生命构成因素。那么，换句话说，男与女都是平等的，男子有修道的权利和机遇，女子也有修道的权利和机遇。现今的社会时代，很重视大道的弘扬，为大道的普及提供了很宽松、很便利的社会氛围条件。但令人遗憾的是，教导男子修道练功的方法很多很多，而历来对女同胞们修道练功的方法介绍却少得可怜。比如说，有关男性修炼丹道的丹经道书，不但讲得很细微，而且有关典籍多得不可胜数。但有关女子修道练功方面的典籍，不但很难找到，即或在某些典籍里能查到一些，也少得可怜，寥寥无几。鉴于这种情况，我愿发悲悯之心而专门加以披露。

人的生命精华在男为精，在女为血。故下手练功，男重在炼精，女重在化血。然言炼言化，关键在真息作用。然真息作用的主宰在真意。男子行功以精力之炁和真意相连，如同矿、火具备，真息为风，从中鼓动，精就自然炼化为炁。女子也同此理，血中之炁与真意相连，氤氲蕴涵，中有真息鼓动先天之风，血也自然炼化为炁。人的真意恒持不动，专一致用，称为神足，即“些子足”。神足而炁圆。外则玄关显象，内则丹田炁动，名为“莲窍足”。待丹田“莲窍”炁足，才能行施周天运转的“抽坎填离”之功。只有行施了“抽坎填离”的周天运转，才可能发生口生津液的“甘露”下降。但一般人不大知道，男子之精是由充足的先天之炁所造成，而构造女子经血的先天炁含量却甚是微少。所以，从男子精女子血的先天元阳成分上来看，可名为男阳而女阴。凡属修习丹功的女同修们，在下手之前，只要能把断除七情六欲的功夫做得很彻底，有了这个强有力的基础条件，虽然化血为炁其炁微微无多，但功力的进展、功夫的长进又会胜过男子。为什么这样讲呢？因为从心性上讲，男子之心易动，而女子之心则容易安静。凡是心易动，则气亦随之泄漏。凡是心易静，则炁亦随之长养。动的，炁在不断消耗；静的，炁在不断蓄积。一个不断消耗，一个不断蓄积，可见这其中的差别何止千里万里啊！

【编者按】

本节文章隐涩之术语颇多，并鲜见于其他丹经。但我以为，对于一个内丹养生修炼者而言，只要弄懂了内丹养生的机理和内涵，弄清了修炼全过程的证验和法要，就无须在人为造作的名词上费心思推敲。譬如，本文中的

“些子”、“莲窍”、“坤维”等，我之解释并不见得方家们都赞同，甚至会有异议。我认为这很正常。甚至有的大德同仁对某一名词术语的解释会更加精准，可对我之解释加以丰富和完善，这都是极好的事。特别值得感谢的是，我之丹功注释文章发表以来，不但得到广大读者的欢迎与支持，也得到丹道界同仁的关心和帮助。比如，在我一些注释里，有我知识不及、时间不及所导致的误释、注释、缺释，他们为我不断提供一些更为精确详细的补充，使之得以在结集出版时更加完善。但我也要同时说明，我在丹道典籍的注释中，最注重者是其本质内涵和法诀精奥，除凡不宜公开之奥秘外，尽可能详细明白地进行阐释。故而可以负责任地讲，即或某一注释不太精准，甚或错误，但不会影响到原则性、本质性内涵的正确阐述。君不知古有云“得意忘形”，“得意忘言”，“得鱼忘筌”，凡事但居于本，拾末则更加完美，弃末则无大碍。我之愿，只求做“完事”，不能做完人也。

下面再就两个隐涩名词进行讨论阐述。

“些子”，为什么可称为真意呢？首先，“些子”，表示“些许”，很微小，这实喻指心地。因为，我们通常把人之心称为“方寸之地”。方寸之地存真心，真心无私无欲，不偏不倚，所居中位，在火候配制上它则称为真意。所以，无论男体以精力之炁以贯些子，还是女体以血中之炁以薰些子，都是务使神气相合。神气相合则会玄关现象。因为，玄关是在神与气都十分纯洁的状态下相合后呈现的，象征莲花的净洁美丽，绽苞初放，故喻为莲窍。这种象征意义在佛教中是尤为重视的，且比比皆是，观音菩萨坐于莲花宝座之上便是最明显的例子。在气与神合中，真意的作用是第一位的，真意专一、恒持的状态如何，不但影响与气的融合情况，也直接关系玄关能否显现，或显现时间是短暂还是长久。这就是“些子足而莲窍足”的依存关系。而玄关现象虽说确系无内无外，可感不可名，但它却一定要在肉体上产生反应，这个第一反应堆就在下丹田。故而我谓莲窍分内外，外则玄关，内则丹田。也只有丹田气满，才有冲督之可能。有冲督之可能，才有抽坎填离周天运转之可能。

本节文章，作者还借玄天大帝的权威，从客观分析上对女性修功者进行鼓励。文中说，从生理的阴阳属性上，女子下手过程要比男子下手过程难一些，长一些。因为女子血中之炁含量小，须花数倍之力与时间方能赶上男子。但反过来讲，女子也有优势为男子所不及，这就是心性温柔易静，若下决心断除七情六欲，就会比男子来得快，来得彻底。由此看，反而女子练功总体来说会比男子进度快，收效大。这种分析，把劣势优势都作了对比，对女子修功者确有积极的鼓励意义。

【原文】

男子之七莲[①]易收难放[②]，女子之七莲易放易收。苟能真心不懈，不待三五之岁而甘露常降，七莲常开。开之易，岂有采取[③]之不易哉！男女之辨明于此矣。若集中之言虚、言空、言玄、言妙、言神、言化，又男子之大同也。

吾再分明而辨其旨焉，果何辨乎？男子则以胎[④]名，女子则不言胎而单以“息”[⑤]名者，恐后世之人错认“胎”字，卒[⑥]受诬名[⑦]乌乎可[⑧]！再者，男子之神必至纯至阳而始有脱壳[⑨]之机，（只因）阳中含阴也。女子之神出[⑩]，真不同于男子之神也。又何也？女子造到三阳[⑪]之时，即可脱化百里之遥；造至纯老二阳[⑫]之会，则一出永出，断无夭折之患也。盖男子阳中含阴，女子阴中含阳，男子阴在内而阳在外，女子阴在外而阳在内，阳盛则诸阴易迁[⑬]。吾今不惜真脉道破于斯[⑭]，无非切望早成真者之多耳。

又批曰：可知女子之的丹乎？吾所分者，的的确确，至他法他诀本同男子，其不同者，此中之诀窍也。

【注释】

①七莲：心窍之别名。“七莲”，意喻七瓣之莲。“七瓣”者，七情也，即喜怒哀乐悲恐惊也。孔子言纯洁无染之心理乃“喜怒哀乐之未发”也。“七瓣之莲”收，则为先天真心；发，则为后天凡心。丹法有“火中栽莲”者，乃另有涵义，非此“七莲”也。

②放：指安放、放下，实指放下真心。这里不要混淆理解为“收”的反义词为“放”；那个“放”指放开、放松、放荡，与丹诀的含义相反。丹诀中常言“心要收得回，放得下”才为全功。若不然，能收而不能放，终非真心也。

③采取：此指采取先天元气。

④胎：内丹术称神称气为药，药合而为丹，丹成而为胎。此胎乃全息之新生命。

⑤息：指真胎、胎息，乃“胎”之别称。

⑥卒：义即“最终”、“到头来”等。

⑦诬名：错骂之义。

⑧乌乎可：“乌乎”即“呜呼”，感叹语。“乌乎可”，义即“难道可以吗”。

⑨脱壳：内丹学指阳神从肉体中超脱而出的现象，好像小鸡从蛋壳里破壳而出，故名。

⑩神出：同“脱壳”。

⑪三阳：即纯阳。“三”指乾卦之三阳爻，皆阳爻无阴爻，故为纯阳。

⑫纯老二阳：指纯阳和老阳。纯阳长期保持下去就是老阳，故此二阳总是一阳，但这与阴阳爻的数字无关。

⑬讦：排遣之义。

⑭斯：即此。

【文译】

男子的心性要使他无七情六欲，收敛起来是容易的，但要使它彻底放下不再发生，却是十分困难的。而女子不同，女子不仅收敛起七情六欲来得容易，而且让它彻底放下不再发生，也很容易，这是女性有阴静本质的优越性。如果一个女子照这样去做，即保持真心专一，不懈地坚持做功夫，也不过就是三到五年，周天运转的路线也就畅通无阻了，口中经常会有甘露下降，真心的定位更是经常洞开，明澄澄如水，活泼泼如珠。心窍常开带来玄关常开，在这种顺畅无阻的情况下，难道采取先天元气这味药还不容易吗？所以，男子修功有哪些优势劣势，女子修功有哪些劣势优势，在这里已经分辨得很明确了。但若从总的原则、总的目标上去追寻，讲虚、讲空、讲玄、讲妙、讲神、讲化，女子与男子又是相同的。这可以说，体上是大同的，用上是有小异的。

我再将男女修功的不同奥妙加以分辨。为什么还要细辨？只有辨得细才能把奥秘揭示透彻。在古之丹诀中，对男子常讲“养胎”，对女子则常言“养息”，这是为什么呢？为的就是不让后人产生误解。因为男子本不会怀胎，讲“胎”，人们明白是比喻。而女子若讲“养胎”，人们会误以为真养胎。所以，女子丹法就换个说法叫“养息”，以免后人误解其义，反而咒骂丹法传承之人是胡说八道。男和女在证果上还有一层分别，男子的神必须炼到纯而又纯，阳而又阳，方有脱壳之时。因为男子之神属离卦，阳中含阴，若不将阴神炼去，终不成纯阳之神。而女子到出神时就跟男子不一样了。这是为什么呢？因为女子之神养成之时，已经是三阳纯乾之卦，所以初步脱壳即可行百里之遥，不像男子调神，先出一步二步，十步八步，一里二里，十里八里，渐渐致远。等到女子之神炼造到又纯又老的地步，其神一出永出，生命永无夭折之患也。这个男女证果之别就在于，男子的后天卦象属阳中含阴，外阳内阴，虽然一下手就从炼阳气入手，初步功夫长进很快，但因阳中含阴，所以内中的阴必须炼尽才能达到纯阳的境界。所以，男子最初的阳神出壳，虽名为阳神，神中仍有阴性，必须边调边炼。而女子后天卦象是阴中含阳，外阴内阳，其下手是先从炼阴开始，所以只要把外阴炼尽，内中皆阳。阳盛，阴就全被驱逐一净。所以，当女子炼到阳神出现，便无阴神内含，全是纯阳之神，一出即可远行。我现在是不惜一切把女丹功真传都披露于此，目的无非是殷切地希望修道成真者越快越好，越多越好。

再附上一个补充说明：可知道女子丹法的根本奥秘，我今所披露者已是的的确确了。至于女子丹法的其他阶段、其他内容，基本跟男子丹法相同，所不同者，就是这些奥秘与诀窍也。

【编者按】

这里先把“七莲”比喻为心窍的道理再加以阐述。这个术语在其他丹经里不存在，故我们必须加以准确推测，以利理解和使用。

首先我们看，若把“七莲”解释为玄关或丹田都说不通。因为“七莲”后面有“收”“放”的法诀，而言玄关只能是用“开”“现”和“隐”，不能说玄关“易收难放”和“易放易收”；而言丹田也与“收”“放”无关。所以说，这里只能联系“明心见性”而解释为心窍。心窍喻为“七莲”，也与七情不发的情况相吻合。这些，都是借用佛家用语。譬如，佛家对于眼耳鼻舌身意称为六根、六门、六识。这六根、六门、六识，若倾向于后天情欲之用，则名为六贼。若把这后天之用转为先天之用，则成为六智、六慧。这与“七莲”的喻义是相同的。再者，此段文接着还有“苟能真心不懈”一句，实指能“收”能“放”之心，实是用直白对隐语作了解释。因此，通观本节文章，为了借玄天上帝的嘴巴说话，过于使用一些隐涩术语，实有故弄玄虚之嫌。当然不可否认，的确也道出了一些女丹功的修炼奥妙和证果现象。不过，对于文中论述的奥秘，我愿作些补充性阐发。

本节先从天地论阴阳之道，认为天地生万物，万物皆是阴阳，乃因天地本是阴阳，则是“天地之不可无男女”。实则，这里讲的乃是先天生后天的现象及奥秘。内丹仙学则是后天返先天的学问，它是要合后天阴阳而返先天阴阳，再由先天阴阳化阴归阳，炼阴留阳（当然，我曾经说过，道家的阴阳说是十分辩证的学问，每一个、每一次阴阳说的使用，都要针对特定的时空环境和条件，即有层次的界定，此阴阳非彼阴阳。所以，内丹学的“阳神”之“阳”，也应是在相对时空中而讲的，而不可不加辩证地进行质疑）。从“生”的现象讲，由先天而后天的“生”，都是顺生。顺生现象都是由本体体外衍生。譬如父母生子女；植物生种子，种子再生成植物等。这都要将阴阳一次次地进行交融团结，而后再发生一次次地阴阳裂变。顺生现象是以生命个体不断变换传递为特征的。即原生命体顺生到一定极限就会死亡，而让衍生的子生命体再传递生命。而由后天返先天的“生”，则是逆生。逆生现象是只对本体作用，使本体生生不息。故以“顺生”现象看，它的阴阳返归为一了。而以“逆生”现象看，其阴阳现象不过是对低级的阴阳进行合一锻炼，而化为高级层次的阴阳合体而已。

再以男女之后天阴阳属性而论，男子离卦，外阳内阴，下手修功可谓“前行短，后行长”；女子坎卦，外阴内阳，下手修功可谓“前行长，后行短”。所以，女子在下手修功的最初阶段，可能要付出比男子修功更大的努力与艰辛，但一旦获得效应，打下坚实的基础，后来的功夫进展却又比男子修功快得多。

【原文】

金沙古佛曰：以大处而论百脉，皆由无极分形造化；以细密而言，又属无形无象，却原万化尽包。男女皆同此至宝，只分血精两条：男精逆行①而成仙，女血直腾[2]归心窍。故而各有各法，各有各照[3]。

女丹从何而来？男与女两不相侔[4]，女与男大相悬殊。男丹由精化炁，炁化神，神化虚，虚极静笃而丹自结成矣。女丹由血化炁，炁化神，神化虚，虚无自然而丹自成矣。有谓“赤龙不斩而丹不得结，道不得成”者，不知血尽而气亦尽矣。如男子之精收而丹亦难成，其理一也。盖男精女血多不可绝。气离血而气无由生，血化气而精始流通。如谓血尽而乃言炼丹，何青年血枯[5]而病反起？此终不离血之一证也。

【注释】

①男精逆行：指炼精化气后的小周天运转。此“男精逆行”为泛用，不可误解为他意。

②女血直腾：指本文所言“女丹由血化气”后，由中窍上腾绛宫（相当于女丹法诀中特指的两乳之间中心一穴）。这里“女血”特指女性月经期将成未成之血。故，一不可误解为周身血脉之血，二不可误解为月经期已经形成之血。

③照：此处作“关照、照顾”意思解释，实指措施之义。

④两不相侔：即两不相等。侔，音 móu，齐、等之义。

⑤血枯：这里指贫血之类的身体状况。

【文译】

金沙古佛对于女丹功法的论述是这样的：

从宏观上去讨论人的百脉，不管它们是横是纵，是深层是浅层，多么的复杂，不过都是由先天无极分形造化，由无生有，由单一到复杂。从微观上再来认识人的百脉，从根本上讲，它们又都是无形无象的。那么，可以再这样地来评说人的血脉，在先天，都是无极的元气所化，元气就是生命至宝，不管男女都是一样。而到了今天，由于无极元气的分形造化生出男女，所以才有了生殖造化血与精的性属之别——女子生殖造化功能在经血上，男子生殖造化功能在精液上。正因为男女有了后天上的区别，所以在丹法修炼上，男子要先炼精化炁，然后走小周天运转这样一条修炼的路子。而女子则要先炼血化气，然后走气腾中脉，积蓄于心窍中宫这样一条修炼的路子。所以说，从后天返先天的修炼，男性和女性各有各的下手方法，各有各的要领火候。

女子炼丹之“丹”是从何而得的呢？首先要知道，既然男女在后天生理上两不相同，那反过来说，女与男也大相悬殊。正因为如此，就导致了男女之间在丹法修炼上，在入门下手方式上各有不同。男子丹法由入门下手的炼精化炁，再炼炁化神，炼神化虚，以致达到虚极静笃之时，丹药自然就凝结了。女子丹法则由入门下手的炼血化气，再炼气化神，炼神化虚，以致进入彻底的虚无自然境界，丹药也自然地炼成了。有种说法认为，赤龙不斩而不得结丹，不得成道。这种说法我是不赞成的。殊不知，女子身中经血没有了，维持人生命的气也就没有了。就拿男性来说吧，生殖之精也是不能枯萎的，枯萎了照样炼不成丹的。两者的道理是一致的。从这个总原则上来看，男子生殖之精与女子生殖之经血都是不能断绝的。生命之气与精血有紧密的依存关系，气如果离了血，气就失去了生的来源，可见血为气之母。同样，因为血化为气，气又可凝聚为精而流通。如果说把血炼尽了就可以炼丹结丹，那为何青年人贫血的反而会得病症？这就足以说明，人的生命离不开血，炼丹同样也少不了血。

【编者按】

读本节金沙古佛（注：我对此古佛来历不详）所论女丹功法，使我们愈发加深认识到一种特有的历史现象，即古代丹法流传门派众多，而在流传过程中大都是互相封闭的。这种封闭既有某一师父在传授过程中的故意（害怕徒弟知道并接触其他门派功法后背叛师门），也有某一传人并不知道还有他门他法；或仅知有他门他法，对其并不深入了解，自以为本门传承为至高无上。譬如古之三元丹法，知人元者，不知地元、天元；知地元者，不知人元、天元；知天元者，不知人元、地元。即便知人元者，知清修者不知双修，知双修者不知清修。此种种现象，都会导致门户之见，一叶障目，唯我独尊。我观金沙古佛之论，亦有曰“各有各法，各有各照”，终是倾向或站在清净丹法的“顿”法之上，而明显对“渐”法有所批驳。故使我觉得，虽古佛之论确有高妙之处，但论述之中既有偏见，也有无知的曲解，下面试作评论。

首先，我们可以肯定本篇论述的总原则是正确无疑的。例如，讲到后天百脉皆由无极分形造化，从而论述先天与后天的关系，由无生有，由无形无象生有形有象，由无分别生有分别，从而剖析男女丹法在入门下手所走的路子大相悬殊，男须从炼精化气入手，女须从炼血化气入手；男化气后走逆行周天，女化气后走中脉直腾，这自然都是正确无疑的。

但在具体方法上，虽然我们明显可以看到古佛是一位清静丹法论者，但总的论述中却出现了令人费解，不能自圆其说，其有偏颇、无知的地方。为了不致再误导后人，特加批评。

所谓清净丹法的“顿”法，是古佛所谓“男丹由精化炁、炁化神、神化虚，虚极静笃而丹自成矣”。在此“顿法”中，男子的“精化炁、炁化神、神化虚”，与女子的“血化炁、炁化神、神化虚”，都不是指练功者经过几年几十年所历经、递进的一个由低到高的练功层次（如“百日筑基”、“十月怀胎”、“三年乳哺”、“九年面壁”等），而是指入门下手就达到的功夫境界。这个境界的极致就是“虚极静笃”和“虚无自然”，两者用词不同，其实意义是同一的。这种“顿法”的实践过程，就是由后天自觉地入静返回先天的自静，且在后天自觉地入静与返归先天的自静过程中，发生男子“精化炁、炁化神、神化虚”和女子“血化炁、炁化神、神化虚”的结丹效果。清净丹法的本质和唯一大法就是静与静的恒持。其间的炼丹与结丹，皆是先天自然造化。

乍看起来，清净丹法是最为简单的丹法。岂知清净丹法之“顿法”却是要有前期大量“渐法”作铺垫的，否则只能落入空谈而已。例如，对于每一位在后天充满七情六欲的人来讲，如何能静？这就需要有很多方面、很多步骤循序“渐”进的修炼过程，有理修，有性修，有德修；有武火，有文火，有半武半文之火。人能静一时，就很难得，若同土木顽石恒持之静，岂非容易！所以，这之间还得有前期“渐法”作铺垫。譬如你是学清静丹法的门人弟子，你有50年的练功史，可能你在前49年的时间工夫都要花在“渐法”的铺垫上。所以说，清静丹法包括其顿法的实施，是有其前提条件的：一是天生大智大慧、大富大贵、大力大志之人；二是须有渐法的铺垫（渐法过程长短因人而异）。排除上述两个条件去谈清静丹法，去谈顿法，终是纸上谈兵，空话一通。

实际上，所谓渐法，在其每一阶段每一时刻也都须体现“清静”与“顿”，才有渐进之可能。关于这些，张三丰也多有论述，他认为渐法的每一时刻中都包括炼精化炁、炼炁化神、炼神还虚，不是专指练功的大过程。这例如气运的阴阳循环，一年有一年之阴阳循环，一月有一月之阴阳循环，一日有一日之阴阳循环，一时一刻有一时一刻之阴阳循环。两者道理是相同的。

所谓自相矛盾，不能自圆其说，古佛既坚持清静顿法，那么男女下手只要达到“虚极静笃”，“虚无自然”，一切听从先天自然造化就行了，何必诉说精与血炼法的“大相悬殊”？何必诉说“男精逆行而成仙女血直腾归心窍”的渐行之法呢？

所谓偏见者，女丹法门中有下手先“斩赤龙”之法。不但有此一说，而且此法可以视为既传统又普行的正宗之法。当然“斩赤龙”要视情而言，女性月经已断者要炼出月经复来，尔后再“斩赤龙”；月经未断者即直接行“斩赤龙”之法。这与男子生殖之精在修炼内丹时也必须炼化而断绝的道理一样。绝没有结丹得道后的男子还有精液排出，女子还有月事再行。所以，认为在修炼过程中，特别是希冀达到结丹的收效，“男精女血多不可绝”，其理谬甚，万不可听！

实则，古佛之偏见是与对“斩赤龙”理法的无知与曲解有关。他把“斩赤龙”与欲使人体“血尽”联系并等同起来，认为斩了“赤龙”，人体之内的血脉都会枯竭，并拿了年轻人贫血会生病的例子作比喻。这真是风马牛不相及，殊为可笑。哪与哪呀！

岂不知，女子的月事所排之经血，从养生学的角度来认识，他实是对人体气血的一种耗损。在生殖学意义上，人类是通过生理结构成熟后，用本体气血的耗损在本体外制造“生命繁衍”。所以说，女子“赤龙”之血，男子“白虎”之精，既已构成，就决定了它们对本体气血已造成耗损，而不再是营养本体生命的一部分。所以说，不能把已经成形并例行排泄的经血视同血脉中营养人体的气血。而恰恰相反，渐法里的女子“斩赤龙”与男子“擒白虎”，正是要通过特殊方法，使后天精与血还未成形，尚处于血脉之中酿出精华之际进行锻炼，使之不落于后天有形之物，不耗损，而返还内养。这跟“血尽而乃言炼丹”简直南辕北辙。由此可见，古佛不但对“斩赤龙”之内涵一无所知，对“擒白虎”也是门外汉一个。

可见，古人不可尽信，古佛不可尽信，古书也不可尽信。唯信者，正见也。

【原文】

瑶池王母[①]曰：女子功夫与男相兼[②]，只分地步[③]。地本非玄[④]，一切妙化俱不异男，尔等切悟出书中[⑤]载“全毫不差，各自潜修”。

圆明道姆曰：吾今与点破，以免受冤孽[⑥]；分配阴阳路，男女指一节[⑦]。男有此祖炁[⑧]，分配在精血；女子祖炁合，阴从血海说。男有此阳关[⑨]，顺逆不须惑；女有北海地[⑩]，波摇似水迫。

白莲真人曰：男女金丹地[⑪]不同，阴阳一理实相能；清心寡欲为根本，筑基先要斩赤龙。

【注释】

①瑶池王母：又名西王母，本是母系社会的首领，仙学养生家，后被宗教与传说神化。后世流传《女丹经》，有托名为西王母著。如流传于明清之际的《西王母女修正途十则》（清沈一炳授，闵一得注）一卷，即为托名之作。本节文中圆明道姆、白莲真人均可视为托名人物。

②相兼：即相同。

③只分地步：义指只在某些修炼阶段上有一定分别。

④地本非玄：此语出现甚是唐突，与上下句不能关联，似为排版之误。此语应当点明女丹下手的区别在何处，接下来才能与下句连接。故我将此四字改为“地步一迈”，以使文完全。

⑤尔等切悟出书中：此“书”应指《西王母女修正途十则》。十则：一曰持戒，二曰本命，三曰性原，四曰修经，五曰复还，六曰乳房，七曰玉液，八曰胎息，九曰南无，十曰慎终。

⑥冤孽：即佛教所讲的轮回之苦。认为人属于六道轮回的低层次生命，在这个生命层次中，每一次的生命形式演化都要经历“生老病死苦”的磨难。

⑦指一节：指明功夫修炼的一个阶段中的要妙。

⑧祖炁：指先天元气。因一切后天有形有象的事物，皆由先天元气所演化，就像一个大宗族，归到祖先为某某人一样，故名祖炁。

⑨阳关：即男子精窍。此关开则精泄露，此关闭则精养蓄，可炼而化气。

⑩北海地：即女子月经产生的地方。

⑪地：此指入门下手修炼之关键部位。

【文译】

瑶池王母说：女子内丹的工夫与男子基本是相同的，只是在某些阶段上略有不同而已。这些阶段一过，功夫的内涵再神奇再玄妙，也和男子功夫没有两样。你们只可细细悟读我《女修正途》中“全毫不差，各自修潜”，自然就没有什么疑惑了。

圆明道姆为女丹功专门编有五言歌诀，其中内容说到：我今特把有些奥秘为你们点破，以使你们直通仙学正途，早成正果，以免再堕入六道轮回之中受尽折磨。男和女在后天是有阴阳区别的，但在先天却是无区别的，都是由先天祖炁造化，故特将这一点指明。男子由祖炁化为后天，生殖功能特征是在阳物内的精液；女子由祖炁化为后天，生殖功能特征是在阴性子宫内的经血。男子的阳性生殖器名为一道关，精顺出而生人，精逆返而生仙。所以修炼丹道要知道这顺逆的内涵，不能有迷惑。女子顺逆的道理也一样，经血顺出如同北海水奔流，可孕养子女，而逆返而用则可孕养自身，成就仙体。

白莲真人说：男女金丹的修炼之法，只是初步下手的地方不同，而从根本上说，其阴阳之理根本大法是一致的。修炼的原则是以清心寡欲作为立基之本的。在此基础上，女子金丹则要从“斩赤龙”入手。

【编者按】

本节文章没有特别之处，无非摘录一些先辈修炼家的论述，以示在修炼原则和下手要领上的一致性。

本节文章值得关注的是白莲真人“清心寡欲为根本，筑基先要斩赤龙”一句。这一句中前七字也是一切丹法之根本，更无论顿法与渐法。总之，丹法修炼不能达到彻底的清心寡欲，功夫修得再勤苦，只能落在浅层次。为什么？我们可从上节文章金沙古佛男子下手“由精化炁”，女子下手“由血化炁”说起。男子怎能由精化炁，女子怎能由血化炁？原来这之前都要从神火关照做起。即下手之初，男子神（火）化精，女子神（火）化血。发挥神化的功能就要凝神，凝神则炁聚，炁聚则火旺。神意就是人体最精微的信息和高级能量。只有清心寡欲，这种精微的信息和高级能量才能凝聚而发挥有效作用。否则，意杂心乱，不能静守，人体内精微信息和高级能量都外耗消散了，不但不能积聚成“火”化精化血，反而连生命的本钱也挥霍一空，何谈练什么功夫！

【原文】

无心子曰：男子精液[①]阳中阴，女子精液[②]阴中阳；快寻明师求指破，返老还童在故乡[③]。七日天心如可复[④]，此是上乘一妙着。以后便同男子功，般般口诀要师说。

吕祖曰：妇人修炼如男子一般，难得是皎洁[⑤]。须知妇人欲[⑥]过于男子，或到经水过之后，其心如莲子初放，乘天之雨露才结其实[⑦]。妇人若无男子则孤阴矣。

【注释】

①男子精液：实指男子之精子。

②女子精液：实指女子之卵子。

③故乡：此喻指先天元气。因万物从无到有皆源于先天元气，故处于“无”的先天元气即可比喻为处于“有”的后天之物的“故乡”。“故乡”，又可喻为“本来面目”等。生命因源于先天元气之“故乡”而生，故若欲返老

还童，必时时居于“故乡”。

④七日天心如可复：此亦名“七日天心来复”、“七日采功”、“七日一阳来复”等。指的是筑基到了最后阶段（也即小周天功即将完成的最后阶段），练功者应进入一个大定大静的持久功境，以待大药产生而采取，以使命基稳筑，成为真正意义上的人仙。而这个大定大静的持久功境，一般来讲大概需要至少七天时间大药方可产生。《伍真人丹道九篇》：“问曰：‘《真论》中所谓七日何也？’曰：‘阳光三现之时，纯阳真气已凝聚于鼎中，但隐而不出耳。必用七日采工，始见鼎中火珠成象。祇内动内生，不复外驰，故名真铅内药，又名金液还丹，亦名金丹大药……如是以采之，大药自生。’”实际上，为什么必须得七日才能采得大药，这与生命奥秘有直接关系。比如动物类，鸡蛋孵出小鸡需要21天，而鸭蛋孵出小鸭则需要28天，前者为三七，后者为四七。比如人类男女之生殖功能完备，女子为十四岁而经通，男子则为十六岁而精通；人之出生则要经过十个月的怀胎，这都是生命奥秘。生命奥秘有其规律，但这个规律，既有常规显示，也有特例表现。所以，“七日天心来复”是个概率。

⑤皎洁：此特指心地的纯净无染。

⑥欲：此特指性欲。

⑦乘天之雨露才结其实：此句为隐喻之语，实言女子只有与男子进行性交配，才有孕育后代的可能。这里把女子之卵比喻为大地，把男子之精比喻为天上的雨露，有天上之雨露滋润大地，大地之土壤才能生长植物而开花结果。

【文译】

无心子先生说：人的生命产生在于男女阴阳交配。但人自从有了生命，就属于后天，男女的阴阳也就不像先天的阴阳那么单纯（乾，就是纯阳；坤，就是纯阴）。而男女阴阳是阳中有阴，阴中有阳。如男子之精是阳中含阴，女子之卵是阴中含阳。只有两者相合，互补其不足，互取其所需，达到阴阳俱足，阴阳合一返归先天一元状态，新的生命才会产生。这个“顺则生儿生女”的道理，也是“逆则成仙成佛”的道理，奥妙只在把“顺”用改为“逆”用而已。不明此理，它永远就是个不解之谜；一明此理，那就没有什么神秘可言。但是要明此理，你光有悟性还不行，必须得名师指点，把道理说破，把奥秘捅透，让你寻找到先天元气这个生命的故乡，你才能达到返老还童的养生效果。男女之功，就在筑基前有所区别，等到筑基功完成，过了“七日天心来复”这一关，采得大药，以后男女功夫就没有什么区别了。但这道理虽是简单，功夫细微却不是那么简单了，步步功夫都是需要老师指点，方能不出差错。

吕洞宾祖师说：成年的妇女修炼，其道理跟成年男子是一样的，都是要以后天返先天，但妇女难就难在心地的纯净无染上。要知道妇女的性欲其实往往胜过男人，比如说每月到月经来潮过后，此时对性的要求往往是很强烈的。此时如果和男人发生性交配，就像大地干旱的作物遇到天上降下的雨露，得以滋养，便能开花结果。如果此时不能与男子交配，便是孤阴无阳，不能怀孕生子。

【编者按】

男女修炼其理一也，无非阴阳二字，即阴阳和合也。然阴阳和合有顺有逆，有后天有先天。修炼一道是取逆不取顺，以后天返先天，关键是一念斡旋，“顺”也是此一念，“逆”也是此一念。一念“顺”，则是先天生后天，由生而死，其过程是生命精华的不断消耗；一念“逆”，则是后天返先天，遏死还生，其过程是生命精华的不断凝聚。然而说破了，这后天返先天的最初一念“逆”乃是一念不动而已。有此一念不动，后天自然返归先天，先天自然生生不息。然阴阳和合之情况，法有多端，有自身阴阳和合，有彼我阴阳和合，有虚空阴阳和合。无论何种阴阳和合总在一念不动，其乃根本大法。

得此根本大法，再经名师指点火候细微，自然步步皆是上乘妙着。

无心子之论，认为男女之功必待“七日天心来复”之后方无分别，此言虽自备一说，但终显言之有过，与多家共识认为只在下手之初有所分别相违背，于理不符，故不可尽信。

又，吕祖论及女子丹法，认为女子丹法首重炼性之功。且认为妇女的性欲往往过于男子，我以为此言也有过偏之处，跟前篇某某前辈言及女性本性易静颇有异曲同工之误。因为男女两者，虽性有别，其心无异，七情所感，六欲所动，从无二致。但是男与女又存在非常大的个体差异，所致因素更为复杂，有民族的、传统的、文化的、民俗的、经历的、修养的、开放或压抑的、生理的、生性的……所以，由此去看，男女之性欲，都有表现强烈或表现不强烈甚或冷淡之种种不同，不可偏言之。但是无论怎样，首重炼性也都应是男女的必修课。因为炼性的内容不仅仅是化除性欲，它还有很广泛的内容，长智慧、修道德、除恶习、养静心等等，都属炼性的范畴。

【原文】

贞一子曰：大道不问男女，皆能有成，故男子道成为真人，女子道成为元君。自来丹经言男子修炼之功，且详且悉，女子修炼之道多不论。及问有论及此者，不过略露一般。非薄女修也[①]，推其意，以为人同此性命，即同一功夫，言男修而女子之功不烦言解[②]矣。不知男子外阳内阴，女子外阴内阳，秉性不同，形骸各别。虽同一性命，其行持大有不同者。《修真辨难》曰：男子下手以炼气为要，女子下手以炼形为要。许祖曰：男子修成不漏精，女子修成不漏经。其初关[③]迥[④]然各别，至炼己、得药、还丹、温养、结胎、出神诸事，虽与男子同，而细微节次[⑤]未尝不无大同小异之殊。

壬辰[⑥]春适[⑦]，有坤女问道，仆[⑧]以多看古书证其所授。而丹经言女修者独少，难以考证异同。爰[⑨]不恤[⑩]泄露天机之罪，因将其所以同者何如，所以异者何如，并逐节次第，形于楮墨[⑪]，以为问津程途。俾[⑫]方得寻文释义，不致鱼目以混珠。深知力行，庶几金鼎可烹汞，以成无上至道，而方诸瑶池之会，不难于男仙同谒木公[⑬]、共朝金母[⑭]矣。

【注释】

①非薄女修也："非"，"不"的意思；"薄"，轻薄、瞧不起的意思。全句义为：并不是看不起女子修炼一道。

②不烦言解：即不必再另外麻烦地加以解释。

③初关：此指初步练功的一个阶段。

④迥：音 jiǒng，形容此事物与彼事物差别很大。

⑤节次：指阶段顺序的过程。

⑥壬辰：六十甲子的其中一年。"壬"属十天干"甲乙丙丁戊己庚辛壬癸"之一，"辰"为十二地支"子丑寅卯辰巳午未申酉戌亥"之一。天干与地支相配，一个周期为六十年。此"壬辰"为公元某年，因不属本文详考内容不作评论。

⑦春适：春天的最佳季节。另，根据语文造句习惯，"适"字也有可能是"过"字之误，"春适"可能为"春过"。因此不属原则性内容，不作详辨。

⑧仆：奴仆。自谦之词，指作者本人。大致古人自谦，男称"仆"，女称"奴"。

⑨爰：音 yuán，乃、于是之义。

⑩恤：忧虑、惊恐之义。"不恤"，即表示不惜、不怕的意思。

⑪楮墨：楮，音 chǔ，即构木，古代造纸的材料，后为文人用语"纸"的代称。楮墨，即纸墨。

⑫俾：使。《左传·成公十三年》："敢尽力之执事，俾执事实图利之。"

⑬木公：传说中的重要神仙人物。

⑭金母：传说中的重要女性神仙人物。

【文译】

大道修炼不问是男是女，都是可以修炼成功的。所以古时，男子修炼成道后，人们称他们为真人；女子修炼成道后，人们称她为元君。但自古以来，丹经道书言及男子修炼功夫的内容，不但多而且详细，而言及女子修道的内容很少很少。即或有涉及女子修炼的，往往内容很为一般。这种情况看来倒并不是轻视女子修道，推究其原因，大概撰写丹经道书的人都认为，既然男与女都是同样的性命，那么功夫也都应是同样的功夫，讲论男子修道就把女子修道的事已经兼及了，不需要多费口舌另外再论。事实上，这些认为是错误的，他们不知道，男与女在生理的阴阳属性上是有根本区别的，男子的属性表征为阳，内含有阴；女子的属性是表征为阴，内含有阳。正因为有这种不同的属性，所以男女在生理构造上就出现明显之区别。也正因为存在这种区别，所以，虽然都是一个性命，然而在行持的方法上还是大有不同的。

《修真辨难》中说：男子下手练功要以炼气为首要，女子下手练功要以炼形为首要。许祖也说，下手的初级阶段，男子要修炼到生殖之精不再漏泄，而女子则要修炼到月经断绝。总之，男女修炼在初级阶段是有区别的，而以后经历练己、得药、还丹、温养、结胎、出神种种阶段，虽然这时女子功夫跟男子功夫基本一致，但在一些细微的情节上还是有大同小异之处的。壬辰年的春天，有位女同修向我求教女丹功法，我本来想建议这些女同修们多看古人的丹经，以检验她们的修炼步骤和方法对与不对，但前人的丹经论及女丹功法实在太少，难以找到可供检验的依据。所以，我就不怕背上一个泄漏天机的罪名，因而将其哪里是男女相同的，哪里是男女异同的，以及其阶段步骤，一一付诸于笔墨，以作为求道者们的一条明路，使得人们在对于术语某些名词追求辨识时，不至于鱼目混珠。通过理论的深透理解，加上实践上的实实在在的恒持修炼，用不了多久就会得到金丹大药，以致修成无上的大道，而加入“仙”的行列。那时，你不但有资格与男仙平等相处，也有机会拜见到像木公、金母这样最高品级的仙家。

【原文】

天阳地阴，乾刚坤顺①。阴无阳不长，阳无阴不生。刚柔得其中和，水火才能既济。阴阳必有匹配，人物②由兹孕生，是乾坤皆秉真元之气，男女各具不死之身。乾曰大生，可以道成正觉；坤曰广生，亦能果证元君。如谓坤阴③难入仙道，何以王母④长处昆仑，蟾蛾⑤窃梁间之丹永作月宫皇后？逍遥⑥读漆园之书⑦，自号瑶池谪仙；洛神巫女⑧，自古维昭；紫姑湘妃⑨，于今为烈，迹载史篇，固可考也。身秉坤德，岂不能乎！

【注释】

①乾刚坤顺：此四字中“顺”应为“柔”。因《易》说卦即“乾刚坤柔”，况此句之后有“刚柔得其中和”以正前谈。

②人物：此指人与万物。

③坤阴：此指生理属性为坤阴的女人。

④王母：神话传说中的王母娘娘，据说修成神仙后居住在昆仑山，在神仙界具有很高的威望，经常还于瑶池举行蟠桃宴会招待天界中的上仙。其实按历史推断，王母应是史前女权社会时的一位政治家、养生家。

⑤蟾蛾：即嫦娥。传说嫦娥为尧时后羿之妻，因偷食仙丹而白日飞升，孤居月宫。

⑥逍遥：指某女仙家之道号，尚不知其详。

⑦漆园之书：漆园，喻指战国道家人物庄子，庄子曾经担任过宋国蒙漆园吏，贫而乐道，著有《庄子》一书，后世奉为《南华真经》。漆园之书，即指庄子及其著作。

⑧洛神巫女：洛神，指传说中洛水的女神洛滨。谓系伏羲之女，称宓妃，因渡水溺死，成为水神。巫女，指传说中的巫山女神。谓古时巫峡有恩爱夫妻，因夫外出久而不归，年轻的妻子站立山顶长年累月眺望，死后成神，肉身化为山峰名曰神女峰。

⑨紫姑湘妃：紫姑，亦称"坑三姑娘"。传说姓何名媚，字丽卿，山东莱阳人。唐武后垂拱三年（公元687年），被寿阳刺史李景纳为妾。然为大妇曹氏所嫉，正月十五日夜，将其于厕所内杀害。上帝怜悯，封为厕神。旧时民间每于元宵节在茅厕祀之。湘妃，刘向《烈女传》云，舜之二妃死于江湘之间，成为湘水女神。后说纷纭，有言二妃死后称为湘君，有言二妃死后称为湘夫人，有言湘君、湘夫人为配偶神。本说取《烈女传》。

【文译】

在宇宙大自然中，轻清上浮的为天，属性为纯正之阳；重浊下沉的为地，属性为纯正之阴。在八卦学中，纯正之阳以"乾"来表示，纯正之阴以"坤"来表示。换言之，"乾"是阳的总代表，"坤"是阴的总代表。乾的性质趋向于刚，"坤"的性质趋向于柔。在宇宙自然中，凡有物质产生，必须得有阴阳乾坤的交合而后方可。无阴阳乾坤的交合，就不会有任何事物的发生。乾，属阳，性刚，是主化生的；坤，属阴，性柔，是主长养的。阴如果缺少了阳就发挥不了长养的作用；阳如果缺少了阴，也发生不了化生的作用。阴阳好比水与火，火刚水柔，只有刚柔相亲，得其中和（刚而不燥，柔而不滞），水火才能互相调剂（火温于水，水润于火）。只有这种阴与阳的和谐交配，宇宙自然中才会孕育出人和万物来。为什么乾坤阴阳交合就会孕育出人和万物来呢？这在于代表阴阳的乾坤本质上含着先天的真元之气。先天的真元之气是化生一切的根本，而这个根本是永恒不灭的。所以，人分男女阴阳，也代表宇宙自然乾与坤的属性，各自生命中都含有先天真元之气，具备有永恒不灭——生的因素。从“生”的特点上讲，“乾”轻清于上，呈现立体状态，在宇宙中至高至大，呈现平面状态，在宇宙自然中至广至阔，可名为大生；“坤”重浊于下，可名为广生。故男子为乾，含大生之象；女子为坤，含广生之象，道成之日可成为大慈大爱的元君。

如果有人要说，女人属于坤阴之象，是不能修成仙道的，那为什么会有居住在昆仑山的西王母，为什么会有因偷吃仙丹而白日飞升孤居月宫的女仙嫦娥？自古以来女子成神成仙的例子很多。有个道号“逍遥子”的女子因按庄子《南华真经》之理法修炼，道成自号瑶池谪仙；还有洛水之神，巫山神女，这些成神的女子自古以来名气几乎家喻户晓；厕神紫姑与湘水二妃，成神之后，后人还建庙建祠以祀。以上这些女神女仙前代的史典都有记载，是可考可证的事实。由此可见，身秉坤阴广生之德的女性，岂有不能修成仙真的道理！

【编者按】

本节文章后半部分多是教化之语，在古时神话传说与宗教信仰含混不清的时候，这种教化是富含力量的。而在今天，当神话传说只表现为神话传说，不能作为史实考证的依据时，这种教化就没有什么力量了。当然，历史上记载的女真女仙确实存在，而实际上某些历史人物由于在当时以及在其后影响太大，确也被后人加以神化。如王母，她实际上是史前母权社会的一位政治家、养生家，尤其是她的养生之术在历史上曾经有过很大很久的影响，所以被后人、被道教神化为天界神仙中的西王母，享有很高威望。惜本文作者并未认真搜列历史上女真女仙的真人真事，多借神话传说为据，降低了文章的严肃性。

本节文章的重点在于前半部分对天地阴阳乾坤属性与功能的阐述上，我以为此中论述很精辟。但读者须明此理：人与万物相比天地，天地为先天，人与万物为后天。而天地若与宇宙自然混元一气相比，混元一气为先天，天地为后天。人与万物相对于混元一气，混元一气为先天之先天，人与万物为后天之后天。混元一气本为一元，然静而生阳，动而生阴，有动静然后生阴阳，阴阳交而生天地。天地生人生物，道理一样，天阳地阴，天乾地坤，阴阳交乾坤合，人与万物乃从中生。人分男女，又一阴阳，此阴阳相合乃生儿育女，然此为顺生。内丹仙学是将男女阴阳顺生之理逆而用之，乃完道成仙。

总而言之，宇宙自然中无论有多少层后天，但这些后天阴阳中都含有第二后天，即天地乾坤的阴阳属性，即乾阳为大生，坤阴为广生，合而逆用则永生。后天阴阳又有无限层次，如天地分阴阳，万物分阴阳，男女分阴阳，再就人的男女个体而言，自身之中也分阴阳。正因为有无限多的阴阳层次，内丹修炼就可有无限多的阴阳相合借助手段。只是修炼者要视自身条件来选取，还要有名师指点方可。也正因为阴阳有无限层次，故或男或女，自身亦各具阴阳，亦同样有乾与坤的大生广生因素。所以在修炼上，男女虽有下手初关手法之别，然原则道理上男女都是平等的。从华夏的人类文化史过程来看，早期母权社会时，成道成仙的女性修炼家特别多，后期进入男权社会，成道成仙的男性修炼家特别多。这种偏颇的现象是由特殊历史文化造成的，在未来文明的社会进程中，这种男女不平等的现象应当得到彻底改变。

【原文】

女子原来命有三，紫白黄光[①]不似男，少上衰中成在下[②]，关头[③]一错要深谙。

炁穴[4]即血元[5]也，即乳房也，在中一寸三分，非两乳也。男命在丹田，故以下丹为炁穴；女命在乳房，故以乳房为炁穴。阴极变阳，从炁穴化阴血[6]而流形于外，故斩赤龙须从阴生之处[7]用功，久久行持，形[8]自隐矣。若以男子脐下一寸三分中之炁穴指之，则误也。

许祖云：男子修成不漏精，女子修成不漏经。盖女子之经为生人之始，信经[9]返成气则乳缩如男子，而经自不漏；若男子则炼精化炁，阴根[10]缩如童子，而精自不漏，不漏而后命可延。又云：女子修到经不漏，其后性命功夫与男子之功夫大同小异，患无人诀破其奥妙耳[11]。

柔人[12]行道与刚人[13]不同，而其成功比刚人亦易。刚人伏气三年，柔人一年可伏，以丹在身中故也。

【注释】

①紫白黄光：此紫、白、黄三光是根据女命之“三”而喻。本篇前文有懒道人所云：“女命何以有三？谓上中下也。上者阳穴，中者黄房，下者丹田。少者从上，衰则从中，成方从下耳。”紫光喻阳穴之光，因此穴为上丹田，又名泥丸紫府；白光喻下田之光，因此穴是生养金丹之处，金居五色为白；黄光喻中田之光，因此穴又为黄房、黄婆所居之所，故名。

②少上衰中成在下：“少上”，即童体未破之少年女子下手修功之处在上丹田；“衰中”，指气血衰亏的中老年妇女下手修功之处在中丹田；“成在下”，指筑基有成的女子下手修功可同男子一样在下丹田。

③关头：此指下手修功的关窍。

④炁穴：“炁”，特指先天之气，又名纯阳之气、真元之气、元始祖气等，无非因义立名。穴，生炁之穴，养炁之穴，炼炁之穴，藏炁之穴。初从无穴处守之得之，生而为有，有部有位，有象有感，终则仍归于无。

⑤血元：生血的本元。

⑥阴血：指女子体内所排出之月经之血。因血与气相比，气无形，为阳；血有形，为阴。又有男为阳女为阴之说，以此而论，女子为阴，所排月经即为阴血。

⑦阴生之处：即阴血生发的根本之处。即炁穴，即血元之地。

⑧形：此“形”有二义，一指有形之经血，一指隆起之乳房。

⑨信经：即女子月经。因女子每月必有月经来潮，正常情况下每月来潮的日期都很准确，故称为“信”。“信”者，信息也，准信也。“经”者，经过也。

⑩阴根：指男子外生殖器，又名阴茎，也有称“阳物”者。大体以男女之别称阳物，以自身阴阳而论则称阴物。故须明古人阴阳之论常有此彼之别也。

⑪耳：语助字，无实义，如同“也”“矣”“啊”“乎”之类。

⑫柔人：即女人，此以阴阳刚柔论之。

⑬刚人：即男人，义同刚强、坚强解。

【文译】

女子命功修炼的方式，根据女子现实的生命本质情况可分为三种，前人所谓炼紫光、炼黄光、炼白光。这些下手方式跟男子下手方式是不一样的。所谓炼紫光、炼黄光、炼白光，是以上中下三丹田而论的。少年女子童体未破，先天具足，即从上丹田下手练功，所谓炼紫光；中老年女子后天气血双亏，须从中丹田下手练功，所谓炼黄光；当筑基功达到一定成就的女子，她练功就可以从下丹田入手。由上可知，下手的关窍选择要根据不同情况选择不同部位。如果千篇一律从一个地方入手，要么毫无效果，要么多走弯路，要么会出偏差，所以不可不知，不可不慎。

女子修炼，炁穴指的是生血造血的最根本之处，以有形部位讲，它就在乳房。具体位置在两乳之间往下一寸三分的位置，而非指两乳。这是就女子命功修炼下手的步骤和部位而言。男子命根在下丹田，所以下丹田就是炁穴；女子的命根在乳房，所以乳房中丹田部位就是炁穴。女人生理从先后天的演变上来讲，是阴极生阳，阳极生阴（编者按：原文仅用“阴极变阳”来说明女子生理先后天的演化，表述上是不完整的，故从理论上是说不通的。所以，我在文译中用“阴极生阳，阳极生阴”，就把这个理论解释清了。如女子从婴孩到少女正常发育，在第一次月经未产生之前的这个渐进发育过程，可称作阴极生阳。此以卦象论，就是由纯阴的坤卦变成外阴内阳的坎卦。但这个坎卦还算是先天的坎卦。当女子开始进入有月经现象的青年及中年期时，以月经现象而论，就称作阳极生阴。先天坎卦变成了后天坎卦，卦象未变，但本质内涵变了。先天坎卦是先天纯阴生先天纯阳，内外卦都是先天，后天坎卦则是先天纯阳生后天浊阴，内卦是先天纯阳，外卦是后天浊阴。内卦为炁，外卦为血。内卦在乳房，外卦在子宫）。阴极生阳时，童真充盈，生机勃发；阳极生阴时，则从炁穴化为有形阴血排泄于体外，称为赤龙。前者阴极生阳为自生之象，后者阳极生阴为生人之象。女子丹功是化“生人”之象为“自生”之象，故必以后天返先天，以无形化有形，斩除“赤龙”，故“斩赤龙”是首要之功。而斩赤龙须要从后天浊阴生造的源头处斩起，这个地方就是乳房部位的中丹田。恒久不移地在这个地方用功，有形（隆起）的乳房和有形的月经都会消除。所以必须明白，男子与女子的炁穴部位是各自有别的。若在下手时把男子脐下一寸三分处的下丹田当成女子下手的炁穴，那可就弄错了。

许祖的口诀上曾有这样的说法：“作为筑基功的基本效验来讲，男子要修到精皆化气，永无泄漏；女子则要修到月经断绝。”从道理上讲，女子月经的生发之处，也即是生育子女的结胎之处。换句话说，女子没有月经现象，也就不会有怀胎生育现象（编者按：这是就自然人的生理与生育情况而言，当今试管婴儿的科学情况不在此论)。女子要将有月经能生育的后天现象逆转为无月经不生育的先天现象，那就须做“斩赤龙”的功夫，把有形的月经浊血炼化为先天之炁。到那时双乳缩如男子，而月经也永远没有了，生理就会处于少女状态，永葆青春。要是男子下手练功，则须做“炼精化炁”的功夫，断除后天生殖之精的排泄。到那时则外生殖器收缩如幼童一样，再也不会有后天生殖之精漏泄了，生命自然就会延长再延长。许祖的口诀上又说到，女子功夫修到经血化气，永不再漏泄之后，就跟男子功夫再无什么大的区别了，但历来很少有人将其中练功的秘诀公开说明。

总而言之，依前人的论断说明，含阴含柔的女子修道，与含阳含刚的男子修道有所不同，论其成功女子要比男子更容易些。比如，从伏气炼气上讲，男子若费三年功夫，那么女子只需一年就可以了。因为，女子的先天生理属性是阴中生阳，这个“阳”就是修炼要修出的“丹”。故而可以发现，女子之“丹”原本自身具有，只需把它找回培养壮大就行了。

【编者按】

读本节文要弄清以下几点：

一、文章披露女子命功下手的三种不同部位及三种不同情况，但文章主题内容却是针对中年妇女（尚有月经现象）而言的。

二、女子的炁穴是在两乳之间中心点往下一寸三分处。但这个“精确”的部位只是个意会点，切不可死板教条地执著。即使意会到这个点，要明白它是个炁穴——空洞虚灵，不是一个实体。

三、虽言女子下手处在两乳之间，然而也并非开始学练功就一下子从此处入手，因为这之前还有一系列预备功要做。没有预备功奠定基础，此步功是做不成的。

【原文】

孙不二元君[①]曰：男子本一炁，清浊动静异[②]。女人欲修真，切使真元聚。阴中有元阳，存心勿以弃。明此色与欲，本来无所累。屏除贪嗔痴[③]，割断忧思虑[④]，去浊修清性，不堕诸恶趣[⑤]。静寂守无为，我则男子具[⑥]；无无无其形[⑦]，有有有其意[⑧]。内视色声空，丝毫无黏滞；仗土为坤基[⑨]，一阳本自地[⑩]。铅汞固不同，炁神无二义[⑪]，渺渺空灵心，心神能为制[⑫]。一炁返春和[⑬]，飞出青霄去；偕汝太清游，是曰真如偈[⑭]。

夫乾道动，坤道静，欲修性命，务须从静。汝今原静，又何以修?

坤道浊，乾道清，欲修性命，务须求清。惟能以浊修清，是以入道证果。《长生胎元神用经》曰：成功之后，男子交元炁聚精，女子脂泽不结婴[⑮]。虽动于欲，不能与神争，此是成胎之中，真精返为神，此是上清也。

【注释】

①孙不二元君：道教全真七子之一，亦称“孙仙姑”（公元1119—1182年），金代道姑，法名不二，号清静散人，马丹阳之妻。后得王重阳授以天符云篆秘诀而道成，度人甚多，后世信徒尊称为元君。

②男女本一炁，清浊动静异：男和女所修炼的都是先天一炁，但这个炁由先天落入后天，呈现为先后天之别时，或在一炁流行的周期循环过程中，其清与浊、动与静的表现是不同的。

③贪嗔痴：佛教用语，指人处凡俗层次的非理性私欲情感的过分表现。贪，即贪婪之欲望；嗔，即容易动情绪，发无名之火，有烦恼扰缠；痴，即痴迷，不明道理而盲目执著信仰，追求某一崇拜物或某一目标，死不回头。

④忧思虑：泛指一切恩爱得失的情感和利益牵缠。

⑤恶趣：即六道、六趣，佛教用语。佛教把众生世界分为天、人、阿修罗、地狱、恶鬼、畜生六个层次，因各自所做的善恶业因有所不同，于是就

会在这六个层次里作生命形式的升沉变幻。佛教认为，尽管在这六个层次里，众生会随着他（它）的善恶因果作生命的升沉变幻，即或一直处于这六个层次中的中高层次，但这对于佛的层次境界来说，终究不过是一个低档的轮回循环层次，算不得美好的生命归宿。恶，即不完美；趣，即行为趋向。

⑥我则男子具：意即“以上这些修功的内容我们女子与男子都是相同的”。

⑦无无无其形：此句式可细断为“无无，无其形”。意思是：练功进入功态要达到的境界是，不但要虚无，而且连虚无的感受也没有了，无内无外，无人无我，个人的肉体都处于一种不存在的状态。

⑧有有有其意：此句句式与上句形成对仗，可细断为“有有，有其意”。意思联系上句即为：最高境界的功态，一方面是体要空，另一方面是心要灵。体空是无，心灵是有，无有相生。在空无的体感中，心灵有它的实际存在，这就是“有有”；“有”的“有”是什么，即“有其意”。此“意”乃真意，亦我之理论体系中之“明神”。此句联系上句即表示“万象俱空，一灵独存”之功境。

⑨仗土为坤基：在内丹术中，“土”表示真意；“坤”为阴为静。全句意思是：依仗真意主宰而形成虚极静笃的稳固基础。

⑩一阳本自地：此句借用外界大自然冬至一阳由地下生发，来形容体内一阳由炁穴生发。但一阳由炁穴生发，还是由于炁穴是在脾土真意营造的清静氛围下而能生发一阳。故而从一定意义上讲，真意就是生发先天真阳一气的土地。

⑪铅汞固不同，炁神无二义：此指练功小、大周天前后阶段的不同功夫与效果情况。小周天阶段，铅是铅，汞是汞，功夫在抽铅添汞。铅汞即气神。大周天阶段，气含神，神凝气，气神不分，故无二义。

⑫渺渺空灵心，心神能为制：指功态下心境处于先天虚灵状态，后天有

思有虑的心神自然就被制御，尽合先天心境。

⑬一炁返春和：春和，春天日丽风和。本句意思是：先天一炁返归，处于像春天风和日丽的舒逸状态。

⑭真如偈：借佛教用语表示其披露的法诀是真理正法。真如：真，无一丝虚假；如，原本如此，佛就是这样做这样说的。偈，利于诵唱的词句。

⑮女子脂泽不结婴：女子皮肤润泽，如同少女，不再有生育功能。

【文译】

孙不二元君女丹歌诀中这样阐述：

修炼一道，从根本上讲，男与女都是一样的，修炼的都是宇宙自然中的先天一炁。但此炁周流循环有清有浊，有动有静，不同节令不同阶段是有差异的。练功中要善于辨别这些差异，掌握好火候。明此道理，女子修炼务必找回先天元气，并使它凝聚起来。女子先天属阴，而有阴经之血逢月排出，这就跟月相同理，月亮属太阴，每月有盈亏圆缺，还会引发地球上海水的潮汐有规律地发生。但这个“阴”中含有先天的元阳真气，你只要存心修炼，没有犹豫徘徊，锲而不舍，你就能把先天元阳之气找回来。世上只因有男有女，即产生了色与欲。色与欲是人之天赋本能，顺用生人，逆用成仙，关键在心意的指向和运用。你把它用恰当了，它就能为修道服务。明白了这个道理，那就不会让色欲牵着自己的鼻子走，而会让色欲正确地为修道服务了。

能否正确对待和运用色欲，其根本与性修效果有关。性修的效果其重要的一些方面是要检验修炼者能不能摒除凡俗世人的贪欲之心、烦恼之心、执著之心，能不能割断凡俗世人的恩爱牵缠，名利追求等等的乱思杂虑。世上凡俗之人七情六欲的纵横不收，使人的心境如同一池浑浊的水，使生命的鱼虾不能生存。故修道之人对于心性要去浊留清。浊为阴，落于后天；清为阳，居于先天。只有心性永恒居于先天，生命才不会堕入后天的无穷演化层次中去。

从清静功法上讲，女子与男子是没有区别的，都是静守无为，他主我宾。但此中无为和有为是相对存在的。调形调息的目的是使生理机能发挥最完美的先天功能，在这方面练功者要做到彻底无为，以致使身心松空到连无的感觉都没有了，肉体似乎也不存在了。而调心则要使心最平静最空灵，这就是有作有为，有一种有的存在，这个有就是心的一灵独存。能达此功境，如同坐山观景，身外色声一切化为乌有，我自观乎芸芸其气升降沉浮，气行我随，气停我歇，活活泼泼，灵灵动动，没有丝毫的黏滞挂碍，无限舒畅。但要创造此等的功境，必须要依仗真意主宰，奠定稳固的清静之基才行。真意如同孕育万物的大地，只有有了大地，先天真阳之气这颗生命的种苗才能在其滋养与呵护下萌芽生长。

内丹修炼一事无非铅汞与火候。所谓铅汞，即神气也。铅即气，汞即神。在小周天玉液丹法中，铅与汞有所分别，但方法是使这种区别逐渐缩小。方法就是炼神化精，炼精化气，炼气化神。等到了高级阶段大周天金液丹法中，神气由二合一，气化神，神凝气，神皆气，气皆神，两者就没有区别了。但这一前一后的全部功夫，都是那颗渺渺冥冥的空灵之心——真意明神在坐镇主持，方能使后天心神为其所制，合乎先天。

练功的初步要从炁上着手，最终则要从神上成功。实则全部的内容都是在炁上做功夫。从某种意义上讲，从下手做功最初的先天一炁萌发，到最后成功到白日飞升成为大罗真仙，只此一炁也。

孙不二元君最后说：因为我有偕同你们一同修成真仙，自由遨游于六合内外的意愿，我才将这真理真法编成颂唱之词告诉大家呀！

从男女阴阳属性上讲，男为乾，为动；女为坤，为静。性命之功务必从“静”字入手。那女子的属性原本就有静的根基，又该怎么去修？这就要从另外一个层面再找出这一属性中的缺陷，加以解决就行了。因为，乾与坤既有动与静的一面，又有清与浊的一面。以清浊而论，坤道浊，乾道清。性命之功则要去浊留清（编者按：同理，男为乾阳，为动为清。但动易生躁，这又是男子属性的一个缺陷，故男子初功须在静上下功夫）。这个浊实指后天之经血，也包括心性上的邪思杂念。惟能做到彻底地去浊留清，性命筑基功夫也就基本完成了。《长生胎元神用经》中说：男女筑基功完成的一个显著特征，就男子来讲，元精已完全炼化为元炁，精路封闭，阳物缩如童子；就女子来讲，她的赤龙彻底斩断，永无生育之可能，肌肤润泽如玉，色如桃花。男与女都出现返老还童之征象，即或仍有情感表现，那也不会引动真神真气，更不会耗伤真神真气了。这种征象是凝结仙胎的基础，真精真气都返归为神，是修炼的上清功夫境界啊！

【编者按】

译本节文，我亦生发出以下几多感想。

比如孙不二元君之丹诀，出言并未涉及色与欲，接下来却话锋一转，要人“明此色与欲，本来无所累”。仔细一品，原来色欲发自一心，根自一炁，召之以阴阳，行之以动静，交之以清浊。推之万物，莫不有之。天地有了色与欲，方生万物。近年有科学家推断，地球之所以在多少亿年前开始有了生物，缘于一次外来天体撞击地球。这是一次宇宙天体阴阳大交欢，从此地球孕育出了有生命的芸芸万物。那么，由此推及人世间任何事情的成败，莫不由色与欲引起，莫不是阴阳间的交往过程及结果。色欲生发合于规律，阴阳和谐交配，事情即成功，反之则失败。凡一件事情的成功，也可理解为阴阳交合而孕育产生出的后代。所以，道家要人参透色欲，是教人从整个宇宙自然的事理上去参悟，而非教人学会见了俊男美女不动心，仅此而已。人若参透了宇宙自然万物之色欲奥妙，自然不会再被区区的男女色欲所累。换言之，对待男女之色欲便会用修道的理念和内丹养生的方式方法去正确对待与应用。

“无所累”三字，即表示纵横自在，洒脱自如。

说到性修一事，此本男女修道都必须要彻底解决好的大问题。性修不能成功，命功之基也就不能固筑，好比泥墙草屋，终究经不起风吹雨淋。而性修之成功，要体现在三大方面：一则要成就高尚之道德，超俗之道德，超时空之道德。二则要成就清平祥和之心境，永无烦恼与激情。三则要成就圆通大智慧，即了知一切事理，再无人生之困惑。

本节文末段又言“虽动于欲，不能与神争”，此乃道者之色欲也。以前佛门有公案讲，凡俗人，见山是山，见水是水；入道后，见山不是山，见水不是水；参透禅后，见山仍是山，见水仍是水。此可为之切喻。凡俗之人有色有欲，成道之人仍然有色有欲，然表面看似相似，而本质内涵却有云泥之别。正所谓此色欲非彼色欲。此若妄猜，必大谬也，正所谓“要知口诀通玄处，须与真人仔细论”。

陈撄宁《女子修炼及流派》节选

说明：本文转摘自蒲团子校辑、张莉琼整理之《女子丹法汇编》(中医古籍出版社2005年1月出版)，原题《与朱昌亚医师论仙学书》，原文载于上世纪三十年代初的《扬善半月刊》上。今引用，因文首数节文字与主题并无直接关系，故略去，后半部分全文保留，乃曰节选。

【原文】

仙学首重长生。长生之说，自古有之。《老子》[①]曰："深根固柢[②]。"《庄子》[③]曰："守一处和。"《素问》[④]曰："真人寿蔽天地，至人积精全神，圣人形体不敝[⑤]"。然理论虽著[⑥]于篇章，而法则不详于记载，学者憾焉。自《参同契》[⑦]、《黄庭经》[⑧]出世而后，仙家修炼，始有专书。唐宋以来，丹经博矣，而隐语异名，迷离莫辨；旁支曲径，分裂忘归。既不明男子用功之方，遑[⑨]论女修秘要乎？

上阳子[⑩]云："女子修仙，以乳房为生气之所，必先积气于乳房，然后安炉立鼎，行太阴炼形之法。"又丹经常言："男子修成不漏精，女子修成不漏经。"至问其气如何能积，经如何不漏，皆未尝显言。《黄庭经》云："授者曰师受者盟，携手登山歃[⑪]液丹，金书玉简乃可宣。"《参同契》云："写情著竹帛，又恐泄天符。"又云："三五与一，天地至精，可以口诀，难以书传。"

是知修炼家隐秘之习，不自今日始矣。

【注释】

①《老子》：又名《道德经》，为先秦著名道学大家老子所著，为后世道家、道教所崇奉之最高经典。

②柢：音 dǐ 。指树根的粗壮部分，树身的稳固全赖于柢。而真正的树根即为由柢分出的细根，延伸深扎于土地的低广层次。故古有“根深柢固”之说，即根愈是扎得深，就愈会增强柢的稳固性。

③《庄子》：战国时期的道学家庄子，是继老子之后的又一著名道家代表人物。后世将其思想学说与老子并称为老庄学说，其著作谓之《庄子》。唐玄宗天宝元年（公元 742 年），诏封庄子为“南华真人”，故后世道教又称《庄子》为《南华真经》。

④《素问》：中医学书名。与《灵枢》合称《内经》，又名《黄帝内经》。后人考证此书署“黄帝”，乃托名。但此书所阐述之中医学原理，至今仍广泛指导着临床实践，可谓权威经典之著。

⑤敝：音 bì 。指“坏”或“破旧”“有缺点”。

⑥著：多义字。此处作“显明”解。

⑦《参同契》：又名《周易参同契》，共三卷，东汉魏伯阳撰。书中借用乾、坤、坎、离、水、火、龙、虎、铅、汞等法象术语，用以论述炼丹修仙的方法。

⑧《黄庭经》：为丹经重要著述，全称《太上黄庭内景经》、《太上黄庭外景经》。内容是以七言歌诀讲说道家养生修炼的道理；观察五脏，而特重于脾土真意，以明中央黄庭的重要意义。此经因有晋代著名书法家王羲之写本而著称于世。

⑨遑：音 huáng。多义字，一曰闲慢；二曰彷徨；三曰恐惧。然三义皆不

合此处用义。故可认为“遑”在此处为通假字，即“何”的代用字。

⑩上阳子：即元代道士陈致虚。号观吾，一号紫霄上阳子。为全真教嫡传弟子，又袭南宗赵缘督的衣钵，兼受南北两宗丹法，并力主两宗合流。

⑪歃：音 shà。即以口含血或以指沾血盟誓。

【文译】

仙学的首要任务就是要着重解决生命长久完美存在的问题。所以，仙学也就是长生之学。有关长生的学说，从古代就早已有了，并且很精辟。例如，老子《道德经》中说：“人的生命跟树一样，只有根扎得深，柢才能稳固。”又如，《庄子》中说：“把生命的后天无穷分化的功能返还到生命肇始的那种先天混一部分的状态，生命就处于最和谐最完美的长生不息之境况。”《黄帝内经》说：“最完美的人叫真人，真人的寿命可以盖过天地的寿命；最圆满的人叫至人，至人因为生命精华的积聚而使生命的信息功能永久完备；最智慧的人叫圣人，圣人的生命体是永远完美而不会损坏的。”从以上这些学说看，虽然古人有关养生的理论都非常公开而又明显地写在一些经典著作里，但有关内丹养生的具体操作法诀却一般都不详细披露，这就使得后学者往往感到困惑和遗憾。自从东汉之后，有了魏伯阳的《周易参同契》和《黄庭经》的先后问世，从事仙学修炼的实践者们，才有了具体指导这门学问的专著。与此同时，一个不容忽视的问题是，唐宋以来，专门论及内丹修炼的丹经著述实在是太多太多，但其中有关法诀都是用隐语异名，绕弯子，不明说，使得人迷惑不解。还有相当多的修炼派别，渐渐背离大道正宗，走向追求神通法术怪异不经的旁门邪径，使得向往大道的初学者都不能辨别真伪正邪，不知如何是好。这些情况导致了修炼丹道者，连男子怎样下手行功都弄不明白，还何谈去讨论女子丹法的关键要领！

元代修炼家陈致虚（号上阳子）先生曾论及女子丹法，他说：“女子修习仙学的下手之法，是以乳房之部位作为复生先天元气的处所。女子不同于男子之处，是必须先以乳房部位积聚先天元气，然后以此部位作为修炼内丹的炉鼎，才能行“斩断赤龙”等一系列太阴炼形之法。另外，丹经上常说“男子修成不漏精，女子修成不漏经”。至于要问这“女子修成不漏经”，其中的先天气如何能积聚，月经又如何能够断绝，都没有能够明白地讲出来。为什么丹经都不明说呢？《黄庭经》道出了个中原委，其中讲到：“在丹道的传承中，传授者为师，授受者为徒，这种师徒传授是很肃密的。对于关键性的法诀传授，徒儿们甚至要跟随师父到深山寺庙，歃血盟誓，师父才能相传。”《周易参同契》虽是一部丹经专著，还被后世丹道家誉为“万古丹经王”，但它也是以隐语阐述丹法诀要。作者在著作中曾这样说明个中原委：我是以真情实意来写这部书的，很想把其中的法诀明明白白写在竹帛上（注：古代在纸还未发明之前，文字都是书写在竹简或丝帛之上的），但我又担心泄露天机会遭天谴，就只好以隐语写出，让后人去研究，这总比不说出来好。又说，天人之间的精华，有用三方面概括的，有用五方面概括的，有用混一部分的最原始态来概括的，知其内涵，懂其用法，就能修道而得道。但其中用法只能口口相传，是难以用书籍的形式公开传播的。

由以上情况可以知道，修炼家们之所以形成对法诀秘而不宣的习惯，这是由来已久的，并不是现在才有的事。

【编者按】

在当代众多的丹经著述中，让我最为钦佩而推崇的有两人，一为陈撄宁先生，一为张义尚先生。二位先生不仅躬身实践于内丹仙学，而且学识渊博，文章精彩。这里言文章精彩，一是文章的逻辑清晰，二是文章的语言精练，三是文词高雅朴实，四是论见精辟独到。读他们的文章不仅是学到了知识，同时也是一种精神享受。

按说，我为撄宁先生的大著注解，似有头上安头、画蛇添足之嫌。但在我之意下认为：毕竟撄宁先生之文言著述，已构成大多不懂文言的现代人之交流障碍，有必要加以注解，形成沟通的桥梁。另外，为这样的大家著述作注解，我感到一种责任与光荣。其次，我之作注也不是机械性简单僵化地去做，实有二度创作之心在内，愿将他们的论见发扬光大。不知读者朋友以为然否。

【原文】

口诀不肯轻传之理由，详言之，有十五种，已见与《扬善半月刊》[1]历次所登《口诀钩玄录》中，不复赘述。今特简而言之，大端[2]有六：

（一）有生有死，造化之常。而仙学首重长生不死，与造化争权[3]。若轻泄妄谈，则恐致殃咎（现代人眼光观之，或嗤为迷信，然前人确有此种心理）。

（二）邪正之判，间不容发[4]。邪人行正法，正法皆归邪。口诀不载于书者，恐为邪人所得。

（三）其得之不易，故其传之亦不易。百艺皆然[5]，丹诀尤甚。

（四）道可明宣，使世间知有此事；术[6]宜谨慎，俾师位永保尊严。

（五）世鲜法眼[7]，谁识阴阳？若不深藏，易遭谤毁。

（六）在传授者本意，是欲接有缘。若偶一失察，则得传授者或不免视口诀为奇货可居，当作商品交易，与传授者本意相违，故不敢轻传。

以上所列隐秘不传之理由，概指正法而言。若夫江湖方士，假[8]传道之名，为敛财之具者，不在此例。宁[9]既深悲夫群黪[10]于形而下者而忘返也，辄欲诀破古人之藩篱，以显露其隐秘。俾[11]卓荦不羁之士[12]，富于高尚思想者，不致误用其聪明而陷于危域。然事与心违，徒存虚愿，今亦择其可言者言之而已。

【注释】

①《扬善半月刊》：即《扬善》刊物，由陈撄宁、常遵先、汪伯英等创办并任主笔。半月刊，1933年7月1日创刊，1937年8月停刊，共出版99期，为弘扬内丹仙学的专门刊物。

②大端："大"，指大致、大体、主要的；"端"，即整体的某个方面。合而解之，即大致的方面。

③与造化争权："造化"，指宇宙大自然的功能——生化万物，演化万物，人们称之为"造物主"。"造物主"对万物的生灭具有绝对主宰权。而"与造化争权"，指的是通过人的主观能动性，把握住宇宙自然生化万物的本体功能，把生命的主宰权由被自然主宰变为由自己主宰。

④间不容发："间"，空间；"发"，头发丝。结合上句"邪正之判"，意思为邪与正之间的区别，连一根头发丝的误差也不允许存在。

⑤百艺皆然：世上各种各样技艺的传授情况都是这样。

⑥术：即方法。古人把事物的基本原理、规律、法则称为"道"或"理"。而把从事一件事情、一个技艺的过程中所采取的方法称为"术"，比如医术、武术，古人对此统归于"方术"或"方技"之类。因为"术"是由人创造出来的，所以来之不易的"术"就被人看得非常宝贵。

⑦世鲜法眼："鲜"，少也；"法眼"，洞察真伪的智慧之眼也。

⑧假：指借。

⑨宁：陈撄宁先生的自我谦称（取第三字）。

⑩群骛：骛，音wù，马的狂奔乱驰之状。群骛，即一群狂奔乱驰的马。

⑪俾：音bǐ，同"使"，如"俾众周知"，也可谓"使众周知"。

⑫卓荦不羁之士：荦：音luò。有多义，一指杂色的牛；一指分明，云"荦荦"；一指山多大石貌。如韩愈《山石》诗有"山石荦确行径微"句。结合诸义，本句指卓然不群、不愿受世俗约束的清高之士。

【文译】

丹法中的关键口诀历来不肯轻传于人的理由，详细地分析，有十五种。这些已经在《扬善半月刊》分期连载的《口诀钩玄录》中作了介绍，这里就不再重复。现在我再把它简单归纳，大体分为六个方面加以说明：

（一）人有生就有死，这本来是大自然造化的永恒规律。但仙学却不然，她首先非常重视并要去解决的就是生命的长生不死。在这一点上，她是要打破生命被大自然主宰的被动性，变为生命为自己所主宰，把生命的主宰权从大自然那里争夺到自己的手里。你想想，这种惊天动地逆转造化的法诀，若轻易就泄露给他人，恐怕上天就不会答应，就会给予惩罚（按现代人的认识，把恐遭上天惩罚不屑一顾地视为迷信，但前人确实具有这种敬畏上天的心理）。

（二）邪道与正道、邪门与正门，两者之间的区别是根本性的，而且不容许有丝毫的误差。换句话讲，不能说邪道也有些许对的地方，正道也会有些许错的地方。邪就是邪，正就是正。心术不正的人掌握了正道所传的法诀，他会将正法转变为邪用。正因为这种可能性或曾经发生过的情况，所以，关键口诀历来不公开载于书籍，就是惟恐为心术不正的人所获得。

（三）前辈们获得真正的法诀太不容易，所以他们往下传承也是不轻易传出的。实际上，在中国的文化传统中，各行各业技艺的传承大都是这样，只不过丹法传承较之其他更严一些罢了。

（四）炼丹修仙的事与其事的道理是可以公开宣扬的。这在于通过宣扬使世人知道有这种事情，扩大信仰，广度有缘之人。然而，修仙炼丹具体的法诀传授，却是要慎之又慎，断不可公开宣扬的。这先要使这门学术以及从事这门学术的历代宗师们，保持他们的高尚性与严肃性。

（五）因为尘世上最缺少识别真假正邪的智慧之眼，大道正传中的阴阳双修极易被浅薄之人将之与旁门邪道的御女采战相混淆。所以，这些法诀若不深藏起来，就容易遭到诽谤与攻击，惹下不必要的麻烦。

（六）对传授者来说，他的愿望就是要接引有缘的向道之人。但若偶然失察，传给了一个唯利是图的人，这人将口诀视为高价的货物与他人做交易，谁给的钱多就传给谁，没钱的钱少的则不传，这就有违大道择人而传的本意，所以不能轻传。

以上列举六大方面隐秘不传的理由，均指大道正法而言。如果是江湖上的方士，他们借传播大道的名义为敛财的工具，也搞什么不轻易传授的招数，那就不在此例了。我很悲叹世上有许多人，就像郊野没有目的没有方向狂奔乱驰的群马，他们总在现象的表面上去追求生活，一生陷在烦恼与痛苦中也不知回头，就有心打破古人的不传之规，把隐秘的法诀都予以公开，让那些具有独立人格者，且富于高尚情操向往最完美人生者，不至于误用其聪明智慧，而陷入困惑危难的人生。然而现实总是与良好的愿望截然相反的。所以，我的良好愿望是徒劳的。面对现实，现在我只能择其可以公开的予以公开而已。

【编者按】

撄宁先生语已至此，我复何言！

【原文】

先论女子修炼之派别。

从来丹诀，重在口传，不载于书，而女丹诀尤甚。今欲穷原竟委①，俾成为有系统之研究，非易事也。考以前道家分派之法，有以人分者，如邱长春之龙门派②、郝太古之华山派③、孙不二之清静派④等；有以地分者，如北七真派[5]、南五祖派[6]、陆潜虚之东派[7]、李涵虚之西派[8]等。然此种分派，对于女丹诀，颇不适用，且为教相[9]之分派，而非科学之分派。我意认为女丹诀之派别，不以人分，不以地分，当以法分[10]，庶[11]有研究之兴味，而便学者之参求。试例如后：

【注释】

①穷原竟委：义即追求其根本内涵。

②邱长春之龙门派：邱长春，名邱处机，亦作丘处机（公元1148—1227），长春为号，字通密。山东栖霞人，十九岁入道，二十岁拜全真教创始人王重阳为师，后于陕西宝鸡龙门山修炼，创全真龙门派，成为金代之后道教中影响面最大、信众最多的道派。

③郝太古之华山派：郝大通（公元1140—1212），名璘，号广宁子，法名大通，自称太古道人。宁海（今山东牟平县）人，王重阳七大弟子之一，道成开创全真华山派，俗称郝祖派。

④孙不二之清静派：孙不二（公元1119—1182），金代宁海人，法名不二，号清静散人。马丹阳之妻。后礼王重阳为师，得授天符云篆秘诀，道成度人甚多，著有《孙不二元君法语》、《孙不二元君传述丹道秘书》等。

⑤北七真派："北七真"，指王重阳之七大弟子丘处机、郝大通、孙不二、马丹阳、谭处端、刘处玄、王处一。因王重阳开创的全真派始于北方，此派以性合命，主张清修，后七大弟子各有成就，故统言之为"北七真派"。

⑥南五祖派：又称南宗五祖派。此派起于北宋浙江天台山著名道士张伯端，内丹法诀先命后性，性命双修，伯端之后相承而有大成者为石泰、薛道光、陈楠、白玉蟾。因此派相较王重阳之全真派属于南方，后世称之为南宗五祖。此"五祖"与"七真"所不同的是，"七真"均为王重阳同门弟子，而"五祖"则为五代传承人。

⑦陆潜虚之东派：陆潜虚即陆西星（公元 1520—1606），字长庚，号潜虚，明代扬州兴化县人。自言嘉靖年间得吕洞宾降临北海草堂，亲授丹法要诀，由此开内丹东派。此"东"可能与南北宗相较而定。东派以男女阴阳双修为主，接承南宗法统。

⑧李涵虚之西派：李涵虚，清代嘉靖年间人，内丹家，四川乐山人，名平权、西月，号涵虚，又号长乙山人。相传，他先后曾得遇张三丰和吕洞宾传授丹法，遂开创内丹西派。此"西"乃相对东派地域而名。此派亦以隐仙派和犹龙派自称。此派流行于道光年间（公元 1821—1850），除李西月为领袖人物外，尚有一个三十余人的中坚人物群体。此派主要继承吕洞宾、张三丰之内丹法统，因人施法，殊途同归。李西月生平著述甚多，并重编订刊《张三丰先生全集》和吕祖年谱圣迹的《海山奇遇》。

⑨教相：指教理教义传播有时采取带有某种仪规的外在形式。这种形式的采用，是为了强调教理教义的严肃性和珍贵性，但它毕竟是一种外在形式，而非教理教义本身。

⑩当以法分：此中"法"指方法。

⑪庶：相当于"方"、"才"。

【文译】

这里先谈论一下女子丹法修炼的派别。

内丹法诀历来重在师徒之间口口相传，关键的东西是不会公开写进书里的，尤其是女丹法诀，就更加是保密的了。因此，我们现在若想把女丹法诀最奥秘的东西找到，使它为我们提供有系统性研究价值的东西，这不是容易的事情。探究以前道家修炼的分派情况，有许多的种类。有以人而分者，例如龙门派，它是丘处机所开创，故又称丘祖龙门派；例如华山派，它是郝太古所开创，故又称郝祖华山派；例如说到清静派，它指的是孙不二所传丹法。

有以地域方位而分派者，例如北七真派（编者按：传统称之为北宗，或称全真北派，或称北派七人为“北七真”，似无直称“北七真派”者），南五祖派（编者按：传统称之为南宗，或全真南派，称南宗五代祖师为“南五祖”，似无直称“南五祖派”者），陆潜虚开创的为东派，李涵虚开创的为西派，如此等等。然而这样的分派，对于女丹诀颇不适用（编者按：若千篇一律只分派而不分对象去修炼，对于男丹诀同样不适用）。并且这样的分派只是依人或依地域，只关乎教相而不关乎内涵，所以从修炼需要的系统性上讲，这些都不是科学的分派。在我我笨的看法，认为女丹诀的派别，不应以人分，不应以地域分，应当以方法来分，这才有研究的兴趣，而便于修炼者去参求实践。试将女丹法诀历史存留的派别分别于后：

【原文】

（一）中条老姆[①]派：此派下手先炼剑术[②]，有法剑与道剑[③]二种作用，其源流略见于《吕祖全书》。现代道门中传有剑术内炼歌诀二首，尚可窥见一斑。因其炼法甚不易，故今世很少有人能得成就者。但此种法门，在仙道中可以自成一派。吾等研究派别者，不能不承认之。（中条山，在永济县。）

（二）丹阳谌母[④]派：此派重在天元神丹[⑤]之修炼与服食，并符咒劾召[⑥]等事。丹阳乃地名，谌母乃人名。晋吴猛本为许逊之师，后许逊尽得谌母之传，吴遵姆命，复师许。许真君著《石函记》，吴真君作《铜符铁券文》，二书皆言天元神丹之事，即谌母所遗传也。此二书乃丹法中之上乘，世间学道者群畏甚难，不敢尝试，自明朝张三丰、沈万三两君之后，殊乏知音。

（三）南丘魏夫人[⑦]派：此派重在精思存想，奉《黄庭经》为正宗。《黄庭经》自魏夫人传出以后，历代女真依之修炼者颇多，如鲁妙典、崔少玄、薛玄同皆是。拙著《黄庭经讲义》，稍具一鳞半爪，得暇请稍稍寓目。

（四）谢自然仙姑[8]派：此派从辟谷服气入手，当以《中黄经》为必读，而再参考诸家气诀，并各种辟谷休粮之方。年轻体健者，可以适用；年长体弱者，专习此法，恐不相宜。谢自然以十几岁童女身即已学道，古今能有几人哉！

（五）曹文逸真人[9]派：此派从清心寡欲、神不外驰、抟气致柔、元和内运下手，自始至终，不用别法，至简至易。详见《扬善半月刊》第七十七期之《灵源大道歌》。

（六）孙不二元君[10]派：此派即太阴炼形法，先从斩赤龙下手，乃正式的女子修炼工夫。详见拙著《孙不二女丹诗注》。

以上六派，将自魏晋以来一千七百年间女功修炼法门概括已尽。其各派本身之利弊得失，并彼派与此派难易优劣之比较，虽为学者所应知，而非今日之急务，暂从缓说。此外如调和巽艮，夏姬有养阴之方；肌肉充盈，飞燕有内视之术；以及《房中秘诀》、《素女遗经》，此皆言不雅训，事多隐曲，未便公开讨论矣。

【注释】

①中条老姆：中条，即中条山。老姆，古代女仙家，《吕祖全书》有载。老姆派主要以内炼剑术成道。

②剑术：这里所说的剑术乃是剑仙门内之剑术。

③法剑与道剑：此关乎剑仙门之隐秘。依我浅识，法剑分有形无形，上乘下乘，乃有为有作之事；道剑乃先天凝炼之物，所谓意之所至，白光一道，取人首级。

④丹阳谌母：谌母，三国时吴人，姓谌，字婴。一称婴姆。居丹阳郡黄堂，潜修至道数十年，人莫知之。许逊、吴猛列其门墙，道成仙去。该派主天元神丹的烧炼与服食，兼以符咒辟邪。

⑤天元神丹：分二说，一为外丹之天元，一为内丹之天元。此说即三元

大丹法诀之外丹天元神丹，属道家修炼最上上之法门。所炼成之天元神丹，有质无形，光华灿烂，凡人服之，立登圣域。然此天元神丹，得诀难，修炼则更难。数千年来成之者寥若晨星。

⑥符咒劾召：即采用画符念咒等法术从事召神驱鬼、降魔除邪之能事。

⑦南岳魏夫人：即东晋女道士魏华存（公元215—334），为上清派第一代大师，世称魏夫人。任城（今山东济宁市）人，幼而好道，后嫁太保掾南阳刘文，生有二子。子立，继修道法，得多位仙真授以秘诀，尤重“黄庭内景”之功。住世八十三年，曾为天师道女官祭酒。

⑧谢自然仙姑：唐代女仙家。果州南充（今四川南充）人，七岁离家入道，年十四，绝粒辟谷服气内炼，二十七岁道成。或谓“日行三千里，或至千里，人莫知之”。法主辟谷服药，服气、调气、闭气，行胎息。

⑨曹文逸真人：宋代著名女丹家。《罗浮山志》载其“明丹术，尝作《大道歌》，深得要旨，道流竞传诵之”。宋徽宗时敕封文逸真人。

⑩孙不二元君：金朝宁海（今山东牟平）人，名富春，法名不二。其事前有简介。为全真道清静派的创立者，女丹法诀下手斩赤龙为其特色。

【编者按】

鉴于以上六派介绍的文字大都可以明白，加上注释，无须再作文译。这里仅将六派的各自特征内涵再略加阐述。

（一）中条山老姆派。此派以剑术成道。然其剑术指剑仙修炼之术，虽女子修炼此术也能得成，但并非专门的女丹法诀。

（二）丹阳谌母派。此派主外金丹，即天元神丹烧炼服食之法，丹成，凡人服之立成仙体，鸡犬食之也能升天。然而此烧炼之法非有大根大器、大德大善、大智大慧、大因大缘、大财大力、大志大功，万难成之。另外，此法亦非女丹专利，条件具备，男女可行。

（三）南岳魏夫人派。此派奉《黄庭经》为正宗，主精思存想。认为身中大小器官及一切肉体所属，皆有神主。神有正邪，守正去邪，摄万归一，化于黄庭之中，可成上道。然此法仍为男女共行之法，非专门女丹法诀。

（四）谢自然仙姑派。此派虽有辟谷服食休粮之特色，然而是适宜童体未破之身而行的，少了命功筑基一步的程序，顿超直入。也不是绝对意义上的女丹法诀，童体未破之男子亦可同功。况对中老年女子、体弱气亏之女子也不相宜。

（五）曹文逸真人派。此派以清心寡欲、神不外驰、抟气致柔、元和内运下手，始终不变，直至道成。其法实为顿法，它对修炼者的身体素质和心性条件的前提要求极高，并非所有人一下手即可行此法。同样，此法亦为男女共行之法，非女丹之专利。

以上五派与五派所行之法，历史上成就了许多的女仙真，其中更成就了如五派开创者的女性领袖人物。但这些以女仙真开派的丹法，虽不能专收女子入门修炼，但内涵却是可供男女共修的。事实也是如此，例如谌母的弟子吴猛、许逊就是男子。

（六）孙不二元君派。此派名曰清静派，意思是与阴阳双修法相区别，以一人独修为清静。此派行施太阴炼形之法，下手先斩赤龙，故被陈撄宁先生称为正式的女子修炼工夫。

客观而论，如果说男女阴阳双修是内丹修炼诸法的形式之一，男子所行双修之法即为男子丹法，女子所行双修之法即为女子丹法。此是女子丹法的另一种内容。此外尚有陈撄宁先生所列之夏姬养阴之方、飞燕内视之术，也应为女子丹法大体系之内容也。

【原文】

再论女子修炼与年龄之关系。

《素问·上古天真论》[①]云："黄帝曰：人老而无子者，材力尽耶，将天数然也。岐伯[②]曰：女子七岁，肾气盛，齿更[③]发长；二七[④]而天癸[⑤]至，任脉通，太冲脉盛。月事以时下[⑥]，故有子；三七肾气平均，故真牙生而长极；四七筋骨坚，发长极，身体盛壮；五七阳明脉衰，面始焦，发始坠；六七三阳脉衰于上，面皆焦，发始白；七七任脉虚，太冲脉衰少，天癸竭，地道不通，故形坏而无子也。帝曰：有其年已老而有子者何也？岐伯曰：此其天寿[⑦]过度，气脉常通，而肾气有余也。（宁按：此言生理之变则。）帝曰：夫道者[⑧]年皆百数，能有子乎？岐伯曰：夫道者能却老而全形，身年虽寿，能生子也。（宁按：此言修道之人能挽回造化。）据《素问》之论，似专指生子而言。然顺则生人，逆则成仙，本无二理，惟视其作用如何耳。故女子修仙，亦因年龄之老少，而大有差别。

【注释】

①《素问·上古天真论》：此为古代医学养生典籍《黄帝内经》之内容。

②岐伯：为传说中的上古著名医学家，黄帝时常求教于他。

③齿更：牙齿更换，乳牙换长真牙。

④二七：此中"七"指年数，"二七"即十四岁。以下三七、四七等皆此义。

⑤天癸：天，指先天；癸，十天干分五行，甲乙为木，丙丁为火，戊己为土，庚辛为金，壬癸为水。合而言之，指女子生理中先天真阴盈盛，月经将行。

⑥月事以时下：月经按照时间的周期规律排泄。

⑦天寿：天赋的寿命。

⑧道者：指修道之人。

【文译】

下面再谈论女子修炼与年龄的关系。

《黄帝内经》中的《素问·上古天真论》中有这样的记述："黄帝问：妇女到了老年而不能生育子女，这是生理上的物质能量用尽了，还是先天的气数规律限定所造成的呢？岐伯说：女性，从先天气数规律一般情况而言，到七岁时，肾气旺盛，开始更换牙齿（乳牙换真牙），旺长头发；到十四岁时，先天真阴之水盈满，随之任脉通，太冲脉强盛，月经开始循着周期规律排泄，因此能够孕生子女；到二十一岁时，肾气阴阳平衡，所以真牙也到此生长到成熟期；到二十八岁时，周身筋骨坚实，头发发育到成熟的最大值，身体也很强壮结实；到三十五岁时，阳明脉功能开始衰退，脸面皮肤开始有些粗糙憔悴，头发也开始掉落；到四十二岁时，身中三阳脉的功能衰退表现明显，面部皮肤的粗糙憔悴不可遏制，皱纹也爬上了眼角，头上也不断生出白发；到了四十九岁时，仜脉虚弱了，太冲脉衰退了，先天的真阴之水枯竭了，地道不通，月经也断绝了，这就等于一个完善的功能系统被破坏了，所以到这个年龄就不能孕生子女了（陈撄宁先生的按语说：以上指的是女人生理的通常现象）。黄帝问：那么有的人年纪已经超过了这个常规，都老了，但仍然能怀孕生子，这是什么缘故呢？岐伯说：这是她先天寿命的基因超常的优越，能使身中气脉常通，肾气盈满有余，所以能够怀孕生子（陈撄宁先生按语说：这是指生理上的某些特殊变异的例子）。黄帝又问：作为修道的人来说，寿命都可以超过百岁，他们能否还可以生育子女呢？岐伯说：修道之人能够远离衰老而保全生命的完善功能，尽管他们年岁已经很大，但他们的生理机能仍然充满青春活力，所以如果需要，还是可以生育子女的（陈撄宁先生按语说：此言修道之人能够挽回生命自然造化）。"根据以上《素问》的论述，似乎专指人的生理与生育的关系而言。从修道的角度来看，生育的功能存灭与否，关乎先天元气的存灭与否，顺用它则生人，逆用它则成仙，不外乎一个道理，不过就看人怎么去利用罢了。所以从自然生理现象去认识先天，年少年老大不一样，所以女子修仙，也会因为下手时的年龄之老少，而有速度上的差别。

【编者按】

女子先天生理气数，大致七年为一阶段，故《素问》中有一七、二七、三七……之说。

【原文】

（一）童女修炼，此指十余岁女子尚未行经者而言。此时身中元气充满，浑沦无间，精神专一，嗜欲未开，若其生有夙愿，能从事于道，其成就甚易，较之年长者快捷数倍。盖童女修炼，可免去筑基一段工夫，直接从辟谷服气入手，或从清静无为、安神静坐入手。如谢自然之类也。

【文译】

所谓童女修炼，即指十岁刚出头尚未有月经来潮情况发生的女子修炼而言。童女修炼有其特别的优越条件，一是身中的先天元气非常旺盛，充满在身体的各个地方。举例说就像充满气的气球一样，一是这时属于少年向青年过渡的初级阶段，思想比较单纯，没有过重的私欲杂念，有利于入静。处于这样年龄段的女子，如果天生有超人的智慧和悟性，又具有道根道缘，一旦从事于修道练功，获得成就相当容易，较之年岁大的人要快速便捷好多倍。因为童女有上述优越的先决条件，就像盖房子已经打好了基础。而年岁大的人这个基础已经丧失，练功过程中要花很多时间先来打好这个基础，故下手初级阶段名曰“筑基”功夫。而童女就直接免去了“筑基”这一步，可以直接从重术的辟谷服气入手，或从不重术的清静无为、安神静坐入手。像谢自然仙姑就是童女修炼，直接从辟谷服气入手的。

【编者按】

童女修炼与童男修炼的道理都是一样的，即优越的先决条件使先天圆满而坚固。这个状态就像树上的花朵含苞待放，而可供花朵开放的营养精华已经俱足。你看人们喝花茶，高级花茶都是由尚未开放的花蕾制成。若花朵一开，花的精气就散发了，所以人们到花园里就能闻到花香。人的精气散发耗损始于青年期，一是生理上，女子排泄月经，男子排泄精液；二是心理上，无论男女开始了对物质和精神，乃至生理上的无度需求，并且这些需求往往是无止境的。这就像花朵，一旦开放就把自身的芬芳向外散发，芬芳散尽，花儿就凋谢了。养花的人都知道，花要开放的时候，适当控制水分的供给，这样花期就会长一些。而如果花要开的时候或正在开放，供给它大量水分，花虽然开得快，但谢得也快。这个道理也如同人，贪欲过大付出的代价也就过大，这个代价就是人生命的精华——元气。而从修道练功的角度讲，童女童男阶段就是修炼的最佳阶段，就像走路，勇往直前。而上了年岁的人，就如同走了很远的错路，还要倒回正路起始点上再往前走。

然而，世上的事并不像谈道理那样简单。童女童男修炼的先决条件虽然那么优越，但古往今来，由童女或童男即入手修炼并且成功的事例极少。这是为什么呢？因为世上的童男童女们尽管天资再聪颖，如果缺乏先天道根，就很难理解仙学的道理，就缺乏兴趣，就不能自觉从事仙道修炼。所以，古往今来童女修炼则如凤毛麟角。相反，无不被纷纭多彩的红尘世界所吸引。而且从入道的人群来讲，真具有先天道根的人同样奇少如凤毛麟角，社会上大多数人道修炼之人几乎都是在人生的道路上，或者历经磨难，或者招致报应，搞得精神疲惫，疾病缠身，才有可能猛然醒悟，迷途知返，最后归到仙道修炼上来。所以实话说，童女（包括童男）修炼之说，虽然古代曾有实例，今后也不排除真有后来者，但只是具有这种可能性而已，在未来世界中的感召力、吸引力都是相当有限的。

【原文】

（二）少女修炼，此指十四五岁至二十余岁，已有月经，尚未破体[1]之女子而言。此时宜用法将月经炼断，复还童女之状，再做以后之工夫。

【注释】

①破体：此有两种含义，一种指与男子发生性交，处女膜破坏；一种指怀孕生子。

【文译】

所谓少女修炼，这里“少女”特指十四五岁到二十多岁的女子，生理上已有月经例行，但是还没有结婚后的性生活，没有怀孕生子，还处于处女阶段。这样的少女修炼，比童女的修炼在先决条件上是多出了月经一事，是向后天跨出了一步。所以，修炼时宜选用功法将此多出一步的月经炼断，再返还到童女先天圆满的状态上来，然后再做后步的功夫。

【编者按】

若把少女修炼与童女修炼相比较，少女修炼的可能性会比童女修炼大大提高一步。因为，少女比童女在知识上大为开窍，会认知许多新事物。一旦某些道理和现象被她们所认可或接受，她们就有可能为之实践。比起年纪大的人少了些犹豫不定，多了些义无反顾。这样的人，八仙里面的何仙姑可算一例。另外，从先决条件上讲，虽然少女比童女多了月经这一事，但少了童女不懂事这一层，理解能力提高了，功夫修炼的进程当然也会提高。而多出的月经一事，只要扎实练功，炼断月经其实是很容易的事。然而，仙学虽为世人长生寄以良愿，但它总要因人因时因世而有别，也非能为世人所普行。从正统仙学“先尽人道，后完仙道”的理念上讲，也不必过重倡导童女与少女修炼，如果执意那样去做，就是人类自己的极度自私，人类对人类的不负责。毕竟，作为一个自然物种，人类还有自身繁衍的需要和责任。当然，这就跟结婚与不结婚属于个人权利一样，仙学列举童女与少女修炼之法门，实应为更多种修炼方式上的个人权利，和个人选择权利的实现成为可能。

【原文】

（三）中女修炼，此指二十二岁至三十五岁，未曾婚配的女子而言。人身生理已达盛极将衰之候，此时经期有调[①]者，有不调者；有按时者，有不按时者；有崩[②]者，有带[③]者；有杂以其他病症，懊恼难言者。必先用医家与卫生家[④]之法，去其郁闷，和其气血，畅其精神，而后工夫方有效验。较之少女，又难矣。

【注释】

①调：指月经的色、量和生理感受正常与否的情况。

②崩：即血崩、崩中，为中医学病症名称。指阴道内大出血，来势急促，犹如山崩。多由冲任二脉不固，气不摄血，或热在下焦，迫血妄行；或瘀血内阻，新血不能归经所引起。

③带：即白带、赤带，为中医学病症名称。指妇女生殖器有炎症、肿瘤时，由于炎性渗出物或组织坏死，阴道排泄物增多，且呈脓性或血性，有白色或黑红色，并带臭味的状况。

④卫生家：即养生家。卫生即养生。一个卫生家（养生家）的卫生内容大致包括：劳动卫生、饮食卫生、起居卫生、精神卫生、兴趣卫生、功夫卫生等诸多方面。

【文译】

所谓中女修炼的中女，是指二十二岁到三十五岁之间未曾结婚、未发生过两性性行为的女子而言。处于中女阶段，其生理状态已经达到了盛极转衰的时候，会出现一些因人而别的复杂妇科情况。比如从月经上说，有和调正常的，有失调不正常的；有按时排泄的，有不按时排泄的；有发生血崩病症的，也有发生带下病症的；还有间发并发其他病症的，有因病症和生活烦恼带来精神痛苦不安而又加重妇科杂症的。像有病的这一类中女从事仙道修炼，就必须先用医家和养生家的方法，从医药上、运动上、饮食上、起居上、精神理疗上，以及导引功法等方面入手调理，将瘀阻的经脉疏通，将郁闷的精神解放，使气血和畅，病症消除，而后再开始进行仙道的正式功夫修炼，这样方有效验。所以，从中女的情况看，比之少女的情况来谈论修炼，又难了一步。

【编者按】

《女子修炼及流派》一文中，凡用“女”字，皆指未婚女性；凡用“妇”字，皆指已婚女性。中女，实指青年未婚女子。为什么青年女子的生理“已达盛极将衰之候”，这要从人的气数上去认识。而这个气数，就是人的先天气数。古代对人生命奥秘怀着极大研究兴趣的先哲们，在千万年的研究实践中，通过对生化万物的宇宙本体物质——元气的认识，引进对生命机制的再认识，发现人的生命周期（生、长、壮、衰、死）与元气的数量存在情况有直接关系。而每一个生命，当他（她）生命最初合成之后，先天就为其赋予了维持该生命存留周期的一定气数，且因人而异。但在绝大多数情况下又具有共性。但人在婴幼少儿时期，先天气数还未充足，先天自然还在不断地为之充实气数。直到人近中年，这个气数才算充实圆满。以后，人的气数在正常情况下就都处于消耗状态，消耗得快，人就加速衰老死亡；消耗得慢，人就延年益寿。而修道之人不断往生命里补充气数，生命就不断再生，而致长生。在人的生命周期里，无论气数达未达到最大值，只要合理使用，人就不会生病，就是年老数尽也会落个无疾而终。若果不能合理使用，即使年纪轻轻也会招致各种病患甚或杀身之祸。例如，中女阶段，有出现各种妇科病的，也有不出现妇科病的，这就说明人们对气数有着不同的支出情况。而不当行为、不当体劳、不当饮食、不当起居、不当嗜好、不当精神状态、不当思欲等，都是对气数的过度恶性支出，致病致疾也就难免。如果中女没有这些对气数的不当支出，生理心理状况正常，比之少女修炼，亦无大难。此又当明辨也。

【原文】

（四）长女修炼，此指三十五岁至四十九岁守贞①未嫁之女子而言。此时天癸②将绝，身中生气日渐衰弱，虽终身未出嫁，然其形体之亏损，较之已出嫁者无异。亦犹男子终身不娶妻，而仍不免于衰老者，其理正复相同。故修炼下手第一要义，常培补身中之亏损，不必急急于斩赤龙也。

【注释】

①守贞：古时女子有因宗教信仰、有因侍奉父母而终身不婚者，谓之守贞。

②天癸：此二字，“天”指先天自然；“癸”表示水。古历法有十天干、十二地支，构成万物演化现象的内在要素。十天干为：甲乙丙丁戊己庚辛壬

癸，分属五行：甲乙为木，丙丁为火，戊己为土，庚辛为金，壬癸为水。五行之每一行中两个字，又分属阴阳，前者为阳，后者为阴。如“壬癸”，壬为阳水，癸为阴水，然都是先天自然赋予的“水”。比之于人，壬阳之水就是男子之精液，癸阴之水就是女子之月经。

【文译】

所谓长女，特指三十五岁到四十九岁，因宗教信仰或为侍奉父母照顾亲人终身不婚的女子而言。这个年龄段的女性，月经快要断绝，身中维生的元气之数日渐减少，人也日显衰弱老化。尽管终身并未涉及两性关系，也没有生儿育女，但其形体的亏损状况跟已婚的妇女比较，并没有两样。这也就如男子，如果一辈子不结婚，到了一定年纪，仍不免会衰老，两者的道理是一样的。所以，像长女这个年龄段的女子修炼，下手第一步是要修补身中的亏损，不必急于去下手斩赤龙。

【编者按】

修炼之事是后天返先天之事，后天背离先天近，返还就快就易；后天背离先天远，返还就慢就难。人的气数也就就像一笔存款，先天给了一本最大限量值的存折，然后从胎儿、婴儿、幼儿、少儿一笔笔往里存，存到青年之始就存满了。然后就是开支与再存入的过程，如果光开支不存入就越用越少。要想保持这笔存款总额不少，你就得挣钱存入。平时开支少，再挣钱存入维持总额就容易，反之就困难。这个气数是极为精确的，你欲返还到先天赋予的最大值数，你对气数挣得并存入生命银行之数，就要与先天给你的一文不少才行。当然，这需要一个返还过程，并非你有返还的雄心壮志，马上就能全部返还。这如同一个负债累累的人想重新做生意还债，然后再发财，重做生意的本钱从何而来，有多有少；你还能做什么生意，市场情况如何，你的办法如何……而最稳妥者就是先借小本钱从小生意做起，先解决温饱，再考虑生意慢慢做大慢慢还债，最后才有可能发财。

世界上有无穷无尽的事，但其中却有一线贯穿的道理，我们若把这其中的道理弄清，那就算是有了悟性。

从童女、少女、中女、长女四个阶段来看，反映人从先天的童女本位逐渐背离，本位如同家，背离如同远行，远行者欲回家，远行多远，就得返回多远，不可能脱离连接的路段。至于效果有好有差，有快有慢，这则关乎法诀的选择、悟性的敏或钝、下功的勤或惰了。

【原文】

（五）老阴[①]修炼，此指四十九岁以后直至六七十岁的女子而言。此时月经已绝，必须日日做功夫，采取造化[②]之生气，以培补自己身中之生气，使月经渐渐复行，如中年人一样。然后，再默运玄功，渐渐炼之使无，如童女一样。此时骨髓坚实，气血调和，颜色红润，声音柔脆，白发变黑，落齿重生，名曰返老还童。此种功夫，有时需二三十年方能做得完毕。（注：八卦中，兑为少女，离为中女，巽为长女，坤为老阴。）

【注释】

①老阴：在本节文章之后括号里有一段将少女、中女、长女、老阴与八卦相配的说明。简单讲，女性的本质是阴中含阳，此阳是先天赋予。随着年龄增长，先天元阳由内向外挥发消耗，形成兑、离、巽卦，到了老年，元阳消耗殆尽，有阴而无阳，就成了老阴的坤卦。故老阴指老年女子，这里特指未婚。

②造化：指外部宇宙自然。因万物生、灭、运、化皆由宇宙自然主宰，故称造化。

【文译】

所谓老阴，特指四十九岁以后到六七十岁一生独居的未婚老女子，因身中元阳已尽，故称老阴。老阴的年龄阶段月经已经断绝或早已断绝，如果这时从事修炼，必须通过天天不间断的练功，采取天地自然的元气以续补生机，把身中已枯竭了的元阳之气再补充起来，使月经逐渐恢复，生理回到中年的状态。然后，再继续做功夫，把月经炼化断绝，此时生理便返还到童女的状态：骨髓坚实，气血和畅；肌肤细腻红润，有光泽有弹性，皱纹消失；声音细柔明脆，白了的头发会变黑，落了的牙齿会新长。这种迹象就叫作返老还童。但这个功夫过程不是想像的那么容易，不间断地练功也需二三十年的时间才能达到。

【编者按】

老阴修炼也要先经过类如长女的补亏，然后才能采取元阳以使月经复行，比起长女又难一步。返还之理类前各论，此不赘述。

【原文】

（六）少妇修炼。此指十六七岁至二十六七岁已出嫁女子而言。此时情窦[①]初开，欲念方盛，夫妻之间恩爱缠绵，家庭之束缚尤甚，对于修炼一事，极不相宜。纵女子方面有志修炼，而男子方面必生阻力。贫家妇不必言矣。若彼上无姑翁[②]，下无儿女，而又家富身闲者，虽其夫不愿断绝人事[③]，苟其妻有坚韧之力，又得真传者，亦可于顺行之时[④]暗施逆行之术。既不妨于人事，又有济于仙道，一时纵不能超尘脱俗，亦必能永驻华颜矣。但斩赤龙工夫未做好者，不足以语此。

【注释】

①情窦：情，指爱情；窦，孔穴之义，这里可以作门扇理解。如言“情窦初开”，即指刚打开爱情之门，真正地懂得爱，并且对爱热烈起来。

②姑翁：指公婆和公公。姑指公婆，翁指公公。中国地广人众，各地民风民俗不一，故在称呼上存在不同差异。

③人事：这里比喻男女之间的性生活。

④顺行之时：这里的“顺行”比喻男女之间的性生活。因修炼丹道讲究炼精化气，不使消耗，反使之培补生命，称之逆行，故将常人之性生活称之“顺行”。

【文译】

所谓少妇，是指十六七岁到二十六七岁已经出嫁的女子而言（编者按：十六七岁出嫁是旧时代的婚姻现象，莫作现代理解）。这个年龄段的女子初步接触爱情与性生活，性欲需求特别强烈，夫妻之间恩爱缠绵，生活的内容很重要的一部分都体现在这上面，想抽出安闲清静的时间练功，根本不可能。加之这个时期家庭也会从礼教家规等各个方面对少妇进行行为上的许多束缚制约（编者按：这也是旧时代的情况，现在这种情况大都不存在了），想从事修炼也极不现实。即便说这时候女子一方有修炼的坚定志向，那作为丈夫的一方必然会百般阻挠，形成不可逾越的障碍。这讲的还是家境优越的，如果家境贫寒的少妇那就更不用说了。但是，如果某个有志于仙道的少妇，结婚之后，丈夫的父母都不在世了，膝下又不能生儿育女，而且家境富庶，衣食不愁，具备这样的条件，又得真传，又有坚韧的毅力，那么，虽然她的丈夫不愿断绝二人之间的性生活，却完全可以在不影响性生活的情况下，暗施逆行之术。这样，既不妨碍正常的性生活，又有助于仙道修炼。在一定时期内，这虽不能成就仙道的上层功夫，但也能够保持青春的生命状态不使衰退。但是，斩赤龙功夫没有做好者，是不能保证美好的青春不衰退的。

【编者按】

文中“永驻华颜”，即前老阴修炼所指返老还童之效果。

少妇从事仙学修炼，在古代或许偶有这种可能性。因为在古代，道教中的道士和道姑可以经常性地到民间化缘或传教。有的信教而向善的富人家还会把道人请到家中传道，住一年半载，三月五月，那是常有的事。如果某些道人得有真传，遇有合适对象，他们就会公开或秘密传授，如王重阳传马丹阳夫妇就是如此。孙不二是马丹阳之妻，她原对王重阳持有怀疑，后亲眼见到王重阳阳神之分身，才深信不疑拜王重阳为师，终成为“北七真”之一。而今的时代彻底改变，中国本土的宗教活动被限定在寺庙之内，没有自由出入民间家庭传教的可能。再说如今宗教门中的修道高人也是寥若晨星，社会上的人接触到的都是现代知识，对于宗教也只是知其皮毛，对仙学的无知就更莫提及了。在这样的社会氛围之下的年轻女子，又是结了婚的年轻女子，让她们从事仙学修炼，那简直是痴人说梦。从实际上讲，既为少妇，从事仙学修炼，虽不可能，也不必要。因为，正统的仙学提倡的是“先尽人道，后完仙道”。何况少妇从生理上讲，健康状况相当富有，这时能选择一些传统的导引健身功法倒是极有好处的。比如，现在有些大城市里开设有瑜伽健身房，吸引一些有闲阶层的女性进行瑜伽锻炼，不失为一种好方法。遗憾的是，中国人老爱媚外。其实，中国就有许多适合不同性别不同年龄人的优秀传统功法，不独印度的瑜伽，可就是尚无人开设中国传统功法的健身房。

【原文】

（七）中妇修炼。此指二十六七岁至四十六七岁已出嫁之中年女子而言。此时有室家之劳心，儿女之系念，更谈不到修炼二字。其夫若再反对者，则绝无希望。若夫与妻同志者，则可互约免除人事，各做工夫。有小儿须哺乳者，必须另雇乳母或用代乳粉及牛乳等喂之，不可以己乳饲儿，以致妨害工夫之进步。

【文译】

所谓中妇，是指年纪在二十六七岁到四十六七岁之间，已经出嫁的中青年女子。这个年龄段的成家女性，大都有维持家庭生活不使饥贫、不使落于人后的劳力操心，还有对子女的抚养教育，对父母的赡养照顾，还有一些社会应酬。受此诸多事情的牵缠，想去修炼是根本不可能的。此时就是女子有这个想法，而丈夫竭力反对，那么也就绝对落空。如果女子有此想法，丈夫也有这种想法，二人志趣相投，那就好了。两个人可以从此约定不再发生常人情况的性行为，而按照仙学的要求和要领做功夫。如果女子还有尚未断奶的婴幼儿，这时就需要另雇奶娘喂奶，或者用牛奶、羊奶或者乳粉等替代食品来喂养婴幼儿，不能再用自己的奶来喂养孩子了。因为，如果继续分泌乳汁，就会影响功夫的提高。

【编者按】

从女性的生理特征看，少女发育成熟，一方面是月经的出现，另一方面是乳房的隆起。因此可以说，乳房的隆起既说明身中阴阳达到最大程度的和谐——阴充阳足，又说明生育功能已经俱足，为生产哺乳已造就了成熟的条件。女性从哺乳伊始，身中的精华就由乳房以乳汁分泌而排出。作为内丹修炼，是不能让身中的精华排泄流失的。所以，女子功夫的初验，就是从“缩乳”上获得的。一个中青年女子做功夫，若获得缩乳之效，则斩赤龙之效必随之而获。以此推理，一个月经已断、乳枯贴胸的老年妇女，从事内丹修炼的初验，就是乳房要像少女那样发育隆起有弹性，随之月经复来。接着继续修炼，再将隆起之乳房消下，赤龙斩绝。否则，所练何种功夫，只能起一般健身疗病效验而已，谈不到仙学筑基功夫上来。

【原文】

（八）孀妇[①]修炼。已嫁而寡，无子女，或有子女已能自立者，此时正好踏入修炼之途，以消遣后半生孤寂之岁月。旧礼教时代，寡妇为名誉攸关，必须守节。民国以来，守节之风虽已被打倒，然再醮[②]之妇，终不免为人所轻视。如何专门研究仙学，使精神有寄托之乡，肉体有健康之乐，能成固美。纵不能成，亦可获良好之结果，绝不至于心力虚抛。入手工夫，与未出嫁者[③]大同小异。

【注释】

①孀妇：指失去丈夫的老年妇女，孀，音 shuāng。

②再醮：即再婚，醮，音 jiào。指婚礼，并特指再婚之婚礼。

③与未出嫁者：此指前文所说的“老阴”。

【编者按】

此段文字容易理解，故不作文译，只对个别字句作些注释。

另，我以为本节只设“孀妇修炼”不若设“老妇修炼”更适宜。因为，仙学修炼对所有老年妇女都是必要的，而不独老阴与孀妇。实际上，丈夫健在的老年妇女，因为健康成为夫妇的共同需要，又相应没有负担，更有时间，还可互相照顾，共同从事仙学修炼。相比之下，比一人独自孤修更有好处。即便男方懒于修炼，但此时一般都不会反对女方修炼，也于女方无碍。这是我实际接触了解的情况，不虚言也。

【原文】

以上所述，凡女子修炼之途径，大概粗具，是皆前人所未尝显言①者。宁②今日为君③言之，盖与二十年前为吕碧城女士作《女丹诗注》同一用意。吕女士后来不知何故又归入佛门，来世未卜如何，窃④恐彼身已不欲向今生度矣。虽然，《孙不二女丹诗注》一书，若无当年此一段因缘⑤，至今未必遂能脱稿。目前海内外得见此书者，不下两千数百部（《女丹诗注》先登《扬善刊》，每期送出二千份，后刻木版，印单行本，又销出数百部），于中总有几人因此而得度者。追根究底，则当年请求作注之人不为无功。何况三十六问一出，对女子修炼法门，又进一步，阅者获益当更多矣。未能度己，已先度人，吕女士闻之，谅必引为快慰也。

宁所期待于君者，尤甚于吕。吕之功仅能利人，君今曰宜求人己两利，更为圆满。上乘修炼法门，总以今生成就为要务，切不可因循懈惰，放弃现实，而悬想来世之空花，是则我衷所切望也。（后无关文句略）

【注释】

①显言：指公开说明。

②宁：此是陈撄宁先生自称之谦词，只用姓名的最末一字。以前文人多喜如此，表示自己最小，不敢为天下先。

③君：指对方。陈先生此文乃是当年回复曾留学美国学医的朱昌亚女士的，故此“君”特指朱昌亚女士。

④窃：犹言私。常用作表示个人意见的谦词。如：窃闻，窃思。是把“我”转换成偏私、狭隘、不全面之代义。

⑤当年此一段因缘：指当年朱昌亚女士曾请求陈撄宁先生为孙不二女丹诗作注解。因为有此请求后，陈先生才作了注解工作，并出版了《孙不二女丹诗注》一书。

【文译】

以上的阐述，凡关乎女子修炼的所有不同情况，所应采取不同方法，基本都罗列了出来，这都是前人所未能公开说明的。我今天之所以为你（即朱昌亚女士）说得这么具体，是与二十年前为吕碧城女士作《孙不二女丹诗注》用意相同，都是期望出一位有成就的女仙家。但不知吕女士因为何故后来又归入佛门，把希望寄托于来世。来世到底报应如何，谁也无法预料。但依她现今的情况，我看恐怕她对于生命已决定不打算通过命功修炼在今生体现长生的效应了。尽管这是我感到惋惜和遗憾的，但《孙不二女丹诗注》一书，要不是当年有吕女士求注这一段因缘，至今未必能脱稿。你看，有了这一段因缘，这本书就能在海内外一下子发行两千多册（计算文字略）。有几千位女士阅读此书，其中总会有几位因此而得度者。从这个意义上追溯根源，那么当年请求作注的人不能说没有功劳。何况当年在《扬善月刊》发表与吕女士的三十六问答，文章一经披露，对女子修炼法门又是进一步的阐发，读者获得的好处又更多了。从这一情况看，也算得上未能度己，已先度人了。如果吕女士知道了这个社会效益，我想她一定会感到慰藉与快乐。

现在我对你的期待，更要超过吕女士。因为吕女士的功德仅能利人，而你所求者，不但要利人，也要利己，比之吕女士的追求更为圆满。最高的修炼法门是以今生成就为要务，不去追求虚无缥缈的来世。既然追求最高修炼法门，就不要有懒散的情绪，放弃当下实实在在的实践，而寄托于空洞不实的来世。这是我对你寄托的最殷切之希望。

【编者按】

数十年前，陈撄宁先生曾就女丹修炼做过一系列有益工作，并期“于中总有几人因此而得度者”。我今步陈先生之后尘，乃有对女同胞普度之愿望。奈今日之国内，限我所知者，得闻女丹法诀者应为不少，可真能得其真谛又能下实功者不过三五人而已，良可叹也！

大成捷要·坤元经

孔　德／注解

【原文】

凡坤道修炼，用功入道[①]，当于子后午前阳气发生之际[②]，按法行持。先还虚静定，深入混沌。候混沌开机[③]，即凝神吸气[④]以守乳溪[⑤]，存想息息在乳溪中，呼吸往来。默调呼吸三十六息讫[⑥]，仍还虚静养，以致虚极静笃，依灭尽定而寂灭之[⑦]。待静极复觉之际，仍照前调息守中，一连行持三五次而后已。

【注释】

①用功入道：意思是下工夫于女丹修炼的道路上。

②子后午前阳气发生之际：子后午前，即午夜十一时至中午十一时这个阶段。古人将一昼夜分为十二时辰，且用子丑寅卯辰巳午未申酉戌亥十二相来表示。子后午前即由黑夜转为白昼，是阳气由微转强的阶段。子时则为一阳初动之时，分六时到午时，阳气达最大值，也称六阳时。后六时则阴气由微转强，天气则又由明转暗。

③混沌开机：也称混沌初开之机。混沌，即功态处于浑然不知、物我两忘之时。开机，即从浑然不知、物我两忘的状态中突然有一灵动。这一灵动，犹如睡梦初醒，也如雄鸡打鸣时那脑袋的一惊。

④凝神吸气：凝神者，心神专注也；吸气者，敛气、屏气也。古人用词，

有他们那个时代约定俗成的理解。但此属时代性用词，若今人理解为倒吸一口气，那就错了。

⑤乳溪：即两乳相距的中心，有凹喻为溪。清大懒《二懒心话》曰："盖女子以血为本，故其玄关一窍开自绛阙，以其修诀，加摩于两乳中间，名曰乳溪。"

⑥讫：终了，完毕之义。

⑦依灭尽定而寂灭之：我意此似乎是转用佛教修行之术语，其义应为，依照步骤将不同类别的私欲杂念消除，最后连消除杂念的念头也不留下。

【文译】

凡女性入道者，要下真功夫从事女丹功的修炼，就应当于每天的子时后午时前，这个阳气生发由弱转盛的六个时段，按照特定的方法进行功夫修持。其方法就是，先静下心来，凝神调息，调之久久，心不知心，息不知息，就进入浑然无知、物我两忘之混沌境地。任混沌之境自然维持，等到在混沌中忽然生出灵动之象，感动灵知。即以灵知感动明神真意，以神气相聚，呼吸于中，不散不乱之势，守于两乳间的乳溪之地。一任呼吸于其中自由自在往来鼓荡，达三十六次，方告完毕（编者按：恐用这种准确的次数在功中计算，不合法诀。因有计算之心，就会落入后天识神，打破了先天功态。实应以自由自在的呼吸，自然告一段落，自隐自退，方为上诀），仍然归于之前的混沌功态以静养。在这个回归的过程中，如果引动了后天意识，生出了杂念，就须根据杂念的轻重，采取相应的消除方法，直至一个个把它们消除掉，最后连消除杂念的念头也没有了，这就进入了无念之念的虚静之境，仍旧是浑然无知、物我两忘。再等到出现灵动之象，仍如前法守在乳溪之中。如此这般，一连三五次之后，可以算一次功夫完成，就可以收功了。

【编者按】

阅读本节文，当知下列二事。

（一）《坤元经》所介绍之功事，是就职业女道人的专职修炼而言的，今业余练功者当参考其功，灵活辩证应用之。例如，由还虚入定，深入混沌，再到混沌开机，意守乳溪，职业练功者能行三五次，业余练功者能达一次就不错了。再者是时间上，业余练功者没有那么多时间去练功，可在六阳时中选择适宜的时间去练，能练多长算多长，以出效果为佳。

（二）前人介绍丹法，即便真心传授，也往往择其要而言之。而他们认为次要的事情，往往忽视不言。例如，下手行功，选择什么环境，有什么准备工作，怎样打坐，练完一段功，怎样收功，这些细节，都没告知。实际上，这些也都是很有必要的。例如，练本静功，眼睛都当闭上。我在这里提示，希望引起女丹修炼者的注意，在练功中当知道这些，并参考一些静坐的方法和收功的方法，以运用其中。

【原文】

炼至未月①以后，两乳之中觉得有动机发热，即用两手捧乳吸气②，使息息归根于乳溪，绵绵密密，若存若亡以守之。守至两乳之中有呼吸出入③，即迁移其神，下守黄庭④。用手轻轻揉搓两乳，左右各三十六次。再用真意目力神光，从左右两肋稍间⑤往后迁移，由夹脊两旁赤道⑥上升，过玉枕⑦，入泥丸⑧，至明堂额上⑨交个尽⑩，从耳后降至胸前相会，仍交个尽。从两乳中间行过去，将左右两乳各旋转一周，仍从两乳中间一并送入黄庭以还虚。略停一时，再捧乳吸气，左右两乳，揉搓三十六次，用意照前后迁移，一连三次而后已。直守至黄庭发亮，再迁移其神下守脐轮。

【注释】

①未月：据全文推论，“未月”应指第八个月。“未”为十二属相之第八，但不能理解为一年中的八月。

②吸气：仍为敛气，屏气。

③两乳之间有呼吸出入：其义实为两乳之间的乳溪穴，有呼吸的开合鼓荡呈现，而非真有出入。

④黄庭：此指中丹田。位置在心口，乃空悬之穴。人体上中下三丹田，亦称上中下三黄庭，但通常人们俗定的“黄庭”，即为中丹田。

⑤左右两肋稍间：指左右两边肋骨的末梢位置。

⑥夹脊两旁赤道：夹脊穴，在命门穴的上端，即抬肘向后张臂时，脊背后的凹陷处。两旁赤道，即沿夹脊骨的两边。

⑦玉枕：此穴即脑后枕骨。

⑧泥丸：此穴在脑髓正中。

⑨明堂额上：此穴在两眉间入里一寸处。

⑩交个尽：此语实为“绞个劲”，即像麻花的两股交缠。但此语在这里是个比喻，实际指的是交汇融合。

【文译】

按照上述的练功方法，大约炼到八个月左右的时候，两乳之间乳溪穴会觉得有动机发热，即用两手拢捧双乳，凝神聚气，将呼吸守在乳溪之中，让呼吸自然匀细，绵绵密密，若存若亡（编者按：这感觉就如同火盆中有些星星小火，被一层热灰蒙上，外面看似无火，内中之火实被封存）。守之久久，乳溪之中的呼吸会油然加强，呈现鼓荡有力的情状。遇此情状发生，让它行动一时后，即用明神真意将此情状向在下的黄庭穴迁移，并守在黄庭。然后，用手轻轻揉摩两乳，按先顺时针后逆时针方向，各揉摩三十六次。完毕，以真意引领，用闭合在内的目力神光，从左右两肋的末端，分别向身后迁移。约在腰后命门穴相遇，沿脊椎两侧达夹脊，由夹脊两侧所谓的赤道继续上升，过玉枕，入泥丸穴，再出到额前两眉间的明堂穴。在明堂穴内，两条意线交合一处，就像麻花一样互相缠绕，绞个劲，再分开绕至左右耳后，从耳后落下脖颈，再降至胸前相会。在胸前仍像麻花一样互相缠绕，加强融合。完后，从两乳中间行过去，分成两股，由下向外向上向内绕两乳旋转一圈，之后，仍从乳溪处向下送入黄庭宫以还虚静养。此为行功一遍。这一遍功行过后，略停一时，待乳溪穴有动机发热时，再如上法行功一遍。一般要继续行功三遍，才算完满的一次功夫课程。如此行功，直守到黄庭宫穴中有空明之象呈现，且不是短暂现象时，说明此窍通彻无碍，再以真意引领目力神光下守脐轮。

【原文】

守至脐中发痒出水，两乳即渐渐缩回如男子状。迁移其神，下守丹田，默调呼吸三十六息以还虚。守至丹田发热，或觉微痛如刀刺之状，不须惊惧，并无妨碍。

【文译】

按脐轮处守之久久，脐轮渐感发痒，继之会渗出水来。到此阶段已颇见功效，两乳也会随着练功的进程渐渐收缩，直到消失，如同男子一般。此后再以真意引领目力神光下守丹田，在丹田中默调呼吸三十六息，使之自然顺畅，且归于不守之守的虚无之境。如此久久，丹田逐渐发热，或有隐隐作痛似如刀扎之感，对此不必惊恐，此乃练功见效的大好反应，不会有危险情况出现。

【原文】

凡赤龙来时，当还虚静养，不用调息持守之功。十六七岁，至二十四五岁，赤龙来七日方回[①]；二十六七岁，至三十四五岁，赤龙来五日方回；三十六七岁，至四十四五岁，赤龙来三日方回。候赤龙过去，月经净时，仍照前守丹田，调呼吸。

初守丹田，轻轻守视，绵绵存养，密密照顾。过至丹田发热。阴气[②]至；情欲动时，即用真意目力神光往后移运，仍由赤道上升，入头顶，至明堂不交尽，分左右两路，从耳后降至胸前，交个尽，不绕两乳，即从两乳中间一直送入丹田。略停一时，仍往后转移。要细心运行，一连三五次，直至阴气消尽，情欲寂灭方止。

【注释】

①赤龙来七日方回：语中之“回”，即消失、干净之义。

②阴气：此阴气即真阴之气。真阴真阳，皆属先天元气之一体二象，发之男体为真阳，发之女体乃真阴。

【文译】

在练功当中，凡遇到月经来时，就用还虚静养之功，即不去调什么息，也不去以目力神光走什么经脉路线，纯归无为静养。按一般规律，十六岁至二十五岁这个年龄段的女性，月经到来，要经七天左右才能干净。二十六岁到三十五岁这个年龄段的女性，月经到来，要经过五天左右才能干净。三十六岁至四十五岁，月经到来，要经过三天左右才能干净。总之，月经到来期间是不行有为之功的，必须等到月经干净之后，才能依照前法守丹田，调呼吸。最初守丹田时，由于用意用神掌握不好度数，只能轻轻用意守，温温和和地收神气存养在丹田。等到丹田发热，先天真阴之气萌生，情欲有被强烈诱发之势时，即用真意引领目力神光往身后移运。路线仍由命门处沿脊椎两旁的赤道上升，过玉枕，入泥丸，至明堂。但在明堂处不缠绕交合，仍分左右两路从耳后降至胸前，在乳溪缠绕交合，但不再分路绕两乳旋转，而是从乳溪直接下行，一直送到下丹田。在下丹田静养一时后，仍往身后移转，按前法行功。整个过程要细心运行，一连三五遍为一次功夫。直运到身中的真阴之气隐消不见，情欲的冲动感彻底消除。

【原文】

盖阴气发动，令人恣情纵欲，而生交嬉①之心。若不以正念主之，使后升前降，战退群阴，未有不自败其功修者。故当炼至阴消情灭而后已也。此外，只用虚心静守功夫，但不可着意紧守，使丹田骤然发热，要轻轻守视，绵绵存养，使丹田内真气发现，先温后热，渐渐大热，如火烧，似汤煎。虽隆冬数九，而上衣下裳亦皆脱尽，即裹脚②亦要解去。此时要用道侣③护持，紧闭房门，深居帐内，切莫惊动，只用一味静守，自然渐入混沌。

【注释】

①交嬉：交，即性交；嬉，即娱嬉调情。

②裹脚：在古代社会，为使女性追求一种脚的时尚美，就将女子的脚用布紧裹，使之变成小脚，愈小愈美，有“三寸金莲”之喻。用来裹脚的布，即通称为“裹脚”。

③道侣：即修道的伴侣。但此伴侣非一般道友之关系，为志同道合的生死之交。在志同道合、生死与共的前提下，道侣之间可以是夫妻，可以是师徒，可以是异性，亦可以是同性。

【文译】

大凡真阴之气萌发，都会使人的性欲被诱发，而且反应强烈，恨不得马上和男子进行性的娱嬉和交配。这个时刻也正是采药的最佳时机。如果这时不以正念主持，以真意引领目力神光，将此真阴之气移运于身，让它后升前降，化解身中后天普遍存在的浊阴，而是任性欲冲动不止，勾动后天凡心凡情，就没有不自毁功夫的。所以，一旦出现性欲有诱发的势头，就要以真意主持而行功，直到真阴之气隐消不见，性欲彻底消除，心归于静，方算火候把握得体。在整个行功过程中，除了强调调息，用意持守，引领气的迁移运行这些有为之法外，其余一概只用虚心静守之功。特别对于在丹田的静守，一定要把握好度，千万不能把意放重了，成为紧守、死守。紧守与死守会使丹田骤然发热，也会使丹田发鼓作胀，久之形成痞块而成疾患。恰当的守法是轻轻地用意，说有意实无意，说无意又有意，既无忘又无助。这种守法，能使丹田内先天真元之气自然产生,由微而著逐渐壮大。温度上也是由温而热渐次增强，直到真气强盛时，温度高强到使丹田犹如烈火燃烧，滚汤煎熬一般。到此时，即便是寒冬腊月气候酷冷，而修功者体热如蒸，衣服会全部脱尽，就是缠脚的裹脚布也要解散不留。功夫修到这步阶段，需要道侣协助护持，丹房和外界的俗事联系要断绝，要紧闭丹室，持续行功，不要有丝毫声响而惊动功态。修功进入大定大静，如活死人一般，自然处于物我两忘的混沌之境。

【编者按】

本节文和上节文中，皆涉及“阴气”之说，而在我已作过注解的《坤元经·斩龙浅说》里，也有“真阴动机”的说法。看来，这是《坤元经》惯用的说法。这一说法有它一定的道理，它是以男女性别的先天属性来做阴阳界定的，男体为阳，女体为阴。先天之气发自男体，即名先天真阳之气；发自女体，即名先天真阴之气。作为气的本质，则无分别也。这类如大自然中的元气，升在天空，则称阳气；藏在地底，则称阴气。阳气向下施布，则有生的作用；阴气向上蒸发，则有长的功能。大自然中无非此一气升降循环，行在天空就像男体之阳气，藏在地底就如女体之阴气。

又，依《坤元经》所论，可以得知，女性修功，在守乳溪和守丹田时，都能发动真阴之气，都能诱发性欲。不过，守乳溪时真阴发动，没有守丹田时真阴发动强劲。故前者诱发的性冲动，没有后者诱发的性冲动强烈。修功者当知此区别。再者，人与人的情况存在个体差异，也不能拿性欲冲动当作绝对的感受标准。但真阴发动，人所感受的特别的愉悦感则是必然的。这和男性活子时到来，阳物勃举，浑身酥麻的快感是完全类似的。

【原文】

候混沌开基，仍然照前静守，守至交骨[①]忽开，真气吐信，即用温水将手洗净，轻轻托上。运动真意目力神光，从丹田向后转移，由夹脊两旁赤道上升乾顶，下至明堂，不用交尽，即从左右耳后降至胸前，交个尽相并，由两乳中间降至黄庭，送下丹田。再用手轻轻托上，送入密户，仍用真意后升前降一周。一连三五次。直至真气吐出之信缩入净尽而后已。已则还虚入定，依灭尽定而寂灭之，而交骨合矣。

【注释】

①交骨：为女性阴道与子宫处两块骨头，平时呈闭合状。据闻，女性生产时，若交骨难开，即发生难产。“交骨”，乃传统俗称，医学典籍无此说。

【文译】

等到物我两忘的混沌状态忽然有真阴之气的动向，被自己灵知所察，仍然跟之前一样静守不动。守到交骨忽然一开，真气从交骨处破门而出，此名真药产生，遂用温水将手洗净，于真药出处轻轻往上托送。托送之时，以真意引领目力神光从丹田，走会阴，过尾闾，经命门，由夹脊两旁赤道上升，入泥丸，升百会，再由前降至下明堂，不用缠绕交汇，仍分两路从左右耳后下降至胸前，在胸前缠绕交汇成一路，下至乳溪，再降至黄庭，送入下丹田，归于静守。候交骨再开，再用手轻轻托送，如前法后升前降，循环一周。如此行功，一连三五个循环才能告一段落。因为，真药产出后，要使药力通过后升前降溶化于体内。凡感受明显，均说明药力尚未渗透至深微处。直至经过三五次循环，没有任何感受了，才说明药力已完全渗透入密，就不必再行循环之功了。不再行循环之功，就仍然归于还虚入定，直至进入物我两忘的混沌之境。这时，交骨又自行闭合。

【原文】

每当热极，骨开吐信，收回逆运讫，必须深入混沌，交骨方合。如此日夜行持，使周身骨节关窍尽皆开通，河车[①]自然逆运，真气自然熏蒸。古人云："万朵紫云朝玉阙，千条百脉种泥丸[②]。"自觉一点灵光，不分内外，无论昼夜而照耀周身矣。

十月功完，阳神出现，与男子同体，初无彼此之别[③]也。又云，夫乳房上通心肺之津液，下彻血海之经脉。炼至乳房如处女小儿之形，便是女换男体。其功只在送甘露[④]时，不许送下丹田，只用送至绛宫[⑤]，用意注在两乳，将门牙上下两齿紧紧咬住，以两鼻孔闭住，用内呼吸[⑥]在内收拾。外以两掌心左右各揉七十二次，先缓后急，先轻后重，如此百日，可如两核桃形也。

【注释】

①河车：比喻先天元气在小周天运转线上的作用。《周易参同契》曰：

“五金之主，北方河车”。元俞琰注：“北方河车，即帝车也。以其随天河而轮转，故称河车。”《钟吕传道集》曰：“河车者，起于北方正水之中，肾藏真气，真气之所生之正气，乃曰河车。”

②千条百脉种泥丸：此句与上句为一联语。但根据文义和对联造句的对仗要求，此句似应为“千条白脉种泥丸”。而“种泥丸”之“种”，似以“通”更为准确。“白脉”，指经脉通透明彻，“白”与上句之“紫”相对，极为工整切合。而言“千条百脉”反明显有语误。“脉”，应是“通”泥丸的，说“种”泥丸也明显说不通。故可确定，“百”与“种”二字，应系传抄之误字。

③初无彼此之别：即初步无彼此之别。

④甘露：口腔中沁出的津液，而非唾液。津液，系练功有素才能产生的东西，纯洁、凉润、甘甜。而唾液浑浊、有沫，乃渣滓之物。

⑤绛宫：即中丹田。

⑥内呼吸：即胎息。胎息，即不用鼻孔呼吸之息，如胎儿在母胎中呼吸。获得胎息之法，浅层次功夫可以闭息而得，但此胎息难以持久。深层次功夫，待周身内外经络疏通，自然而现。

【文译】

这里尤要提请明白的是，每当功中体内热到令人难受，交骨开，真药出，以法进行河车逆转完毕，必须再进入新的混沌功态，交骨才会闭合。如此不分昼夜地持续行功，周身骨节与关窍自然就会尽数开通。到了后来，就连真气的河车运转，也不必以意引领，而它也会自然运转。不但会自然运转，也会对周身骨肉自然熏蒸化炼。这时也正如古人联语所云：“万朵紫云朝玉宇，千条白脉通泥丸。”处于这个状态下，修功者自会感到体内通透无限，有一点灵光如同太阳普照。这种光亮的照射，没有肉体的障碍，也没有白天黑夜的变化。光，好像是悬着的不落的太阳；身体，好像与天地浑然一体。

以上的功夫行持到十个月以后，阳神可以初步呈现。这时女性修持者赤龙已断，乳缩不见，外部特征与男子相比，初步达到无分别的样子。又有一种说法认为，女性的乳房，上通心肺的津液，下连子宫的经脉。功夫炼到乳房跟小女孩小男孩时的样子，就是女体变成了男体。要达到这种效验，有一个特别法诀，就是练功炼至口腔内津液濒生，形同甘露沁涌时，不要让它送到下丹田，而只是让它送至中丹田内。然后意注两乳，紧扣牙齿，屏住鼻孔，不再进行外呼吸，只以胎息在体内鼓荡。毕后，以两掌心分别旋揉两乳七十二次。揉法为先缓后急，先轻后重。如此行功百日，两乳可缩如核桃大小。

坤元经·斩龙浅说

【原文】

妇女[1]修炼金丹大道，入手斩龙[2]最难。因体弱血虚，内多疾病，所以修之不易。吾不能不传一番用法，使妇女知道修道而逃苦海[3]。

入门严守规诫[4]，必先清心寡欲，割绝尘缘，扫去妄念，心心在道。视己若死，无一罣[5]念，依定口诀，从头做去[6]。

【注释】

①妇女：这里特指体弱血虚仍行月经的中年妇女。

②入手斩龙：我以为，此四字尤以“入”字用法甚有深意。用“入手”不用“下手”，可见“入”与“下”含义之不同。“下手”是指初步功夫，“入手”则表示已由初步而向更深层次迈进。可知“下手”功夫并不是斩赤龙，而是易筋活络，疗疾祛病。尔后才能转到入手斩龙。

③苦海：佛教用语，指人因体弱多病和不通天人之理而陷入的无穷烦恼和痛苦。

④入门严守规诫：此“入门”可作两层意思理解。一指出家进入佛门或道门，一指进入修道之门。也可双重性理解。因为，出家成为宗教徒，其中有宗教方面的规诫要严守；修道虽与宗教信仰并非相同，但也有与修道相关的规诫要严守。如果一个出家人又要修道，那么两者的规诫都是要严守的。

⑤罣："挂"的异体字。罣念即挂念。

⑥从头做去：从最基础的功夫做起。

【文译】

体弱多病身体欠佳的中年妇女修炼金丹大道，相对而言，最初步易筋活络疗疾祛病的动力要容易一些，而深入到"斩赤龙"的功夫层次就艰难多了。因为几十年造成的体弱血虚，身体的病有浅层次的，更有深层次的，这些都需要由浅入深逐步加以解决。所以，这个修炼过程是实在不容易的。正是鉴于这种现实情况，我不能不传出相关的法诀，以使这类女性知道修道，懂得修道，从而最终逃脱身心双重疾病给人生带来的无边痛苦和磨难。

一个修道者，你出家也好，不出家也罢，都是需要严守特定规诫的。因为，规诫可以诱导、帮助和保证你做到清心寡欲，割绝凡俗的因缘，从而扫去妄念，使心意时时处处想在修道上。视自己的生命如同已经死亡，没有任何的挂念。只有达到这种境界，才能最彻底地遵照口诀从最基础的功夫做起。

【原文】

须从静室[①]，吉日焚香拜祝[②]，至诚不二[③]。端身正坐，双足对挽[④]，两手交叉捧乳[⑤]，塞兑垂帘[⑥]，二目凝神[⑦]，心守玄关[⑧]，意默血海[⑨]，静候真阴动机[⑩]。有意使动非是真动，乃是欲念。呼吸万不可用力。烹蒸血海，必要无意自动，方可炼之。而体弱血虚不旺，焉能有此？

【注释】

①静室：安静的房室。此指专门练功的房室。古人练功极为讲究环境条件，选择的房室不仅要求安静，还要空气流通，光线适宜，连打坐的床与垫

都有讲究。

②吉日焚香拜祝：指修道人在练功之前要发誓愿，选择吉利的日子，焚香并向神灵拜祝，表示自己发誓修道练功的志愿。

③至诚不二：即一心一意虔诚地修道练功，不会生出与此不同的第二种心思。

④双足对捥：即双腿交叉盘坐。捥，音 wàn，这里指交叉之义。

⑤两手交叉捧乳：即左手捧右乳房，右手捧左乳房。实则应为抚捧。因妇女乳房有大如垂袋者，也有小如馒头者，大者用捧，小者用抚，皆以下向上而行。

⑥塞兑垂帘：兑，乃八卦之爻象，比喻人身为口；帘，即窗帘，比喻人身为眼皮。塞兑垂帘，在练功中指闭口合眼。

⑦二目凝神：今人言，眼为心灵的窗户。此也合古人之说法，认为人之眼睛是人灵神外发之所，目之所到，神即随之。神随之，心牵之，气耗之。故垂帘功在凝神。凝神之要在一“凝”字，凝而不动也。非另有别法。

⑧心守玄关：玄关者，玄妙之机关也。指心态处于一种虚无混沌之状，不著于有，不著于无，似睡还醒，似醒如睡，内念不生，外念不入。

⑨意默血海：此意为真意，血海指冲脉之源，即子宫，中医学名胞中或胞宫，为经络之海，又称血海。真意为一种无欲无念的淡淡之意，用这种意识默默地守放在子宫之处。

⑩静候真阴动机：真阴，即真静之象。真静，即心静、神静、气静。只有真静，方有静极而动之象。动机，即真阳之气发生的时机。

【文译】

在练功之前，需要准备一处适合练功的安静场所，选择一个吉祥的日子，焚起炉香，虔诚地向神灵拜祝，以表明自己坚心向道的志愿，并发誓永不退返。如此，才有可能保证今后一心一意地修道练功。

正式练功时所行的是打坐之功。方法是：端身正坐，头正身正（头正，下颌内收，脖颈竖直；身正，命门穴后靠，脊背竖直）；双腿交叉盘坐；两手交叉抚捧双乳；闭口合眼，凝涵心神。实际上，此时的心没有任何欲念的活动，处在一种无内无外、空虚混沌的“玄关”境界；真意默默静守涵养在下腹间的“血海”之地。用这种心静、神静、气静的真阴之象，去等候真阳之气发生时机的到来。真阳之气的动，是没有任何后天干扰的真动。所以，如果功中产生后天意识想让它动，固然也可以使身体某部位动起来，但这却不是先天的真动，不过是后天欲念导致的假动。既然不能动起后天之意，呼吸当然就是顺其自然的呼吸，千万不能用意用力去指导呼吸。总之，女子真阳之气发生的地方在血海，练功就犹如在这个部位炼矿产金，要烹要炼，真阳之气的金子才会从矿中化出来，然后通过经络通道，运布到炁穴。但要炼出先天的金子，就必须用无后天欲念的先天真火，在完全无意识的情况下，真阳之气才会发生。

由上可知，静功之前还须有动力治病的前奏作铺垫，而静功又更须有心静、神静、气静的真阴作保证，使得体质强壮，气血殷实后，才能诱发先天真阳之气的产生，否则怎么能行呢？

【编者按】

本节文为正式的练功方法，其中“二目凝神，心守玄关，意默血海”为至要之法，但其步骤并未交代至确至详，故特加阐述。这一步骤，按其实际情况当依“二目凝神，调顺呼吸，意默血海，心守玄关”之顺序进行。因为，“塞兑垂帘”后的效用，就是先安静其心，心安则神自凝。神凝造就了一个先天心态环境，但此时并不代表呼吸就一定自然畅顺，故要进行调息。调息的目的是使呼吸自然顺畅，调的方法实际就是让呼吸自呼自吸，不加阻碍，不加干扰。调形，例如端身正坐，全体放松，即于息不加阻碍；调心，凝神静心，即于息不加干扰。心安了，神凝了，呼吸匀畅自然了，再用真意默默关照于下腹血海之中，法用先守后放，若即若离，勿忘勿助。当如此关照得自然顺遂、恰到好处时，再将心意纵身跳入四大不着边际之处，不著于有，不著于无，昏昏默默，如痴如醉，此为心守玄关。自此之后，若无先天真动，一直守去，方得法要。

【原文】

静中凝神，入两乳中间炁穴，两手轻轻揉乳二十四次，将下田之气微微吸起三十六口，升入乳间炁穴，真意涵运①，仍用两手捧乳，二目回光返照。调息自然，不可用力。静候血海中真阴动机。如若不动，再行揉乳二十四次，在脐腹下转摩三十六次，口中咽津三次，照前回光，静笃虚极，一念不生。不可有意使动，成乎欲界，有伤神气。

【注释】

①真意涵运：按法诀当为真意涵养。“运”似为字误。

【文译】

若在心守玄关的状态下，血海油然发生气动之象，意有所觉，心仍处静，然后凝神于两乳之间的炁穴，用交叉的双手轻轻旋揉乳房二十四次（编者按：旋揉次数的频率当与轻匀的呼吸同步。即呼吸一次旋揉一遍）。完毕后，将下田血海动发之气微微吸起三十六口（编者按：吸起之法，一是要配合自然呼吸，稍使呼吸变为深长而不失自然；二是吸时微用意吸提，呼时莫用意，任其自然呼放），升入乳间炁穴，然后以真意在炁穴蕴藏涵养。同时，两手仍交叉抚捧两乳，二目闭合，凝神内守。调息自然，不要加任何人为干涉。保持这种状态，仍然静候血海中真阴产出真阳之气，再动再采再炼。如果静候一时，血海没有气动之象，再行旋揉乳房二十四次，并把双手放于腹脐，以肚脐为中心转摩三十六次（编者按：转摩频率与轻匀深长呼吸同步，呼时半圈往下，吸时半圈往上，方向顺其自然）。这时，口中若生出津液，可分三口慢慢吞咽。完毕，照以前双手抚捧双乳状，二目凝神，进入玄关之境。最关要者，不可于此时动念。若于此时动念，即落入后天识神范畴，属于欲界，这对于神气是有伤害的。

【原文】

一日三坐四坐，如此行持，百日之后，其坐时自然神机运动[①]。俟[②]口中津满，咽入心舍，降至黄庭、关元[③]，下至血海而止。凝聚一刻，由血海下至尾闾[④]，升上夹脊[⑤]，直入泥丸[⑥]，下玄关[⑦]而到鹊桥[⑧]，和津咽下重楼[⑨]，至乳间炁穴乃止。停聚良久，使意化津为气。此为转轮。每日每坐要转。用两手在两乳回旋揉之，在脐腹左右摩之。此后手捧两乳，轻轻运至血海而止。

【注释】

①神机运动：即先天真阳之气的发生运动现象，出自天然自动，故谓神机运动。

②俟：即等候。

③黄庭、关元：黄庭，此指中黄庭，也即中丹田，位于心口稍下部位；关元，在脐下三寸处，即下丹田。

④尾闾：即俗称尾巴桩处，为督脉之要害关卡。

⑤夹脊：位于脊椎上段，后背中间，为督脉之要害关卡。

⑥泥丸：位于脑中，即上丹田。

⑦下玄关：即下到玄关。这里的玄关已非“心守玄关”之玄关。《中和集》卷三《金丹或问》言“玄关”曰：“初无定位。今人多指脐轮，或指顶门，或指印堂，或指两肾中间……”根据本文叙述的玄关，当指印堂部位。

⑧鹊桥：即鹊桥，指口腔内舌尖所指上腭处，此为任督二脉交会之处，乃要穴。

⑨重楼：又名十二重楼，即喉管部位。

【文译】

按照以上的要领，一天可以打坐三次到四次（编者按：可按子午卯酉四时行功，每次1～2小时）。如此勤行练功，大约到百日之后，再继续打坐，功中就会自然发生真阳之气自生自运的现象。到了这个阶段，功中，口中往往会津液涌生，等津液满口，可按前述之法，分口吞咽，行之汩汩有声，降入心房，再由心房降入中宫黄庭，再降入下丹田，再降下血海为止（编者按：所降何处，乃为一种真实自我感觉，若无真实自我感觉，切莫意导）。降下血海之后要凝聚一段时间，再由血海下降经会阴交督脉升至尾闾穴，再升至夹脊穴，再进入泥丸宫，再由泥丸降至印堂玄关，再降入口腔内上腭处的鹊桥穴，与口中又涌生的津液再降下喉管重楼，直至下降到乳间炁穴为止（编者按：该文叙述有不准确之处。我以为，先前口中涌生津液分口下咽，一路的真实自我感觉确都与津液有关。但在血海凝聚之后，再沿会阴、尾闾一直上升到泥丸之物，就不会再是先前的津液了，而是血海所生发之真阳之气。若言还是有形之津液，乃不合实情。望读者辨之）。

这种再一次经过炁穴的津液，到达炁穴就使之凝聚起来，用真意久久涵养。真意为真火，涵养即为炼津化气。如此久久，炁穴才有浩然之气充塞一身内外。此行一遍，即为转轮一周。每日三坐四坐，凡坐都当转轮（编者按：

根据气通周天的情况，有时转轮一遍时间很长，有时则顺畅短快。故练功时当根据具体情况，顺畅时可快速轮转几遍，慢则少转)。每次转轮完毕，用两手交叉旋揉乳房二十四遍，再用双手于腹脐上左右巡回按摩。完毕，再双手交叉抚捧双乳，以真意守住炁穴。等炁穴有氤氲蒸腾之气象时，将此气以真意轻轻诱导下降，按任脉路线一直降到血海，以意封固收藏，如此便可收功。

【原文】

然平常坐要如此，行到百日之后，血海之中气机[①]温暖，自然有清气一缕上冲心舍，直至乳间炁穴。此时不可妄动，仍前依旧行工运转，久而经血自调，对月[②]必至。

要在月信将至，经水将净，真阴自动，先天真一元气发露，用火烹炼[③]得住。使此由后转前[④]，落乎炁穴，散乎周身，随呼吸在不觉中复还入血海。真气常生，久之赤阴之血化为白气之阳[⑤]。倘不用火行符[⑥]，其气仍化为赤血，枉费前工。当用真火炼之，真符应之，则火足气凝，则血犹气化。若用火过当，用符差错，必有血崩[⑦]之症，有伤乎命，小心防险。当气归血海，化血成气，故经血赤而变黄，黄而变白，白而化无，方谓斩龙。

【注释】

①气机：实言富有生机的先天元气发动状态。

②对月：指这个月的某一天和下个月的某一天正好准确相对，没有误差。

③用火烹炼：此火指人之意与息，有后天与先天的分步互用之法。后天者，为后天识神所发之意和有形有象之口鼻呼吸配合，有专注的人为成分，非此不易过渡到先天。先天者，为明神主事，配合自然天然的呼吸，没有人为的成分，只有持之以恒的维持。后天者为武火，为烹；先天者为文火，为炼。

④由后转前：由背后督脉运转过渡到胸腹前任脉。

⑤白气之阳：此语对应“赤阴之血”，应为白阳之气。

⑥用火行符：亦作进阳火，退阴符。火者为意，有后天之意重用，为武火；有先天之意轻用，为文火。符者，契合之谓，是用火之后自然响应的效果。火为阳为动，符为阴为静；火有主动人为成分，符乃自然之效果。

⑦血崩：妇科疾病，又称“崩中”。指阴道内大量出血，来势凶猛，犹如山崩，故名。中医学称此症为冲任脉不固所致。

【文译】

以上介绍的方法要领，是需要天天如是修持的。只有天天如此，行功到百日之后，子宫血海之内便有先天气机发动，让人感到非常温暖舒服。持续下去，会从血海升起一缕清气，上冲心房，又飘移至两乳间炁穴。此时，不可随意行功，当依照前面介绍的“转轮”之法继续行功。久而久之，因为先天真阳逐渐壮旺，后天的经血便得到很好的调理，由不正常变为正常，由周期紊乱变为周期精准有规律。

然而，月经调节到正常状态，只是一个后天返先天的过渡阶段，最终要斩除赤龙。那么，行施斩赤龙的功夫，应是在月事正常以后，每逢月事要来，或是月事已过经水将净这个时段，真阴自动会由真阴中萌发先天真一元炁。这就需要行功人能借用意的后天先天之用，并配合后天先天不同息的用法进行烹炼，不使之化为后天有形之物，而使此先天真一元炁不断壮大，并让它们通过背后督脉逆升，再由胸前任脉降下，归藏在炁穴。炁归炁穴之后，由于有足够的量，会像云雾一样散布周身，又会随着天然的呼吸，于不知不觉中再归入血海。如此一来，先天真一元炁源源不断地产生，逐渐地壮大增强，久而久之，趋向构成赤阴之血的机制逐渐消退，原来凝结赤阴的物质则都化为纯阳的白色气体。这就是斩赤龙的道理和功法。

修功人须知道，功夫不仅要恒持不断，也要采取用火行符的方法。若不然，即便产生了先天真一元炁，仍然还会化为有形的经血，枉费了功夫。所以，当有先天真一元炁产生，必当用真火炼之，真符应之，火足气聚，气聚力壮，才能化血为气。但用火行符，都要恰到好处，既不能欠火，又不能过火。如果用火过当，符不验应，肯定会发生血崩之症，大伤身体，重则危及生命。故功中火候最要谨慎把握，避免出现差错与危险。

斩赤龙的证验是，当气归血海化血成气之后，正常的经血由红色转变为黄色，又由黄色转变为白色，而且量越来越少，气味也渐渐趋无，最后到一点迹象也没有了，这才算赤龙被彻底斩除。

【原文】

如化炁由乳间炁穴初到血海，若不相投，下降之时静待①少刻，自然血海之中如鱼吸水一般。真阴真动，先天真一发现，似有不可忍之象，难言其味。须要把定元神②，方可采取。发生之药③，采取以机息④为用。既得，则仍守中极⑤。采取之法，以目观鼻，回光随息⑥入血海中，微用意采之⑦。逆行转轮，落前炁穴，过乎中极，复归血海。将真意守定在血海中，静镇不动。如有生机，再行采取，仍守中极。

【注释】

①静待：此二字为注解者所加。原文“下降之时，少刻”实为文不达义，断为漏掉字句，特加此“静待”二字以完句义。

②元神：此处所指元神实为真意。依注解者的归类法，就神而论，实为明神。

③发生之药：指先天真一元炁。

④机息：机，指先天真一元炁发生的时机；息，指不加人为的自然呼吸。

⑤中极：有二义连用之妙。一指中丹田，一指平静的意识。

⑥回光随息：回光，即闭目凝神；随息，即将所凝之神与自然呼吸配合。

⑦微用意采之：这里的微用意乃是后天意念，只是用意轻微。采之，乃是用此微意配合呼吸专注于真元之炁生发之处。

【文译】

最开始涉入化气阶段时，气由乳间炁穴往下渗降，归宿地在血海。但最初时由于血海真阴发动迟缓，炁穴中之气渗降下来快到血海时，血海并不能快速作出响应，在这个时候就需要安下心来静候它一会儿。过不了多久，血海之中真阴就会发动，与向下渗降之气发生呼应，给人的感受就像鱼儿吸水一样相亲相吸。其实，这是大致的比喻，真阴真实地发动，与下降之气合二为一成为先天真一元炁，那时给人生理的感受是无比美妙，几乎使人不可忍耐。这种状态实在是难以用精确的词语来描述。这就是产药的现象。此时，需要把持住真意明神，不可勾动一丝后天念欲，方可进行采药。采药以机息为用。也就是说，当药物发生之时，要让它培育一会儿再采取，过早采则药嫩，过迟采则药老，不嫩不老正是时候才叫“机”。采取之法，则是以真意配合自然呼吸收载药物发生之处。药物采取到手之后，就不要一直以机息为用了，而是以真意淡守中丹田，似守非守，勿忘勿助就行了。采取药物的方法再说具体一些，就是先用双目下视鼻端，然后再把眼睛闭上，把意念集中到呼吸上，再引入到真阴发动的血海中，运意微微采取（编者按：似有把炁微微吸入心息相依的环境之中）。血海中炁盈满了，就要进行督升任降的周天转轮（编者按：此另有火候细微），再落入乳间炁穴温养，之后再出中丹田，复降归血海，此为一周天之功。接下来继续以真意守定在血海之中，静候真阴再动，再行采取，再运周天。

【编者按】

以《坤元经》之论，斩赤龙之功，从最初下手见的，当经过化津为气和化血为气两个阶段。本节文章是回过头来从初步下手见的谈注意的要领和火候细微，读者当细心领会。

【原文】

凡行功，最忌风雨寒暑之天，喜怒哀乐之事，生冷瓜果之物。处处爱惜精神，检点时刻[①]；心意万般放下，一毫不染，悠悠自在。一日之中，真机能动二三次，即运转二三次。只要三百日纯工，血自化炁，赤龙自斩，乳头乃缩，方成乾体，丹根始立。此真阴化乎真阳，要道伴扶持。候真景到时，采药过关则基筑。药产丹田，有火珠驰血海如汤煎，鼻搐身震。切勿惊惧，求师指示，方免危险。

此小丹结果，每入室坐，遍体火发，气若蒸笼。仍墨守中宫，听其变化。霎时见一火珠如豆，从明堂射出丈余，如闪电一般，斯得药之景也。

【注释】

①检点时刻：即时刻检点。

【文译】

凡于练功之时，要避免以下三方面不利的情况：一是狂风暴雨、严寒酷暑等恶劣气候；二是过喜过忧过愁过怒的偏激心情；三是生冷霉变的不良食物。特别后两者有人为因素，必须时刻检点，不让它们妨碍保持中和淡泊的心情，也不让它们伤害了正在向完美调节的身体，使之能保持一个始终如一的正常练功状态。在这种练功状态下，一天真机能动几次，即进行周天运转几次。如此练功，大致有三百天左右，血自然皆化为气，赤龙自然斩除，乳房缩如男体，这时坤体转化乾体，阴化为阳，丹根就算扎稳了。但这个真阴转化为真阳的过程，需要道伴互相扶持照顾方能完成。再候真景出现，采药过关，那才算筑基完成。然而，药产丹田，有火珠腾跃在血海之中，血海之中如锅炒爆豆，烈热无比，且伴有鼻搐身震种种征象。到了这个时候，千万不要惊恐害怕，一是提前要听老师指点，二是届时有道伴护持，以避免危险，顺利过关。

筑基之前的得药，既名小药，也称小丹。每于室中打坐，遍体如同一个燃烧的火球，也如同在蒸笼中被蒸熟之物，热气浑然。有此感受时，仍墨守中丹田，一意不动，任其变化。如此久久，霎时见一颗如豆大小的火珠，从明堂穴射出丈余之外，如同闪电一般。这就是得药的景象。

【编者按】

丹道的修炼是实修实证，故于实证之中的景象也都真实不虚。如此，得药时从明堂射出火珠，皆是实景，非是譬喻，读者不可不知也。

【原文】

至炼药丹田，火珠三驰，急当止火[①]，不止丹走矣。与结大丹同一境[②]也。是要一念不起，五蕴[③]皆空，任风雷刀兵之死亡，将元神稳坐中宫不动，毫无半点畏惧，自然内息[④]，暖气常[⑤]接不断。进火退符，照旧[⑥]用法。炼至静定，内运真息[⑦]，倒机[⑧]真空，炁足神完，火珠不现，小丹结成矣。

【注释】

①止火：不再使用意念与呼吸配合进行的采、炼、搬运等各种方法。

②同一境：即同一种情况。

③五蕴：为佛教术语，指色、受、想、行、识等人的一切思想、感受与行为。这里泛指人的一切思想情感活动。

④自然内息：即胎息的天然自动。

⑤常：原文为“当”，应为错字，特改之。

⑥照旧：按照以前的。

⑦真患：此指无息之息。

⑧倒机：没有炁机再重新出现。

【文译】

采药到足够的时候，就要在下丹田炼药。炼药到一定的程度，就会出现明堂穴射出火珠之景，这表明炼药接近成熟。当火珠射出三次，表明炼药火候已经完成，这时就再不要利用意念和呼吸进行什么采、炼和搬运的事情了，这就叫止火。这时若不止火，炼成的丹药就会走失殆尽，那可是前功尽弃。

结小丹与结大丹的情况都一样，都要求于此时万念皆空，一尘不染，将真意守在不内不外的“中宫”之地，大静大定，即便外部发生天塌地陷，甚至刀架在脖子上要自家的命都不要怕，一概置之度外。自然有胎息内运，温暖的元气炁氤氲不断。在前阶段，进火退符，都要依照下手时的方法要领去做。而炼到现在，胎息都归到无息之息的真息，炁机早已成为恒持的混沌状，没有重新发动的情况了，而且火珠也不再出现了，这就表明炁足神完，小丹已经结成。

【原文】

此工夫，妇女二年补乎破丹[①]，五年可至此地步[②]，旺体三年可也。若一日十二时辰，不能清心寡欲，养真化炁，焉能九转炼形，用火行符，而斩断赤龙哉！此三层之妙诀[3]，必合皇姑[4]之法言，同参做法，自然获效。后之四层[5]，与男丹无异，建功尤速矣。今说透妇女修行之妙法，以补书中之不足，实关系入手[6]之紧要。不由乎此，终无一成。

【注释】

①补乎破丹：应指斩赤龙完成。

②五年可至此地步：应指小丹结成。

③此三层之妙诀：指斩除赤龙、化血成气、结小丹三层功夫的要领。

④皇姑：不知指何女真，此可广义理解为前辈著名女仙真。

⑤后之四层：此因各家功夫论述分层不一，不必认真。

⑥入手：原文为“入首”，实为“入手”之误。

【文译】

此种功夫，一般来讲，中老年妇女坚持练功，二年可以斩除赤龙，再练功五年可以结成小丹。当然，身体健壮的三年也有可能结成小丹。但话又说回来，一天十二时辰，不能清心寡欲地去养真化气，做实在功夫，心老被外物牵缠，要想在这个认定的时间内斩除赤龙，结成小丹，那是不可能的。

这里介绍的斩除赤龙、化血成气、结成小丹三层功夫的方法要领，是契合于前辈女仙真们的理法的。如果按照我所介绍的方法，再参考前辈女仙的法诀，相辅相成地去修正，自然会有更好的收效。小丹结成之后，再修后续的功夫，就跟男子丹法一样了，而且速度还比男子要快。

今天把妇女修行的法诀都说透了，旨在弥补前人书籍之不足，也关系到下手功夫的切要，不致出偏失误。如果不照此行功，恐怕终无所成。

女丹秘旨

丹诀总录

【原文】

《坤元觉路》云："未修斯道，先守五戒：一不杀生，仁也；二不偷盗，义也；三不邪淫，礼也；四不酒肉，智也；五不妄言，信也。五戒既守，当屏六欲：眼不妄视，耳不妄听，鼻不妄嗅，舌不妄言，身不妄动，意不妄想。六欲既屏，又何愁"喜怒哀惧爱恶欲"七情之不去乎？七情既去，然后入室下手。

【文译】

《坤元觉路》这部女丹典籍说，未修女丹功夫之前，要先守好五戒。守好五戒的内容及其机理是：一不杀害生灵，以培养仁慈之德；二不偷盗抢掠，以树立义善之情；三不邪思淫乱，以表现礼仪文明；四不贪食酒肉，以利于神智清敏；五不胡言乱语，以涵积诚信之本。这五戒如果已经守得很好，接下来再做去六欲的功夫，即眼不有意捕获有刺激的对象目标；耳朵不有意去收听不和谐、不干净的声音；鼻子不有意去嗅闻奇特、刺激的气味；舌头不要有意去品尝有刺激的怪味；身体不要去做不符合生理健康规律的运动；意念不要去想那些贪婪欲得的事情。这六欲既然也被克服掉了，又何愁“喜乐、愤怒、悲哀、恐惧、恩爱、厌恶、贪欲”之七情不能消除吗？既然七情也被消除了，那就可以入室下手行功了。

注：对照本节文中“五戒”之“五不妄言”，可断“六欲”中之“舌不妄言”的意思，乃为品尝。因“言”有发表之义，“舌”之“言”，即发挥舌头的品尝功能。再者，若以胡说八道论“妄言”，那嘴巴即为主体，舌头乃辅体也。或“六欲”之“舌不妄言”，真指妄言妄语，那即为重复，就无意义了。

【编者按】

我以为，丹法之中先性后命的步骤，无疑是非常正确的。但这个“先性后命”却不应是机械的、教条的，要视对象与条件辩证对待与处理。譬如说，要像北宋的丘处机那样，花几十年纯功去炼性，果然性功成时命功就。但这只是凤毛麟角的修炼大家可以做成的事，对绝大多数修炼者来说，这虽然确实具有榜样的力量，但仿效的成功率事实上却很低。这就是说，只能做一面炼性一面修命的功夫，这样来得实惠。只是修炼者必须要知道炼性的关键之所在，时时要把性功摆在首要位置，才能更好地修炼命功。平时如此，在每次下手练功时亦如此。如每次打坐练功时能静下心来，便是性功。如此性命之功相辅相成，攀缘前进，可谓是大多数修炼者的可行之法、有效之法、适宜之法。

再说说关于性功中守五戒、屏六欲、去七情。我们说，内丹修炼过程中，心意的清净是根本的前提条件。换句话说，练功中如果心意不能清净，练功就不会有实在的收获。而为了保证练功中的心意清净，守五戒、屏六欲、去七情等一系列的性功修炼，是十分必要的。但这里要分清的根本问题是，应该怎样去守五戒，屏六欲，去七情，以及要守的五戒，要屏的六欲，要去除的七情关键之所在。因为，我们必须明白，常人是人，而从事内丹修炼的也是人。人既都为人，就有共通的东西，那就是精神和物质需求。故而从事内丹修炼者，或是修道者，他们并不是因为要从事修炼，就把自己变成冷血动物，没有任何情感表现，没有任何物质需求，冷酷地对待一切，打坐练功就像枯木顽石一样。相反，一个修道练功者，就精神方面而言，他们不但不缺乏情感，而且会具有最广博通达的情感，他们会从对个人生命的珍爱，延及对他人和万物生命的珍爱，从而通过练功把爱的情感信息广博地传播出去，从而又通过他人和万物得到爱的情感信息回报，使个体生命从爱中得以滋养，从而延年益寿，超凡而仙。这个道理是简明的：大道贵生。贵生者始于爱。爱既是信息，也是能量与物质，她从先天大道而来，这就是先天元气。试想一下，在修道练功的过程中，就没有任何需求与欲望了吗？不是。古人不是说仙家都是“大盗”吗，既是盗，就有欲望，就有盗的行为，而且他们采盗的是宇宙万物中最珍贵的东西。当然，这只是幽默之词，但这说明，修道练功也还有欲望、有需求。古之不是有“法财侣地”四需之说吗？关键在于，修道练功人的一切需求出乎自然、出乎平淡中和的心态，出乎正当、合理、适度。不同常人，往往许多需求和欲望都是过度的、偏激的、贪婪的、不合理的、不自然的。然而，修道练功的人要从常人的状态转化到修道练功的状态，靠的不是强行的戒屏除，而要靠从理的源头上弄清楚，想明白，悟透彻。知其戒者、屏者与除者，都是去其偏激、过度、贪婪、不合理和不自然。因为，这些不仅对于个体生命是有害的，而且对于社会这个生命集体也是有害的。把这些道理都弄明白了，性功就成就了一半。然后，再把这些道理与现实生活联系起来，在实践中实施，点滴不漏，久而久之，就会得心应手，应用自如。

如果说得直白一些，真正有成的仙家，他们在人世中的表现都会有丰富的情感，嬉笑怒骂，无所不能。但窍道在于，成道仙家的先天心态和泛俗的外在情感表现，两者是分化的。即他们会永远保持虚空中和的先天心态，而泛俗的情感表现不过像外物击钟，随感随应，应毕即放。故张三丰《无根树》歌有云："烟花寨，酒肉林，不断荤腥不犯淫。犯淫丧失长生宝，酒肉穿肠道在心。"并且还强调说："打开门，说与君，无花无酒道不成。"从而证实修道练功者的正当需求和正常应世都是必需的。故而真正之性功有成者，当为不守而戒，不屏而除，不除而尽，是为高修。

另外，性功修为实际上也与命功紧密相连。例如，五戒之守，为的是守住仁义礼智信五常。而这与五行相关联的五常，与人体器官的五脏有直接联系。例如，仁在五行为木，在五脏为肝，守仁可以养肝；义在五行为金，在五脏为肺，守义可以养肺；礼在五行为火，在五脏为心，守礼可以养心；智在五行为水，在五脏为肾，守智可以养肾；信在五行为土，在五脏为脾，守信可以养脾。五戒既守，五脏既调，命功随着性功的修为，基础效果就顺然而至。以后再行专门的命功，有了一定的基础就能步步深入了。

【原文】

《坤宁经》曰："若无炼己真功，总难筑基下手。"又曰："必先绝欲忘情，然后入室打坐。炼己同乎男修①，调息绵绵，勿忘勿助。"又云："一身四大②，结中宫灵台③之缘。二气④交结，中黄玄膺⑤，五行相生，惟土斯金⑥。"又云："一痕晓月⑦东方露，穷取生身未有时。譬之盖屋，当用辟土为先；喻乎烧炉，原以种火为法。"

【注释】

①男修：指男子修炼者。

②一身四大："四大"为佛教名词，即地水火风，犹如儒道二家所说之五行，指构成有形物质的基本元素。"一身四大"，则指人的肉体。

③中宫灵台：按传统一般说法，此指中丹田，乃藏气炼气养气之所在。根据本节文章之义，中宫灵台虽含中丹田之义，但主要是指脾土真意，即我所名之明神。明神介乎先天元神与后天识神之间，属后天之先天，先天之后天，具有安抚后者和招摄前者的作用。故称居中宫，坐灵台。

④二气：指神与气。

⑤中黄玄膺：指中丹田。但此所指者，既有实指，也有虚指。实指乃中丹田这一穴窍，虚指乃中空之境界。

⑥惟土斯金：据文义当为“惟土生金”，故“斯”字可能为字误。

⑦一痕晓月：根据后文《坤宁经》中有“晓日东升，光痕逗露”之句，可推此“一痕晓月”应为“一痕晓日”之误。

【文译】

《坤宁经》中说：如果没有炼己修性的真实功夫效果，要想下手修炼筑基的命功，说到底总是很困难的。又说，必须先做到没有任何欲望，忘掉一切情感的挂碍，心地纯净，然后才好到练功房去行打坐的静功。炼己的性功，女子同男子一样，没有什么分别，都是要通过性功的炼己转化到心息相依的功夫上去，使呼吸绵绵若存，使心意既不忘和息相依，同时又不干预呼吸的自然。又说，在行功之中，人的一生所有的物质体，都要在真意明神所调和的最佳中和状态中，达到虚涵空灵的境界。神与气在有形的中丹田做功，而达到无形虚灵的“中”的状态，五行在此“中”发挥相调相生的功能。而这其中，真意的作用是最大的。真意归脾，属土，而五行相生，惟有土能生金，惟有真意才能招摄先天元气。又说，先天元气被招摄而来，就像早晨东方初升的太阳，它也就是生命最初构成的元素物。所以，由此可以看出，下手练功，性功居首。性功成就真意之主帅之用。这就像盖房子烧砖瓦，要先备土；这也像生炉子，先要有个火种引火。

【编者按】

本节文章一方面强调性功修炼的重要性，另一方面又指出性功修炼的成就在于强调真意占据主导地位的特别意义。实际上，在内丹仙学的整个修炼过程中，真意的主导作用都是至关重要的、十分必需的、不可或缺的。百日筑基是这样，十月怀胎是这样，一朝分娩是这样，三年哺乳仍是这样。在性功中，真意是劝化识神的导师，是引神恋息的媒婆，是引发先天的火种。在命功过程中，真意犹如大地，把阴阳、五行与八卦之营养，全部蕴涵其内，让先天元气这粒生命的种子在真意的沃土中茁壮成长。

真意究竟是一种什么样的精神物呢？我以为，简言之，应该称它是一种天良与理智的结合物。人之神有三，纯粹的先天之神为元神，它具有条件反射性功能、生物钟调节功能、植物性本能等。它在无干扰和被维护的情况下，可以最完美地调养生命。此种元神是所有生命物都具有的。纯粹的后天之神为识神，这种识神具有比本能更高更强的欲望需求，和为达到满足欲望的计谋思虑和策划，也具有丰富的情绪感染与表现力。识神在具有一定智商的动物中都有，不过是随着智商的高低，识神的水平反映也有高低而已。真意，与识神比较，是一种理智表现。比如说一种行为，识神是不计后果的冒进偏执行为，真意则知道哪该做哪不该做；与元神比较，是灵性的升华。元神的灵性主要反映为本能，真意却有超本能的真灵道性与“人”性。故真意可称为后天之先天，先天之后天，也为万物之灵的人所特有。无非是常人不注重真意的培养，而修道练功者却要十分珍惜真意的培养，并最终依赖于真意罢了。

【原文】

《修真辨难》曰：“男子下手以炼气为要，名太阳炼气。炼气气回而白虎[①]降，则变为童体。而后天之精自不泄漏，可以延年，可以结丹。女子下手以炼形为要，名太阴炼形。炼形形灭而赤龙[②]断，则变为男体。而阴浊之血自不下行，可以出死，可以入生。此后用男子之功修之，一年可得大丹[③]。然亦有窍有时有法。”

【注释】

①白虎：指先天元气。修炼以后天肾精化先天之气，名曰水中生金，水里淘金。而金于五行联系五方，属于西方之位。古之星相学认为，西方星宿状如白虎，后泛指西方为白虎之位，居五行为金。又因肾精与男子的性功能性器官相联系，故古人又把这种化自于肾精的先天之气“得以养人，失以杀人”，从又一层意思上比喻为白虎，意谓修炼者能降伏它，便得以养人；若放纵它，便失以杀人。

②赤龙：比喻女子月经。

③大丹：比喻修炼内丹的最高阶段的效果。简单讲，以后天神气，或言以自身精气神相凝之物称小丹；而先天神气，或言以人身神气化合于天地之神气，此相凝之物则称大丹。得小丹者可以长生，得大丹者则可以超脱。

【文译】

《修真辨难》中说，男子下手练功是以获得先天元气为首当其冲的要务。因为先天元气纯阳无阴，称为太阳，故可将男子下手的这种功夫称为太阳炼气。炼气是从后天肾精炼起，炼精而化气，气产而归身，继之炼而又炼，纯之又纯。此为从北方壬癸水得西方庚申金。西方白虎之位，五行属金，五志为义，有凌厉之象，如调控得法，能使先天元气的白虎安居身中，自然越聚越多，越炼越纯，生命现象就可以逆转，由衰弱的老年向青少年的生理转化。到那时，后天的生殖之精也不会再泄漏，不仅可以大大延长寿命，也可为仙道的进阶打下坚实的基础。女子下手练功与男子不同，她们要先从有形的月经现象炼起。因为，月经为后天阴浊之物，称为太阴，故而女子的这步下手功夫就称为太阴炼形。炼形的效果是要把月经炼化，再也不生，这叫作斩赤龙。而后就如男体一样，再也没有月事的困扰，可以远离死亡的威胁，可以进入生生不息的生命大道。以后再采用男子的太阳炼气之功，大约一年就可获内丹修炼的最高成果。当然，这讲的只是个大概过程，其中还有很具体的修炼方法，诸如窍穴的把握，年月日时的运用，以及火候细微等等。

【原文】

《上药灵镜三命篇》曰："人之脐曰命门。上有关元[①]，中有黄庭[②]，下有气海[③]。"懒道人曰："女命[④]有三，谓上中下也。上者阳穴[⑤]，中者黄房[⑥]，下者丹田[⑦]。少则从下，衰者从中，成方从上耳。"

【注释】

①关元：此处指上丹田泥丸宫。

②黄庭：此处指中丹田，又名绛宫。

③气海：此处指下丹田。

④女命：指女子的命功。

⑤阳穴：此指上丹田泥丸宫。

⑥黄房：此指中丹田黄庭宫。

⑦丹田：此指下丹田。

【文译】

《上药灵镜三命篇》中说，在人体中，脐为生命之门。除此之外，人体中还有三个关键窍穴，对生命至关重要。这三个窍穴上为关元，即上丹田；中为黄庭，即中丹田；下为气海，即下丹田。丹家有号懒道人者说，根据具体情况，女子下手修炼命功，有三处选择。它们在人体的上中下分布着，上者名阳穴，即上丹田；中者名黄房，即中丹田；下者，即下丹田。如果是童体未破之少女，下手即可从下丹田做功，跟男子功夫没有区别；如果是中老年妇女，并且身体已趋衰弱多病，下手做功则要从中丹田做起，待功夫有成月事绝者当修出月事再断除，有月事者当断除月事即可转入下丹田做功；只有功夫大成得丹之后，方可从上丹田做功也。

【编者按】

人体的关窍穴位之名称，虽然古来医家与道家都有大致相同的地方，但同名异位、同位异名的现象非常普遍，即便丹家有时也是各有各的定名之法。故今人在辨识的时候，只能视情而断，不能钻牛角尖，以免陷入误区。例如，本节文的前半部分，好像是围绕脐轮上下谈关元、黄庭与气海，但联系后半部分的文字，可知这三者是就人的整体上中下而言。例如："关元"，一些典籍指为下丹田，而这里显然是指上丹田。

【原文】

《修真辨难》曰："男子之命[①]在丹田，女子之命在乳房。"乳房者，血元[②]也，在中一寸二分，非两乳也。女子以血为肾，乃空窍焉。血元生血，丹田生丹，功夫在子午二时[③]，存心乳房之空窍，呼吸绵绵，出少入多。候信至时，从丹田运上乳房。

或云信至亦如男子之活子时，即《坤宁经》所谓"晓日东升，光痕逗露。运汞配铅[④]，神气俱住。积气本生气之乡[⑤]，存神为炼神之路[⑥]。一阳动处，行子午卯酉之功[⑦]；百脉通时，定乾坤坎离之位[⑧]”是也。然信者，非经至之谓也。《三命篇》云：“如人在外未归，而信先至焉。”

【注释】

①命：此指后天生命之机，由此机可返还先天。

②血元：生血的根本。

③子午二时：古人将昼夜的一个循环周期分为十二个时辰，即子丑寅卯辰巳午未申酉戌亥。每个时辰相当于现代计时的两小时，子时为阴尽阳生之时，约在午夜23：00～凌晨1：00；午时为阴退阳盛之时，约在中午11：00～13：00，其他可依次类推。前六时由夜转昼，阴消阳长；后六时由昼转夜，阳消阴长。十二时不停循环，周而复始。

④运汞配铅：比喻以真性合真情。汞即水银，易于流动，古人认为其性轻浮，其气阴柔，躁而易失，以后天可喻为识神凡汞，以先天可喻为灵性真汞。铅乃金属之一种，其性沉重，其气坚刚，易于沉落，以后天可喻为凡精凡铅，以先天可喻为真情真铅。此运汞配铅，乃指以先天真性合于先天真情。真性真情相配，先天之元神元气方能凝聚。

⑤积气本生气之乡：义谓积聚元气的地方，也就是元气生发的地方。

⑥存神为炼神之路：存，即炼。义谓存神与炼神是二而一的事情，不过在意思理解上，是先有存尔后方能炼而已。

⑦子午卯酉之功：即小周天运炼之功。“子”进阳火，“午”退阴符，“卯酉”行沐浴之功。

⑧定乾坤坎离之位：人在后天未练功之时，身体的先天程序已被打乱，故有各种各样的病症。练功后，百脉通畅，返回到先天的有序之程序，犹如自然界中，乾为天在上，坤为地在下，坎离为日月交替运转，此谓“定乾坤坎离之位”。

【文译】

《修真辨难》这部丹经上说，男人返还先天生命之机的地方在下丹田，而女人返还先天生命之机的地方在乳房。乳房这个部位，是女人生血的肇始之地、根源之域。但这里所指的乳房，涵义是由血化乳之根源之地，它的位置在两乳之间的中心，约一寸二分那么大的区域（注：一寸二分，相当于四公分。但这是个约数，不可执著于精确计算），并非指两个乳头。也即是说，此乳房并非俗人所指乳房也。

肾的功能对人生命是极其重要的，肾藏有先天之精，是脏腑阴阳的根本，主要功能是纳气化精，促进人体的生长发育。但肾功能反映在男女的生理功能上，存在一定的区别，即男性的肾功能以精的显示为特征，而女性的肾功能以血的显示为特征。所以，换句话说，肾之于人的生理，有有形之肾，有无形之肾。以无形之肾而言，男子以精为肾，根在乳房。但乳房一窍，是个空窍，不要把它认识了。男子下手在丹田，炼精化气，炼气成丹；女子下手在乳房，炼血化气，炼气还丹，两者异曲同工。女子下手功夫虽与男子不同，但行功的要领则是相同的，当于子午两个时辰静坐，调心凝神于乳房空窍之中，让呼吸由粗转细，由紊转匀，绵绵细细，出少入多。如此凝神调息，行至功到丹田，便有特别信息出现。这时就可以从丹田运上乳房，以气化血了。

还可以这样说，这特别信息的到来，跟男子的活子时是类似的。即《坤宁经》上所说，好像东方红日初升，虽未大放光明，但它已从地平线上的云层里似吞似吐，红晕焕发，呈现出活跃的生机。《坤宁经》又对这种信息的出现所应采取的火候把握，以及效验状态描述说，当信息出现，即以真性配合真情，相恋相抱，由二合一。性真神则柔，情真气则和，神柔气和，混融不分，凝聚在一处，这就是极佳的功夫状态。积累元气的地方，其实就是萌发元气的地方；开始存神的方式，也就是以后炼神的方式。从先天元气发动的地方，开始行小周天子午卯酉之功，到小周天完成，百脉通畅，身中先天乾坤坎离之位确立，就可以行大周天功了。这就是信息从初步产生到最后圆满收获的全过程。但这里所指信息之“信”的到来，并非指月经的到来。《三命篇》形容这一信息的出现，说它就像人出了远门，长久没回家，现在要回家了，就先给家里捎个信儿，家里人就知道他很快会回来了。

【原文】

信至之日，彼①自知之。或腰腿疼痛，或乳房作胀，或头目不安，不思饮食，此信乃气将化血之证也。当在两日半之前②专心用功，收回此气。若经已行，则赤龙阴精不可把持，乱行妄运，杀人③不少。须待其经后两日半，以白绫试之，其色黄金，乃经罢符也④。照前运功，运上⑤以斩之。如此数月，则经变黄，黄变白，白化而无也。此以有还无之道也。若过四十九岁，气乾⑥血涸，亦无生机⑦，养而久之，又生血元，仍似处女，此又无中生有之妙也。见其有之，一斩即化，而命又生矣。

懒道人亦曰：“返照调息之久，自然真息往来，一开一合，养成鄞鄂⑧，神气充足，真阳自旺，经水自绝，乳缩如男子，是谓斩赤龙。”赤龙既斩，以后七日大还⑨、大周⑩，概与男子无彼此之分也。

【注释】

①彼：本指对方，这里泛指各自的练功者，犹言“大家”。

②当在两日半之前：此指在月经到来前的两日半。

③杀人：实说害人，形容、比喻语。

④乃经罢符也：义谓月经完毕后的征象。符，此作对应的表征理解。

⑤运上：运到居于上位的乳房之窍。

⑥乾：此为繁体“干”字，干湿之干。

⑦生机：即生育之机，亦可理解为生命的蓬勃生机。

⑧鄞鄂：一般丹经均指鄞鄂为元神。如《周易参同契》："混沌相交接，权舆树根基，经营养鄞鄂，凝神以成躯。"《女金丹》曰："炼其气，自然上腾于乳房，然后化为甘汁，下降丹田，结成胎息。此乃是鄞鄂也，又为之神室也，又为之玄牝也。"但鄞鄂二字为什么能比喻为元神，历来丹经和注家均无解释，令人遗憾。今查《辞海》收入关于"鄞""鄂"的多种解释。如"鄞"，音 yín，是古越国的一个地名。《国语·越语上》："勾践之地，东至于鄞。"这似乎与越王勾践卧薪尝胆，东山再起的典故有关。如"鄂"，在西周时，一为诸侯国，一为楚别封之国。把"鄞鄂"联系起来看，它们都是古代王与侯的领地，在这片领地中，唯有统治者最具权威。莫说越王勾践还有数年的卧薪尝胆，终将屈辱变成了胜利。用"鄞鄂"的统治者来比喻元神，用越王勾践的典故来比喻识神退位，元神主位，后天返还先天，确实很形象。这恐怕才是把"鄞鄂"喻为元神的真正来源。

⑨七日大还：又名七日采工，七日来复，指小周天功满，大药将生，大约在七日左右，不动不摇，始见鼎中火珠成象，只内动内生，不复外驰。此后一得永得，基址筑固，得人仙之果也。

⑩大周：即大周天功夫。

【文译】

作为女性练功者，信息到来之时，自己都能明显感觉得到。这些感觉，或者是腰腿疼痛，或者是乳房（注：这是实指乳房，非指窍穴）发胀，或者是头目昏沉，伴随着吃饭没胃口，心情烦躁等，这些信息就是元气将要转化为经血的特征。斩赤龙之法要在此信息出现之后，而经血未来之前的两天半时间内专心用功，将此元气采收回来蓄养。如果经血已经到来，那么这个已经化为阴精的血水，就像狂奔的赤龙，是无法遏制的。如果在月经正在排放的时段，试图通过练功来逐渐化掉，那就是乱行妄运。以前不少人曾经这样做过，结果反而都害了自己（编者按：经血排出已属废物外排，这时若遏制其外排，无非是将部分经血滞留在子宫与阴道内，反而变成残经败血，成块成痞，变污变垢，发霉发臭，会因阻塞或感染引发更多的妇科病症，重则会有生命危险）。所以，为了避免危害，在经血已经来临之时，那就不要练功了，要等月经排除完毕再行练功。一般正常情况下，月经排除完毕大约也需两天半时间。可以采用方法验证：在月经排出的两天半之后，用一块干净的白色绢绫敷贴阴道，如果还有红色渗出，说明月经还没排完；如果白色绢绫上现出黄金之色，则证明月经已经排泄完毕，那就可以按前面所说的行功之法行功。当丹田有了生动的元气，就运上乳房之窍，从根本上炼化后天之阴精。按照这种方式练功数月，月经则会从数量上由多变少，从颜色上由红变黄，由黄变白，最后到月经没有了，这就叫“以有还无”之道。女性若过四十九岁，先天癸水中所含的气机基本用完，所以再也没有气化为血的现象了，俗语称之为“干腰”。此不仅表明再没有生育的机会，还表明生命的生机也在衰退。这时若采取内丹养生之法进行练功，经过一定阶段的蓄养，先天气机返还，先天癸水又再生，月经又会像少女一样开始来潮。这种现象又称为“无中生有之妙”。当月经再次出现之后，利用行功再把它逐渐炼化，使它转化为生命的契机，而使生命生生不息也。

丹道高人懒道人也有相关的功夫论述。他认为，开始下手守窍，有些人为的成分，而一旦进入到返照调息的恒持无间的状态，自然会有真息出现，自来自往，自开自合。在这种状态和境界下，元神因为元气源源不断凝聚而得到完美的涵养。在这种持久的功态维持下，因为神气的充足，先天的真阳也自然壮旺。真阳壮旺，气无阴湿；气无阴湿，自不化血；既不化血，经水自绝；经水既绝，双乳也会逐渐收缩如同男子一般，这才称得上是斩了赤龙。斩赤龙功夫完成以后，再做七日大还和大周天的功夫，那时就和男子做功完全一样了。

【编者按】

已发表的《太阴炼形术》和本篇《女丹秘旨》已经把女丹功初级阶段的机密披露无遗，但两篇文各有侧重，也各有未尽之处。我将两者合璧一处，分出清晰步骤，供修者参阅。

女丹功的第一步为清心入静。这步功要专门去做，既要在丹室之中做专门的功夫，更要在日常生活中去做专门功夫。做此步功夫应配合阅读丹经道书，解决好修道者的宇宙观、世界观、社会观与人生观。这些问题解决了，没有困惑、没有烦恼、没有贪求、没有牵挂，自然能清心入静了。所谓守戒，只是外在形式。若心头上的问题未能彻底解决，戒也是不能真正守得好的。

女丹功的第二步，是在丹穴即两乳之间做凝神调息的功夫，并在初级阶段配合以揉乳之法。待子宫有元气生动，可配合呼吸之吸与意的关照，将元气升入丹穴涵养。久之，凝神调息自然天然，揉乳之功与吸提之法皆可免去，其气自然上升。但这个阶段要注意修功的时间，即经前二日半与经后二日半，是修功的关键时段，并应避免在经期中行功，以免发生危险。再者，要注意信息的出现与把握。

第二步功夫阶段，不仅是斩赤龙的过程，也是消除身中各种疾病的过程，故而收效当视修功者的具体情况（如年龄老少，身体有无病患，病之轻重）而定。第二步功不包括童真之体和气干经涸的老妇。此两者另有下手之法。

第三步功实际是第二步功的恒持，主要行无为之功，一切效验都在无为之功，只待赤龙化为乌有。

女丹功的斩赤龙完成，相当于男丹功的漏尽通完成。两者差异在于，男丹功的漏尽通一般要通过小周天来完成，而小周天过程较为漫长。而女丹功斩赤龙只在任脉或中脉的一段做功。这段功夫较为漫长。一旦斩赤龙完成，行小周天则很快。

男女丹功主要从静功讲论，实际在静功之前，或在静功之过程中，也当配合一些动力方法。这些需要修功者有所了解，不可偏于一隅。

活子时辨

【原文】

夫天地生物[①]，氤氲乐育[②]，人物[③]皆然。男女何异？此造化自然之理，亦无思无为之道也。况丹经明言，女子以血为肾；《内经》亦云：男子八岁肾气实，发长齿更；女子七岁肾气盛，齿更发长。明明男女皆有肾[④]，而何独子时之不同乎？且尝考之《种子方》[⑤]云：女子阴内有莲蕊形，名曰子宫，一月经行一度。经净后，无论何日，必有氤氲乐育之候，气蒸而热，昏而闷[⑥]。其中经脉微动，莲蕊有欲开之情。此时生机勃发，顺而用之，可以种子；逆而取之，可以成仙。所谓活子时者，可无疑矣。但非身心清静，断难默会体察。是又在学者神而明之也。

【注释】

①夫天地生物：夫，语助词，相当于今人在发表议论时惯用的“我们说”、“那么说”等；天地，指宇宙大自然；生物，即化生万物。

②氤氲乐育：氤氲，融洽、和谐、愉美之象；乐育，在舒愉快乐中主动地去孕育。

③人物：指人与万物。

④肾：这里所言之“肾”，是中医学上专指生命中起根本作用的机制和功能，它虽与脏器之肾有关，但意义的深广却远远大于脏器之肾。在古代典籍中，如《灵枢·本神》认为肾藏精，肾精是人体生长、发育和生殖的基本物

质，为生命之本；《黄帝内经》中认为，肾主骨，生髓，还认为，肾气的盛衰主要表现在头发，头发的黑白表示肾阴肾阳的倾向，头发的密稀则表示肾气的盛衰。传统中医学还认为，肾主水，在人体内有主持水液调节和排泄废液的功能；肾主纳生命本元之气，而肺的呼吸则是后天之气。若肾虚气亏，则后天呼吸也明显困难。肾还通窍于耳，肾气充足则听力极好。这些中医学观点和理论也为道家所认同。

⑤《种子方》：书名，实即优生优育的方法。种，指播种；子，指子女。

⑥昏而闷：昏，这里通“婚”，指一种极其和谐之状态；闷，指密闭之状。

【文译】

我们说，宇宙大自然化生万物，那是在一种极其融洽、和谐、舒愉、畅快的状态下发生的。被宇宙大自然所化生的，不论是人，还是万物，起因都是一样的。从这个现象的本质上来分析，男与女在生命发生的起因上，又有什么不一样的地方呢？这种造化的自然现象、自然规律，纯粹出于自然，也可以说是没有任何主观思想和行为的自然之道。但是，在内丹养生修炼中，因为生理上的某些区别，男与女在生理反应上和下手行功的特定阶段及层次上，还是有所不同的。例如，对于肾功能表征的认识，我们大都知道，男子是以精为肾功能表征的。而对于女性，丹经上明确指出，是以经血为肾功能表征的。《黄帝内经》在强调肾功能对生命的重要性时也说：男子到八岁时肾气充实，开始换牙，开始往成年过渡性地长头发；女子到七岁肾气旺盛，开始换牙，开始往成年过渡性地长头发。这就是男女的异同。男女之异在于，男肾以精为表征，女肾以血为表征；同在男女皆有肾，皆以肾功能信息显示生命状况的强弱盛衰。肾功能的先天本元作用显示，称作子时。但男女子时的发生却是不相同的。既然男和女都有肾的生命功能表征，为什么唯独在子时显示上却又有不同呢？这个道理，只要了解了女性生理上的特殊性，就不难明白了。

笔者时常研读《种子方》这本关于优生优育的古代典籍，其中讲到：女子阴道内有子宫，它的形状像莲花花蕊。子宫一个月行一次月经。月经干净之后的日子里，可能在某个时间，子宫内一定会有融洽、和谐、舒愉与畅快之感受，并且会延及全身，就像在笼中蒸食物，全身会发热，美妙无比，但又密闭不出，使人有忍不住的势头。这个时候，子宫中经脉有微微的动象，莲蕊有欲开之情形。这个时候也就是先天元气的生机勃发之时。如果按由先天到后天的顺用之法，这个时候男女性交，就可以受孕产子；如果按以先天摄先天的逆取之法，无论采取清修或双修，就可以修炼成仙。这个时机的出现，就是女性的活子时。以这个标准去判断女性的活子时，则是准确无误的。但是，要准确体察这个活子时，必须做到身与心两方面皆清净。否则，就判不准这个活子时，甚或会误判这个活子时，所以说，这又要求修炼者要具有很高的悟性和智慧。

【编者按】

历来许多丹经，从没像《女丹秘旨》这样，对女性修炼者的活子时阐述得如此清晰透彻。得此诀者，实际上已经把女子清修与双修的部分关键奥秘一览无余。然而，这里需要补充的是，前章《丹诀总录》中所言之“信”，虽有统言活子时之情形，但精而言之，“信”的过程中，只有最初的情况属于活子时。这最初的情况就是本章节所讲的情况。在前章所引《坤宁经》中，则为“晓日东升，光痕逗露”和“一阳动处”。“腰腿疼痛，或乳房作胀，或头目不安，不思饮食”，实是活子时刚过之象，正如《丹诀总录》言，“此信乃气将化血之证也”。不妨以天气为例，若天要下雨，先有云生。最初的云淡薄，形成不了雨水。这像活子时初动，又像丹经所言“药嫩不宜采”。后来云层渐浓，但湿重度不够，离构成雨水还有一些距离。这个时候若有大风，还可以把云层吹散，转为晴天。这个情形正可为活子时。如果再到后来，云层湿重度增加，想不成为雨水已不可能，这就是“信”的后期，已不能称为活子时。丹经称此为“药老不堪用”也。

至于文中所言默会体察活子时的准确时机，当须身心清静，其“身清静”乃指经行净尽，即“经后两日半以白绫试之，其色黄金，乃经罢符也”。其“心清静”则指心性澄静，功中一丝杂念不生，心澄意静而神明，消息一到，即能洞察秋毫也。

【原文】

乾道[①]活子，丹经所载；坤道[②]活子，古人未言。然据《易·系辞》:“天地氤氲，万物化醇[③]；男女媾精，万物化生。”《礼》云:“饮食男女[④]，人之大欲存焉。”大抵乾坤动静，专直翕闢之机，两无异致。且观物类，牝豕牛羊[⑤]，每值氤氲乐育之候，必高声狂叫，为天机使然。天生万物，人为最灵，亦正不无此一候。活子时至，不过人灵于物，隐忍不便言耳。

“民可使由之”，顺行也；“不可使知之”，逆行也。修持者，仰观月轮盈虚之象，知反身修德，静定以为功，则翕聚先天真炁不令化血，即斩赤龙下手之时也。

【注释】

①乾道：指男性修道者。乾，为阳，为男。

②坤道：指女性修道者。坤，为阴，为女。

③万物化醇：醇，此有二义混合。一表示淳厚、淳朴，一表示单纯。二义相合，则表示纯一无分别的淳朴之象。全句义为：万物尚处于纯一无分别

的淳朴之象。

④饮食男女：指食物和性行为。

⑤牝豕牛羊：雌性的猪、牛、羊。牝，鸟兽的雌性。豕，猪的古字。

【文译】

男性修道者的活子时，许多丹经都有介绍，但有关女性修道者的活子时，古人在著述里都没有提到。这里面有什么原因，不得而知。然而，根据《易·系辞》中讲到，宇宙自然化生万物的道理，宇宙自然处于混沌融谐之状态时，万物也处于尚未产生前的纯一无分别的淳朴浑然之态。而当宇宙自然中的阴与阳就像男女发生性交配之后，万物就被逐步化生出来。四书五经中的《礼》经中也说，食物和性行为，是人类最大的本能需求欲望。由此可以领略到，大概在大自然的大时空中，无论是自然界和人类，其中的阴阳、动静，开合造化的奥妙，两者应该是没有分别的。并且，观察动物界，雌性的猪、牛、羊等，每当像自然造物时发生的“氤氲乐育”之候，有了交配的需求时，必然会高声狂叫。这是大自然的奥秘和规律所支配的，是天机现象。大自然化生了万物，而人是其中最具灵性的，难道他们没有这种天机现象吗？当然不是。只不过活子时到来时，人是高级动物，讲伦理，讲羞耻，不会像兽类高声狂叫，而是隐忍不言罢了。

《道德经》中言，百姓大众可以使所有的欲念通过行为去施展，这指的是后天顺行之道。顺行之道走的是由生而死的归宿。然而，也有百姓大众所不知的，将欲念消归无有，归于浑然无知状态的修道法。此是先天逆行之道。逆行之道走的是由不死而生生不息的归宿。

一个女丹修持者，可以通过对天象的观察，譬如月亮，在一个月内，会有盈亏明暗的周期变化。再去解悟一下盈亏明暗的道理，把其中的道理运用到丹功修持中来，以静定之法作为贯穿始终的大功，这就可以招摄汇聚先天真元之气，不让它们转化为后天有形的经血。这就是下手斩赤龙的功夫。

【编者按】

关于“子时”，前人有“死”“活”之说。但这里有两种不同的解释法。第一种，所谓“死子时”，指的是有固定规律和周期的子时；“活子时”指的是没有固定规律和周期的子时。例如，自然界的季候转换，一天内白昼和黑夜的交替，阴尽阳生，暗退明长，其中转换的关键时刻就是子时。但这种子时有周期规律可循，是固定的，故可称死子时。那么，以这种观点去分析，动物的发情期，女性的月事，也都是有周期规律可循的，应都称为死子时方合道理。女性只有在见到一见钟情的男子后，在一定时间内生出类似经尽后的强烈性欲望，或在静定的功态下萌发类似情况，这才能称为活子时。活子时是在没有周期规律制约的情况下随机可以诱发的。所以说，本文虽把女性子时讲得很透，但讲的只是死子时，而非活子时。而这里称之为活子时者，是把自然界的子时视为固定的“死”，而把人的子时视为有生命的“活”而已。读者阅此，当知男女丹法，皆有死活两种子时，死子时不当错过，而活子时的把握则是同样或更为重要的。

太阴炼形术

【原文】

孙不二元君所传女金丹中，有太阴炼形之道，为女子修真之捷径。若有童女[①]精进修技，可以立成神仙[②]之果。

夫女子十四岁而月经通。当经来之前二日半，有元气一铢[③]由丹田[④]降于子宫；迨经后二日半，亦有元气一铢，亦由丹田降于子宫。当元气生时，宜冥心静坐，一念不生，乃凝神于两乳中间一穴，用两手交叉按两乳上[⑤]，轻轻向外抚揉轮转[⑥]三百六十次。则子宫中元气，自能漉漉上升，还于丹穴[⑦]。乃凝神寂照以养之，仿佛如鸡抱卵，约一点钟乃毕。

【注释】

①童女：指尚未产生月经的少年女子。

②神仙：泛指通过特殊修炼而超脱尘世，具有神通变化的不死者。《释名·释长幼》称老而不死者叫仙，因其有神通变化，故称神仙。

③元气一铢：铢，本为古代钱币基础单位，因有重量，故也可以作为衡量之标准计算。例如，中国传统衡量计算一斤为十六两，共计三百八十四铢，一两则为二十四铢。这种传统的货币与衡量计算法，都建立在古代道家的道学原理上，如周易六十四卦，分三百八十四爻。而一斤计三百八十四铢，不仅含周易阴阳相合之数，其十六两还含南斗六星、北斗七星，外加福禄寿三

星的吉祥之义；每一两分二十四铢，含一年二十四节气，一天阴阳十二时。古代内丹养生家还用铢与元气相比，来形容生命与元气之关系。例如，人从先天出生以后，先天元气一铢一铢不断增长，达生命最旺盛时——人由少年向青年最初过渡之阶段，长满三百八十四铢，成为一个圆满之卦。以后一铢一铢地消耗，消耗完了，生命也就终止了。但这个铢的计量是个借喻，如这里的元气一铢，可喻为新产生的一股微量元气。

④丹田：这里所指丹田乃是下丹田。

⑤两手交叉按两乳上：实为两小臂交叉两手按两乳上，即右手按左乳，左手按右乳。

⑥轻轻向外抚揉轮转：即两手先向外，再向下，再向内向上向外轮转抚揉。

⑦还于丹穴：即还于中丹田。此位置即文中所指“两乳中间一穴”。

【文译】

孙不二元君所传的女子金丹法诀，其中有太阴炼形的专门内容，实为女子修炼内丹的捷径。这些专门的法诀内容，适合于不同年龄的女子修炼。但如果是尚未破体的少女，即按这些法诀精进修炼，那是可以迅速修成仙的，而且是很高果位的。

按女性生理的正常发育情况而论，一般到了十四岁就开始有了月经。这种生理现象一直持续到四十九岁左右。生理处于月经阶段的女性要修炼内丹，当注意如下特殊情况：当月经要来之前的两天半（注：相当于六十个小时），这时有一缕先天元气从丹田生出，降留于子宫；再往后，到月经停止后的两天半，同样有一缕先天元气从丹田生出，降留于子宫。练功之女性，当遇此元气生时，就要练静功，打坐之后把一切杂念放下，留下最清静的心地，然后将神意凝聚在两乳之间的一个穴位（编者按：此穴位即中丹田。人无论男女，丹田皆有三：脑中泥丸为上丹田，胸中绛宫为中丹田，腹下气海为下丹田。上丹田为藏神之所，中丹田为藏炁之所，下丹田为藏精之所。因男女生理特征之不同，故男子下手从下丹田炼精做起，而女子下手则从中丹田炼气做起），接下来两手臂于胸前交叉，左手按在右乳房上，右手按在左乳房上，轻轻用力，向外、向下、向内回旋再向外，做轮转式抚揉三百六十次。这样，存留于子宫的新生元气就能自动上升到中丹田。这个轮转式抚揉功做完之后，仍回到静功状态，将神意关照住已经有先天元气入驻的中丹田。这种方式叫作养气。这种状态就像母鸡孵小鸡，说无意它却处于有意关照，说有意它又淡泊处之。养气的阶段大约需要一个钟头才可以完毕收功。

【编者按】

按照人类社会发展的历史来看，母权社会早于男权社会。也就是说，人类是先经历了母权社会，待母权社会消亡，才过渡到父权社会。中华内丹养生学也与上述人类社会发展的历程相关，即女性养生学最早产生于母权社会，它比男性养生学的成熟应该要早好几千年。我们看《黄帝内经》中黄帝曾向多位女性养生家求教养生的学问，就可了解这一人类社会发展的历史。这个引言旨在说明：（一）女子丹法包括本篇的太阴炼形之术，是很早就有的，是几千年上万年前流传下来的，并非后代丹家所创造，后代丹家只是能不能全面继承而已。（二）因为女子丹法历史悠久，所以它的内涵早已被一代又一代丹家再实践、再验证，能够流传到后来的，都是确证无误的。换言之，如果是证明不可行的方法，则早会被前人所淘汰，而不会流传到后来。因此，我们有理由相信，女子太阴炼形术选择于“经来之前二日半”和“经后二日半”下手练功，乃是一个最经典的机密法诀。古人认为，这个练功之“候”的选择，是因为这个时段丹田“有元气一铢”降于子宫。这个说法，虽然从元气论上是建立在养生实践经验基础上的一个理论推断，但无论从传统和现代生殖科学上去参考，我们都能找到借鉴性说明。例如，女性的月经，无论传统和现代生殖科学，都认为它是性功能成熟的一种表现。而性功能成熟与生理发育的成熟一般是同步的。我们转换成对元气的描述而言，性功能的成熟和生理发育的成熟，也是人体先天元气和后天元气相互共生到最旺盛的时期。如果说元气是人体生命的精华，负载着人生命的精微能量、物质和信息，那么生殖现象就是元气的传播现象。生殖现象是通过性行为施展的，施展过程其实就是元气消耗的过程。

从女性生理现象来看，月经通是性功能成熟的标志，亦即元气壮旺的标志。但女子的月事是天道为人类生殖繁衍特意安排的，故月事中既有元气之生，又有元气之耗。现在尚无现代实证科学进行严谨论证，故我们现在只能就已知理论作个推论。即，女性的月经发生，是指女性在月经周期中，因为排出的卵子没有与精子在输卵管相遇，不发生受精，不发生孕卵着床的现象，那么子宫内膜就会萎缩而脱落。因为被剥离的子宫内膜中有一种激活因子能使血中纤溶酶原成为纤溶酶，导致经血中纤维蛋白裂解而液化，成为经血而排出。由此可见，女子经期中“经来之前二日半”，是子宫内膜中内分泌激素最旺盛的阶段，亦即为“有元气一铢，由丹田降于子宫”，为受孕生殖而作预备性服务。如果这时受精而孕，这元气就为子宫怀孕而服务“付出”；如果这时不受精而孕，这元气就会随着经血的排出而消耗到体外。而“经后二日半”，则是卵子的重新培育成长期和子宫内膜重新构造期，故而也需要元气的新生去滋养。但从理论上讲，“经后二日半”的新生元气虽不会像“经来之前二日半”那样，元气有可能快速消耗到体外，而是滋养了卵子和子宫内膜或内膜中的内分泌激素。但如果经期中不受孕，它最后还是以卵子和子宫内膜的脱落而随之耗掉。而内丹养生是以后天返先天，当此之候而应时做功，则逆转天机，将消耗转变内存内养，将对外的生殖功用逆转为对内的自生，延年益寿自然是不言而喻的。

再则，天道安排女性有“生”与“育”两大功能，“生”在子宫，“育”在乳房。故子宫与乳房有天然通道相连，乳房的抚揉之功在于疏通与子宫的元气联系通道，得使下丹田之元气通过子宫顺利升入中丹田。因血化气，因气炼血；气旺血隐，气满血消。此即太阴炼形的过程与机理。

【原文】

以后功夫调熟[①]，只需凝神丹穴，其气自能上升还于丹穴，不必再用双手抚揉矣。唯经前如感元气已经发生而收入丹穴，则明日即须停功，以防将经血提入丹穴，致有丧失生命之危险，不可不慎。故当经至时停工，须直至经尽后二日半，方可再做功夫。如是行功不断，则功夫日进，渐返渐还，身中百病逐渐消除，精神亦感愉快兴奋。但须以正念自持，不使化成人欲。

【注释】

①以后功夫调熟：这里指通过一定阶段抚揉双乳和凝神养气，子宫的元气已经能够很容易升入绛宫中丹田。

【文译】

以后功夫层次升高了，也即经络已经很通畅，再下手行功，只需将神意凝聚于两乳间的中丹田，进行默默地寂照就行了。这时子宫里的元气会自动上升到中丹田，不必再行双手抚揉乳房的功夫了。唯值得特别注意的就是，要掌握好练功的时间这个火候。也就是说，经前经后实际上只有两次练功的机会。经来之前的两天半时间里，要在最先的时间下手行功。如果感到元气已经发生，并且通过行功吸到了中丹田，第二天就要停功，等它月经排泄。因为，在月经即将排泄的时候如果继续练功，就有可能将已变为废物的经血提到丹穴里，那问题可就大了，有可能危及生命。后者为严重的出偏现象，当慎之又慎。所以，月经将行时一定要停功，要等到月经干净后的两天半，方可再做功夫。而再做功夫也是将子宫元气还于丹穴即可。没有元气发生，就没必要做功夫。按照这个时间规律去做功，坚持不断，则功夫就会逐步提升，身中元气逐渐地生，逐渐地养，逐渐地壮大，身上内外的疾病也就会逐渐地减轻直至消除，人的精神也会越来越感到兴奋愉快。但功夫到了这个境界，要以正念自持，不要使之再化为后天人欲，有损功夫的长进。

【编者按】

该节文中并未清楚讲到每月练功只有两次，而文译中则肯定讲明只有两次。为什么能予以肯定？因为元气发生的规律使然。既然每月只有“经来之前二日半”和“经后二日半”才有元气一铢发生，而行功就是专为采摄元气归入丹穴，那么显而易见，只有“经来之前二日半”和“经后二日半”才是行功的关键。除此时间外练功，则不会与元气发生关系，练之无益。当然，这里应是就太阴炼形期间的静功而言。比如，“经后二日半”之后，虽练静功已无必要，但练练导引动功还是有益的。另外还当知道，太阴炼形一旦发生效用，初效是月经不正常会转为正常，大效是月经不断减少，直至消失。

该节文末所提“但须以正念自持，不使化成人欲”，是指身中元气壮旺后与生发中，人的生理上会发生一些异常的快感。如果这时不能持以正念，极容易引发强烈的性欲。此事不可不知，不可不慎。

【原文】

此功收效期间，当视年龄之老少而定迟速。大约二三十岁者，不过四五年；三十至四十余岁者，须五六年不等。功行已满，即经尽而还复童贞之体，是之谓斩赤龙。俟赤龙斩后，依旧照前日凝神炼性，适性功圆满，即证神仙之果。倘再服食金丹大药[1]，以烹以炼，则成金刚不坏法身，而证天仙之果。唯五十左右之妇人，经水已尽，则须时时凝神丹穴，以冀经水重来。否则，止可单修性功。若能经水重至，便有生机，照前法行持可耳。

【注释】

①金丹大药：用多种特殊矿物特殊烧炼而成。据说，有功夫基础的内丹家再服食金丹大药，可使肉身完全化为元炁之体，聚则成形，散则化炁，永生不灭；又具有行为无障碍的超时空功能，故被称之为天仙。

【文译】

练太阴炼形的收效时间，要看练功人下手练功时的年龄老少而定收效的快慢。一般来讲，二三十岁下手练功的，大约四五年能见效；三十到四十岁下手练功的，大约五六年能见效。总之，练功时年龄越小见效越快，年龄越大见效越慢。功夫做到家了，月经消失了，生理就返还到童贞时期的状况，这就叫“斩赤龙”。等到赤龙斩尽后，可以依照前面所讲凝神寂照丹穴的方法，日日凝神炼性，等待性功圆满，性命合一，这就达到了神仙的果位。倘若这时再有条件服食金丹大药，继而烹炼自己的肉身，则会成为金刚不坏的法身，那就达到天仙的果位了。唯有五十岁左右或更大年龄之女子，因为月经已经断绝，下手练功则要时时将神意凝聚于中丹田，以等待月经再现。否则，你不想练太阴炼形之功，那就只可单修性功。总之，若能把月经再炼出来，有了生机，就有了炼内丹的希望，就可照上面的法子去练。

【编者按】

此节文中所讲之性功，即一念不生的定静功夫。但文中针对的对象有两个层次，一个指斩除赤龙后的层次，这是个高层次，要求的是进入大定大静；一个指的是普通静功，要求的是消除杂念，进入较好的清静状态。前者的性功是为元气不断增强营造恒久的有利条件，后者的性功则是减少后天神意的干扰，使有限的先天得以保存，避免损耗。

女丹要言

纯阳吕祖 / 传

傅金铨 / 敬录

【原文】

精炁三华[①]自不衰，清空紫气[②]仰成规[③]；金丹九转[④]元君[⑤]炼，寿似黄安[⑥]坐宝龟。

“清空紫气”之文，元君之所授也。黄安，坐龟人。问几时坐起，答曰：“此龟畏日月之光，三十年出头一次，我坐是龟见三出头矣。”

【注释】

①精炁三华：即精炁神三种精华，此皆指先天元精、元炁、元神而言。

②清空紫气：即指先天混元一炁，实为三元之物混沌不分。

③仰成规：仰，依靠之义。如《后汉书·邓禹传》：“前无可仰之积，后无转馈之资。”规，圆也，此指浑圆之象。“仰成规”，即依靠它即成浑圆之象。

④金丹九转：古之丹家借用外丹烧炼之术，形容内丹修炼之法，言为“九转丹成”。此“九”既有概括为九个步骤者，也有指为最大阳数者，不可执著于一端，而应理解为一个复杂艰辛地化阳炼阳的修炼过程。

⑤元君：此似无专指，泛指前代修炼成功的女仙真，古代称女仙为元君，如玄武大帝的师父是紫虚元君，道教北七真之一的孙不二称孙元君。

⑥黄安：真人其事不详。据本文可知为古时修道高人，打坐于巨龟之上

能静修数十年，可谓奇罕之人、奇罕之事。

【文译】

有一首诗句，讲的是这样的意思：

先天元精、元气、元神这三样精华之物，若在人生命中存在，生命自然不会有衰败的时候；修炼中要把这三样精华之物化为混融不分的清空紫气，并持续维护它依靠它，使之成为一种无内无外的浑圆状态。

九转而成金丹，十分复杂艰辛，但古之女仙真就是这样炼成的。先有苦后才有甜，先下苦功练功，而后才能像古代仙家黄安那样，坐在宝龟上一坐就是九十年获得长寿的奇迹。

以上这首谈及“清空紫气”的诗句，是古之女仙家所传。诗句中提到的黄安，也即坐龟人。当年人们看到他在巨龟上座了很久很久，就问他：“你是什么时候开始坐到这只龟身上的，到现在有多长时间了？”他回答说：“我坐的这只龟害怕见日月之光，经常把头缩在肚子里，三十年才会伸一次头，我坐在它身上只见它伸过三次头。”

【编者按】

文章起首用的是引诱的手法，既把金丹大道的理法作了概括介绍，又用奇人异事诱人进入修炼之门。

【原文】

汝[①]等不明老阳[②]无声息，吾有一譬[③]，如月之初三是蛾眉，到十五六日乃圆者也[④]。妇人修炼如男子一样，难得者是皎洁[⑤]。须知妇人之欲过于男子，或到经水已过之后，其心如莲之初放，乘天之雨露才结其实。妇人若无男子，是孤阴矣。孤阴不生，莲花若不受雨露之恩，纵得之沃土，终归无用。天之雨露，非为万物发生计[6]，不虚此一举乎；雨露不受[7]于万物，是孤阳不长矣。夫道即物可证，随事可通。浅谈云为，皆具至理，无如人不思而通之耳。

【注释】

①汝：古语“你”之义。

②老阳：阴阳学说的一个术语，指的是阳气已经达到貌盛实衰的状态。例如，在一天中，上午八九点钟阳气虽未强盛，但已呈现出勃勃朝气，此称为少阳；而到下午四五点钟，光线倒还十分充足，但黄昏即将来临，这个时候就称为老阳。

③譬：即譬喻，打比方。

④到十五六日乃圆者也：引文原为“到五六日仍圆者也”。经断引文原有校对或排版之误，文中少一“十”字，错一“仍”字。因为初五初六月亮不会圆的，只有到十五、十六日月亮才会圆。用“仍”字，说明以前就是圆的，显然是不合实情的错字。而“乃”为“才”义，说明只有到十五、十六月亮才会圆。故此二处加以纠正，免误后人。

⑤皎洁：此处用月光的明亮皎洁来比喻修炼者需造就安静纯洁的心境。

⑥计：此处作“着想”理解。

⑦受：此处实通“授”义。

【文译】

练功为的是去阴留阳，化阴炼阳，但阳之所炼所采当不嫩不老，正当其时。我看你们许多人没有明白这个道理，一炼就炼过了头，不知温养沐浴，偏于老阳。要知老阳是缺乏生机的，炼之无益呀！

我给你们打个比方。例如，阴历每月的初三，这时月亮为一线月牙，称为蛾眉月，这是少阳之态。而到了十五、十六的晚上，月亮又圆又亮，这才是正阳之时。若再往后，那就叫老阳了。

功态下的阳气生发也跟月亮一样，只有类如十五、十六那个时候才是正阳之候，才当炼当采，当蓄当养。但也需知道，要得到类如十五、十六月亮般的阳气，也需要有类如十五、十六月光那般皎洁明净的心境作保障。因为，只有人心除，方能天心现。只有天心现，元阳才能生发壮旺。

妇女的丹功修炼，虽有下手的些微区别，但在总原则大方法上都是相同的。其中，最困难的就是心性很难修炼到像十五、十六月光那样明净皎洁，一尘不染。尤其要知道，女性欲念，特别是性欲，往往超过男性。当然，从人的后天关于性的阴阳现象上，也可以悟出修炼的道理。比如，女性在月经刚刚过去的时候，往往会有很强的性需求。这个时候的心理生理，就像莲苞初放，如果这时与男子发生性关系，就像莲苞受到天上雨露的滋润，就会怀孕，结莲子，这就是阴阳相配才能结丹的道理。如果一个女性始终没有能与男子发生性交配，她永远不会怀孕生孩子。因为，那是孤阴，孤阴是不能发挥“生”的功用的。就像莲花，若没有雨露的滋润，纵然生于沃土之中，也不会结出莲子来的。天地之间，地之沃土为阴，天之雨露为阳。如果属阳的天之雨露，不为生养万物着想，而飘洒在毫无生机的荒漠之上，岂不是毫无意义的虚空行为吗？天上的雨露不授予万物，这就是孤阳不生。

由此可知，修道的道理，都可以从接触到任何事物中证悟，都可以触类旁通。以上的语言看起来很浅淡，但却句句都是至理。无奈世上人大多都不愿动脑筋把这事想明白。

【编者按】

本节文章有两个要点值得注意。其一是女丹有关法诀。这里披露出的阴阳相配，既可视为清修法诀，也可视为男女双修法诀，甚至对于后者已经把关键挑明。我之所见，此是首次站在女丹法上论阴阳双修。其二是谈及修道者的悟性问题。这也是一个最普遍存在的问题。因为，大多数的修道者谈到悟性都是一知半解，以为某些法诀书上未说破，师父未说破，靠自己拼命地猜测把它猜测出来，这就是悟性，这却是大错特错。悟性反映的是一个人对于事物一点即明、触类旁通的能力。因为，客观世界中的有形现象千姿百态，无穷无尽，看起来极其复杂，其实，其中都有相通的规律法则存在。你把这个规律法则找到了，再面对大千世界，你看到的就简单多了，你应对事物就会以不变应万变了。丹道修炼同理。比如，丹道修炼离不开阴阳交合，而这阴阳有后天者，有先天者；有无形者，有有形者。而我们日常目睹身历的无数事物中，都能反映出这些阴阳接触的关系。你要去认识何为阴，何为阳；你要去认识在这种接触关系中阴与阳谁占主动，谁占被动；过程中阴阳关系是如何处置的，即和谐不和谐，结果如何；功过在某一方或双方……你要把这些都弄明白了，你对阴阳双修的法诀也就恍然大悟了。法诀跟路一样，原本是没有的，都是人开创的。因为，有了目标和方向的追求才会有路，因为有了道理才会有法诀。一个修道之人能即物可证，随事可通，就能由师父领进门而后自修自证，否则，一个没有悟性的人，即便跟着再高明的老师，他也终难修出很高的功夫。因为，功夫不同于世间其他技艺那样直观，可以操作，并且可以重复操作，而是要在自己的身心上再实践，再印证。所以说，悟性可以点拨，可以开发，但不能代替。一个人具有悟性并非天大之难事，只要多读书、多思考、多观察，日久天长，悟性自显。但悟性永远不会恩赐予懒惰的人。

【原文】

妇女可以按摩之法用之。当早起静坐一刻[①]，以右手向内接定心，左手[②]

在腹脐抚摩二十下，随手摩至腰，一揉一拍。左手按心，右手抚摩；右手按心，左手抚摩。两手在腰一揉一拍后，再用两手擦热，面上一擦，两手一擦，两手摩至两耳，一按一弹，弹后随揉至两肩一捻[③]，运动津液咽下。腰一伸立起，两手一挲[④]，走数步，再出外做事可也。晚间亦如此做。

【注释】

①当早起静坐一刻：即每当早起还在床上的时候，不慌起床，先静坐一会。一刻，为泛指，适宜时间为 30 ~ 60 分钟。

②左手：原文为“左一手”，其中“一”字实为多余字，今删去。

③捻：指一种来回滚动按摩的动作。

④挲：音 sā，即摩挲，指一种搓揉动作。

【文译】

女子丹法除行静功之外，还可以加进一些动功导引和按摩之法。现介绍一种按摩方法于下：

每当早晨起床那个时间，可以在床上先盘腿（双盘、单盘、自然盘皆可）静坐一会，安神定心，然后右手曲回按于胸口心窝部位；左手则往下按在肚脐之上，以肚脐为中心旋转揉摩（方向以自然习惯为宜）二十圈左右。完毕，右手再从肚脐处沿腰际抹到后腰命门处，做上下、左右或旋转式揉摩，约二十圈左右，然后再用右手适度拍打命门穴若干下。这为第一遍。接下来，换左手按于胸口心窝处（其作用为温照），右手往下按在肚脐上，行与左手相同之法。如此，根据时间情况，两手互换行施按摩之法。告一段落后，两手相合，搓擦生热，自下而上推摩面部，续推摩至两耳处，先以掌心用力按下耳朵，使耳朵里有轰鸣感，然后猛然一放耳朵，耳朵顿时有清空感。以上按放耳朵的动作可连续做几次。完毕后，两手掌沿耳朵后推至脑后风府穴处，沿脖颈做滚动碾压式地向下移动按摩，至肩停下。然后，闭口鼓漱，待口中生出津液，轻缓分次咽下。完毕后，做伸懒腰动作、伸腿动作、搓手动作，待一切正常后穿衣下床，在室内踱数步，然后从事正常工作。晚上睡觉前也可做此功。

【原文】

照服丸。

药方：首乌（二钱），核桃（三钱），麦冬（一两），熟地（一两半），故纸（六分），砂仁（三分），杜仲（八分），天冬（一两），生姜（三分）。

制法：上药九味，共研细末，以猪脂（猪脂者，猪油也。吃荤者用猪油，吃素者用人乳、牛乳与羊乳均可。乳，即酥也，非荤也。西北人所谓奶子茶者，即此。能令人壮精神，润颜色，黑发，延年。当年佛祖在雪山苦行时食之，故今佛门不忌。若假酥油，则多羊油矣，不如用人乳为是）半斤，和为丸。服一月精神强健，黑发强健，非他药可比。

服用法：每月逢寅午申亥日，用水一碗，称药三分。早起向东吸生气三口咽下，念曰："日出之光，本乎真阳，我取东方之正气，炼成玉液之琼浆。太乙金精贯顶，离宫炼就纯刚。明二气，化北方，原体在中央。"合掌伸七次，以指书"高上神霄长生无量保命天尊"于水碗内，吞服丸药。后向西方吸气一口，吞下之后任凭应酬事件。慎勿轻传非人。若大丹成就，再配药服之。

【编者按】

本节文比较容易理解，故不另作文译和注释。但有几点应予说明：一、按照药方介绍惯例对原文作了段落变动。二、药方剂量为古制，十分为一钱，十钱为一两，十六两为一斤，一斤相当于现在国际标准的五百克，可依国际标准换算。三、文中介绍的每月“寅午申亥”日，可找农历本查阅，但此事尚有综合因素，如环境、当日天气、季节等，不可机械照搬运用。四、书符念咒的根本道理，在于让人生神圣敬畏之心。若本具此心，也不必书符念咒也。五、药物服食，用之得当有助于练功，修道人当参酌用之。

女丹汇解

无量劫佛 / 编辑

广东月西老人 / 述

【原文】

玄天上帝[1]曰："《易》曰：'乾父坤母[2]。'阴阳之义，昭昭可考。有天地然后有男女，则阴阳之道又不言而喻，则是有天地之不可无男女也明矣。"

男受乾坤之变化而成其象，女亦秉乾坤之交泰而有形。凡具此形象者，皆具乾坤之炁，而同列于宇宙之间耳。

【注释】

①玄天上帝：道教崇奉的北方水神，本文作者托神之言以阐道。

②乾父坤母：乾与坤，是八卦中的两个卦象。而八卦则是用八种不同组合的阴阳卦象，来反映和说明宇宙自然中一切包含阴阳的物象运演生灭现象。八卦中的乾，表示纯阳，一切现象由乾而始生，故可比喻为父亲；八卦中的坤，表示纯阴，一切现象由坤而始成，故可比喻为母亲。宇宙间各种物象的产生和演化运变，都是乾坤阴阳交合运化的结果。此如子女众多，皆为父母所生，故称乾父坤母。

【文译】

玄天上帝说，《易经》中把"乾"喻为父，把"坤"喻为母，这已把宇宙自然中阴阳在千变万化的现象中所起的根本作用，揭示得一览无余。无论你再怎么去考证，最终也必然会落到这个明白的根本上。宇宙自然中的乾坤阴阳表现为，轻清者为乾，为天；重浊者为坤，为地。天地是一对阴阳，也是一对造化万物的父母。阴阳属性既然在宇宙自然中原本存在，所以宇宙自然中，不论何种物化层次，都有像人一样的男女之分。诚然，天就是男（父），地就是女（母）。有了天地的男女，然后也就有了万物的男女和人类之间的男女。你看，这其中的阴阳之道岂不是很明白吗？所以说，既然大自然的阴阳有天地之分，那么人世间的阴阳也就必然有男女之分。这是乾坤阴阳存在的普遍现象与规律，道理是明摆着的。

但我们又必须明白一个道理，在宇宙自然中，乾与坤的纯阳纯阴都属于先天之先天，而宇宙自然中所有现象都是由这先天之先天交合运化所生。故凡被生之物皆含有乾坤阴阳的双重属性，只是此种属性皆会因偏阳偏阴的趋向性而成为后天概念上的阴阳物象。例如，人类中的男女，男性是受乾坤交合变化中趋于乾阳而成男体，女性是受乾坤交合变化中趋于坤阴而成女形。不独是人，就是自然界中一切动植物，凡有形象可具，也无不是乾坤二炁所化，而成为宇宙万物平等的一员。

【编者按】

古代丹经道书多有借仙佛之名以立言者，此并非故意蒙人，实为提高立言之权威性。这种现象，好比现在名不见经传的写稿人，他文章虽然写得很好，但期刊社与出版社却不认同。他只好假借名家的名誉把稿子寄出去，稿子遂顺利被发表。

【原文】

今当慈航普度之际，宝伐共撑之时，男则教亦多术，竟舍坤维而不顾哉。

指男之玄精奥妙，不啻汗牛充栋；度女之法范典型，殊成寥寥无几也。吾切发悲悯而独论之是集之中，言虽广而少统论，以约束其妙焉。

【文译】

现今之时，向道人很多，也有很多的修炼家愿意并以实际行动，把向道之士用仙学的“宝船”把大家超度到理想的彼岸。但是历史上形成一个怪圈，有关男性修道的理论和方法，比比都有典籍和导师指引，而偏偏对于女性修道的典籍和导师，却难以寻觅，这个现象是很不公平的。正因为这个原因，我出于对女性这一缺憾所持的悲悯之心，要将女性修道作为一个专门的课题阐述在本文集之中。其中涉及的内容很多，但并没有笼统地去讲，而是有针对性地将一些精妙的东西披露出来。

【原文】

女子体属阴象，则阳又归于何所？体阴也，气阳也。气以形拟[①]则阴阳难以名状，气以血言则阴阳始有着落[②]。血本汗[③]也，非气而血不运动。气中含炁，而清浊以分。血又阴也，非阴中所蓄之阳炁，而气不流通。吾辨至此，不得一口而破其真矣。

【注释】

①拟：此处“拟”乃“比喻”之义。

②着落：即凭据，义为有凭据，可以说得明白。

③血本汗：中国传统中医学认为，汗为人体津液所化，与血液有着密切关系。由于“心主血”，汗是津液所化生，故称“汗为心之液”，并有“夺血者无汗，夺汗者无血”之说。故此所言之汗，乃是津液的代称，是一种广义

概念，非仅指毛孔排出之汗。

【文译】

若把男女的肉体作一阴阳分类，那么男子的肉体则属于阳象，而女子的肉体则属于阴象。既然男女各自皆为阴阳所化，身体内也必阴阳各具。那么，女子肉体生理的属性为阴象，则其中的阳又落实在什么地方，表现在什么地方？实际上，人的生命体之架构是由两种物质所承担，一是粗浊物质的肉体，一是精微物质的气。体粗浊则属阴，气精微则属阳。如果把气用可以见到的形体作比喻解释，就难以将它的阳与阴分别得很清楚。但是，如果把气与血联系起来分析研究，那么说阴说阳就有了凭据，就能说得很清楚很明白了。从传统中医学上讲，人体的血液是由人体津液之汗所化生。而由津液之汗化生为血，血又在血管里流动，这又都是气在其中发挥的功用。然而，气中还含有炁，此两者，气是后天的，炁则是先天的，后天气质浊，先天气质清。气因炁而生，炁因气而存。运布功能在气，作用根本在炁。两者合一，遍布于体内无微不至的地方。气与血比，血为阴，气为阳。阴血之所以能活泼流动，全在于含有炁的阳气所鼓运。而气的鼓运又依赖于炁，没有炁的根本和强壮，气的活泼流动也是不可能的。我把女性生命的阴阳问题分辨到这个程度，几乎等于一口气把相关真谛都讲完了。

【编者按】

本节文章对于女性生命体之阴阳辨析，就人生命体的共性而言，理论上是正确的。也就是说，这个正确的理论辨析，对解释男性生命的阴阳分类也是适用的。它并没有真正把男女的阴阳内涵剖析得十分透彻。其实，男女的所有阴阳分别，都要从性特征来进行分辨。因为性特征，男女有体形上的分别；因为性特征，男女有生理构造上的区别；因为性特征，男女有生殖功能上的区别。这些区别的内涵，才是分辨男女阴阳属性不同的根本凭据。

【原文】

气海[①]属阳，阳中含阴；血海[②]属阴，阴中藏阳。此穴此窍，中分隔膜，即十二时辰皆无停滞之候也。阳极而阴长，阴极而阳生。两两交会，足于三十而信动[③]矣。所交者阴阳，其实炁为之交耳。此一窍也，一分为二，信停[④]而炁则冲，信露而炁则泄。故月信动宜止其功。若炁泄而功仍不止，则引浊气而冲些子[⑤]之玄矣。可不戒哉！

【注释】

①气海：古之穴窍名称多不统一，如气海，有指膻中之穴，有指下丹田之穴。本文实指下丹田部位。

②血海：应指女子子宫血元之地。

③足于三十而信动：够三十天就达到圆满，从而能使人有可供辨识的特殊信息与征兆发生。

④信停：此“停”字，实为“至”义。

⑤些子：形容极其精微。

【文译】

再拿下丹田气海与子宫血海的属性分别，以及相互交合运化的关系来看，丹田气海属阳，但此阳阳中含阴；子宫血海属阴，但此阴阴中藏阳。气海与血海之间有隔膜相分，但它们互相之间的阴阳交合运化，昼夜之间是没有一刻停顿的。阳运化到最大极限时阴就开始生发，阴达到最大极限时阳就开始萌动。阴阳在交合中相互循环，又在相互循环中交合。女性体内阴阳的交合循环，直接受月球引力的影响。而月球与太阳在被地球间隔的情况下，也发生着阴与阳的交合循环。这一交合循环，从而形成月亮每三十天要发生一次圆缺盈亏的周期变化。而月亮的这一周期变化，又以引力影响着地球人类女性的生理，而形成月经。月经发生的前兆称作月信。月信的萌动是气血之阳和血海之阴两者交汇达到最圆满状态的表现。所谓阴阳相交，溯其根本乃是炁的相交。此炁乃是乾与坤的化合之物，属纯粹先天之物。月信以征兆表现，既为乾与坤的化合之物，既为先天，那征兆出现的背景环境就叫作玄关一窍——不内不外，不上不下，不前不后，无方无所。但此玄关一窍以生灭分为二性：征兆到来，先天炁则有动象，生生不已；征兆过分显露，先天炁则退败为后天气，随赤龙而流泻。基于女性生理的这一特殊情况，修功者须注意，月信初至，玄关窍开，正是修功者千金难买的好时机。如果月信已过分显露，炁已化气，就要停功。否则，在炁已落入后天之浊气的情况下练功，会引动浊气破坏已经苦心修炼的那些精微先天元气之果实。这难道不值得十分注意吗？

【原文】

男子以精力中炁而贯①些子，女子以血中之炁而熏②些子。些子足而莲窍③足。莲窍足而抽添④始运，抽添运而始有甘露下降之说也。不知男子之精其炁充足，女子之血其炁甚微，故名之曰男阳而女阴也。修吾道者绝七情为本，断六欲为先，则微微之炁，又较胜于男子者多矣。何也？男子之心易动，女子之念略静；动则而炁易泄，静则而炁易长。一则易长，一则易泄，何啻⑤千里之谬欤！

【注释】

①贯：联通输布之义。

②熏：沐浴温养之义。

③莲窍：根据全文上下义，应指下丹田。下丹田炁动是在七情六欲消尽的条件下出现，好似出污泥而不染的莲花，故称莲窍。

④抽添：即抽铅添汞。用者，肾中之炁，汞者，心中之液。抽铅添汞之过程，即是小周天初运之过程，以炁养液，以液孕炁。

⑤啻：音 chì。何啻，即“岂止”之义。

【文译】

丹道常言，男子下手是炼精化气，女子下手是炼血化气。其中机理在于，男子要以精力之炁而贯通、输布、壮旺精微的先天元炁，女子要以血中之炁去熏沐、温养、滋长精微的先天之炁。就女性而言，精微的元炁充足，也反映为丹田炁的充足；丹田炁充足，才可能进行抽铅添汞的小周天运转；有了小周天的持续运转之功，才会有“白云朝天上，甘露洒须弥”的小周天气运气化之效果。有些人不清楚“男阳女阴”的原委，其实这是就男精女血而言。男子之精其中含先天元阳的成分多，而女子之血含先天元阳的成分少。多则为阳，少则为阴，故言男阳女阴。修我们女丹功的人，下手以断绝七情六欲为先，并且要做到干净彻底。那么，虽然血中之炁微少，但可以渐积渐累，由微而著。从这一点上讲，与男子相比，又会胜出许多。为什么这样讲？因为，男女之心略有不同，男子的心性容易被诱动，女子的心性相对较平静。心动者会导致炁的散泄，心静者则会保持炁的成长。一个容易散泄，一个能够成长，两者相比，其差距岂止千里万里！这就是女子修功的优越之处呀！

【原文】

男子七莲[①]易放难收，女子七莲易放易收。苟能真心不懈，不待三五之岁而甘露常降，七莲常开。开之易岂有采取之不易哉？男女之辨于此明矣。若集中之言虚言空，言玄言妙，言神言化，又男女之大同也。

【注释】

①七莲：喻指人之先天纯洁心性。

【文译】

男子的先天心性容易散放而落入后天情欲，再收回到先天心性状态很是困难；而女子的先天心性如果散放为后天情欲，再收回到先天心性状态就比较容易。只要能保持先天心性不被破坏，要不了三五年的工夫，先天元炁之甘露就会常降于身，先天心性也会像莲花那样吐苞洞开。先天心性的开启，即导致玄关一窍洞开，先天元炁则会如潺潺泉水源源而出。由此可以看出，只要先天心性的关窍在开启着，对先天元炁的采取难道还有什么困难吗？从心性上分析，男女之别已经很明白无误了。当然，若从修功的共性上讲，言虚言空，言玄言妙，言神言化，男与女又是相同的。

【原文】

吾再分明而辨其真焉。果何辨乎？男子则以胎名，女子则不言胎而单以息名者，恐后世之人错认胎字，卒①受诬名，乌乎②可！女子之息不结则已，一结而封固，二结而自守，三结而稳根。强此三者故，所易放而易收，贞女节志，可不急急以悟其妙耶！

而追而论之，女子之气息，原体本柔，所不柔者，后起之害也。有志超尘者，只戒一个“刚”字，常切一个“柔”字，苟常柔温不息，则虚也妙也空也玄也，尽备“柔”字，包括于万物也。

【注释】

①卒：古时最早指人的死亡，诸如生卒年，等等，后引伸为“终”的意思。

②乌乎：古时感叹语。但此感叹语与相连的实义字联系在一起，也可以表达一定的意思。例如，“乌乎可”，就表示“这怎么能都可以呢”。

【文译】

我再仔细地把其中的真谛加以分辨。究竟怎么去分辨呢？例如，古时丹经对于性命合一的先天元气在身中凝结，若是男性练功者，就称之为结胎；对于女性练功者则从来不称结胎，而称之为得真息。为什么要这样分别地称呼，就是怕后人误解了这个“胎”字，最终把先天元气的生命肇始之源，误解成子宫所孕肉体之胎儿了，这怎么可以呢？

女子的真息不结，那是未练功或练功不得法所致。一旦凝结，首期的效验就是能够很好地存养，不会受外因影响而遭受破坏；再进一步凝结，就成为自凝自结，道法自然；到了最后深程度的凝结，生命之根就永恒地稳固起来。能使这三个递进阶段得到强化，就在于女子具有那个易放易收的真性。有气节、有志向的纯洁正义女子，还不快快地体悟其中的奥妙，以加速练功的进程么！

更进一步去讨论女子的气息，从先天本质上讲，它是柔性的。之所以不能柔和，这都是后天的不当身心行为对它本性造成的伤害所致。有志脱俗而修道者，只需时时戒掉一个“刚”字，常常保存一个“柔”字。如果能永不间断地保守柔和温顺的先天本性，那么，什么虚、妙、空、玄一切先天境界，都会囊括在这个柔和温顺的先天本性之中。你想一想，既然有了虚妙空玄的先天境界，那也就处于天人合一的状态了。在这个境界中，就连天地万物都包含在其中了。

【原文】

再者，男子之神[①]出，必至纯至阳而始有脱壳之机，阳中含阴也。女子神出真不同于男子之神也。又何也？女子造三阳[②]之时，即可脱化百里之遥。造至纯老二阳[③]之会，则一出永出，断无夭折之患也。盖男子阳中含阴，女子阴中含阳；男子阴在内而阳在外，女子阴在外而阳在内。阳胜则诸阴易退。

吾今不惜真脉道破于斯，无非切望早成真者之多耳。

【注释】

①神：指阳神。按古代丹经介绍，阳神是特经修炼而得的再造先天生命，属先天元气聚合之体，具有后天肉体生命的全部特征。但肉体生命有生有死，阳神却永生不死；肉体生命身心行为受内外时空限制，阳神却无时空障碍，纵横六合。

②三阳：丹经本指心中之液、肾中之气和丹田元气。但观此“三阳”，联系下句“纯老二阳”，当为“少阳”之误。故文译以“少阳”解之。

③纯老二阳：指纯阳与老阳。按阳神之锻炼过程，初步为少阳之神，进而为纯阳之神，终而为老阳之神。

【文译】

再从另外一个方面讲，对男性而言，修炼到阳神出壳的地步，这时的阳神必须要达到最纯最阳，才算出壳的成熟时机。因为，从后天而言，男性之体属于离卦之象，阳中含阴，外阳而内阴。阳中所含之阴若不炼尽，神总归阴神。而女性就不一样了，以后天而言，女性之体属于坎卦之象，阴中含阳，外阴而内阳。所以，从神上来讲，内核即属阳性，因而在外的阴是容易褪掉的。不像男性，神的内核属阴，要靠在外的阳来锻炼、补充，以改变阴的性质。若阴性不能彻底改变，那就难以出壳。女性修炼到神成为少阳之神时就可以出壳，就可以在方圆百里纵横自在。而修炼到神成为纯阳到老阳的阶段，阳神则可以脱离肉体，一出永出，生命从此再没有夭折的担忧了。男女之神的本质区别，就在处于核心的阴与阳。男子的核心之神属阴，护神之气为阳，神有一分阴在，即不能称为至阳之神，故以阳炼阴的过程就比较艰苦漫长。女子的核心之神属阳，护神之气为阴，神有一分阳在，就可以借以炼尽外在之阴气，使之转化为阳，与核心阳神合而为一，所以，女性神的锻炼过程相对简短。这即是女子丹道修炼的优势所在。

我今天不顾遭受天谴的罪过，把女子丹法的核心机密尽数道破，无非希望女子修道者多一些，成功者多一些。

【编者按】

这一节从神的阴阳上分辨男女之别，从理论上讲确有些道理，但实践真否如此，未见古丹经有这方面的介绍。因为，这样的探讨讲解，都只能是理论上的假设，缺乏科学上的依据，我们只能把它理解成对女性的一种鼓励。若有今日之女性能精进勤修，最后能以实证证明这一理论上的假设，那将为后学者打开了一扇光明之门。

【原文】

玄天上帝批曰：可知女子之的丹乎？吾今所分者的的确确。至他法他诀，本同男子，其不同者，此中之窍诀也。

广元佛批曰：结丹、神化、脱胎，原本虚无自然，何有功用之可说乎？

【文译】

对于以上披露的女丹奥秘，玄天上帝曾于典籍上批注说：你们可知道女子丹法的真谛吗？我于以上丹诀中已经详细分辨清楚了。至于其他方面的法诀，跟男子大体是一样的。所不同的地方，就是以上披露的诀窍。

广元佛也批注说：到了结丹（炁凝为丹）、神化（后天神转化为先天神）、脱胎（阳神出壳）的阶段，原本就是人处虚无，法归自然，哪里会有什么功夫和作用而言呢？

【原文】

金沙古佛曰：大呼同缘，细听吾言：

历年修炼，却也心虔，功难上身，岂无弊端？

有法无法，常常点穿；有念无念，却也细谈。

多犯拘泥，又是哪端？多犯执著，又是何愆[①]？

皆由世俗，杂于后先[②]。后乃六欲，先乃灵元，

先后并用，灵炁不翻[③]。

先天之炁，一线牵连，三关九窍，窃窃皆然。

一杂后起[④]，便隔玄关，先天炁阻，九窍不安。

一坐之后，节节辛酸，遍体拘强[⑤]，炁未能关[⑥]。

一窍未到，患即相缠。尔等修炼，谁知此番？

吾发慈悲，下细指穿[⑦]。

以便防患，莫怪上仙，以法误尔，个个胆寒。

先后有气，只分寸念，念本难净，须听自然。

切勿拘念，拘即阻关。

中田一炁，全体聚焉，仙云采取，采取先天。

后天念绝，先天自然，合而为一，三关[⑧]充满，

配合阴阳，两两相连。

阴消阳长，固结一团，丹从此长，芽从此沾。

【注释】

①愆：音 qiān，指过失、错误。

②后先：指后天气与先天炁。

③灵炁不翻：翻，这里指颠倒错乱之义。灵炁不翻，指先天灵炁不会发生颠倒错乱，导致生命系统的机制紊乱。

④一杂后起：指一旦夹杂了后天念欲的生发与活动。

⑤遍体拘强：即遍身僵滞之义。强，僵直的意思；拘，阻滞的意思。

⑥炁未能关：此处“关”字，即关照之义。

⑦下细指穿：下，深入之义；细，细致、详细之义；指，一点一点的意思；穿，透彻明白。全句义即“深入细致地把一个个具体的问题讲清楚”。

⑧三关：丹经本指督脉线上尾闾、夹脊与玉枕为三关。因气通此三处较为艰难，故称三关。但据本节文义，此“三关”乃为泛指，可理解为人体的上中下三部分。

【文译】

我要大声疾呼我们修道的女同仁们，请你们听一听我苦口婆心的话语。

我看你们许多人都是有着多年修炼经历的，而且向道之心也非常虔诚。但是许多人修来修去，功夫却总上不了身。这其中难道不是因为存在着许多弊端所导致的吗？其实，以前我对女同修们练功中关于有法与无法的辩证关系，也都经常透彻地讲过；对于有念与无念特征的分辨及对应处理的问题，也都细致地做过分析。尽管如此，许多人还是听义泥义，用法拘法，执著性很强，不能融会贯通，活学活用。这究竟是什么原因呢？又是犯的一种什么错误呢？其实，这都在于同修们从世俗而来，不免带有世俗人常有的习性，一时难以除尽。故在练功中，这些由世俗带来的杂念，常常掺杂于后天状态而影响到先天状态。这里所说的后天，指的是人的七情六欲；这里所说的先天，指的是人的先天真灵本性。如果后天的七情六欲能呈现在一种正常状态下，不偏不倚，不失中和，那么就会与先天真灵本性保持由先天而后天的一致性，供其能量的真灵元炁，也不会发生供应系统与供应过程的紊乱。先天元气在先天自然状态下，对生命体而言，它呈一个极有程序规律的生命能源输布状态。生命体的每一个宏观微观结构，都与它息息相关。但是，人的后天思虑活动却不能顺应这一先天状态的总规律，反而逆向地破坏这一先天规律。那么，生命的气机便与先天这种最混沌和谐的元气状态，即丹家所谓的"玄关"状态，成为天地之隔。当这种隔阂存在，先天元气就不能顺畅地对生命进行能源输布，生命体的各个重要机构就会出现故障，不是生病，就是某个地方不舒服。在这种情况下打坐练功，只能越坐越不舒服，轻则腰酸背痛，重则还会坐出病来。因为身体经络遭到破坏，元气的输布系统处处阻滞不畅，所以整个身体都是僵滞的，元气无法通过一个个关窍。而只要有一个关窍阻滞了元气的通行，病患就会不断缠身。你们这些修炼之人，懂得这其中道理的又有几人呢？所以，我发下悲悯之心，一定要将这些道理仔细地讲清楚，以使同修们防患于未然。这样做了以后，如果还有人在修炼上犯错误，那就怪不得仙真没把道理讲清楚，以致耽误了谁，使人们对前辈仙真感到失望。

人体元气有先天与后天之别，要让自己在这两者之间选择一个存在状态，即，是处在先天之炁的状态，还是处在后天气的状态，主导者就是人的意念了。人的心意平和安静，就会进入先天炁的状态，人的心意杂乱躁动，就会落入后天气的状态。练功之时，一定要消除杂念，之后才能由后天转入先天。但消除杂念要有个循序渐进的过程，不是一下子就能斩断干净的。所以，首先要心态平和，杂念出现了任生任灭，不去扶持，顺其自然，最后它就慢慢消除了。切不要强制性地去遏制斩杀杂念，那样只会是斩去了这个杂念，又滋生出那个杂念，结果把与先天炁联系的通道给关上了。

女丹修炼为什么要从中丹田下手起步呢？因为，中丹田是藏炁之所，女子炼血化炁之根就在这里。这里的先天气有了生长势头，全身的元气都会向这里汇聚。待这里元气发展壮大以后，再向全身全面输布。所以，在中丹田下手做功，古仙家称之为“采取”。采取什么？采取的是先天之炁。心态在功态下的作用十分重要。心态平静，此心态就属先天真意，就会营造先天境界，采摄先天元气；心态杂乱，此心态就属后天识神，则会落在后天境界，与后天呼吸之气为伍，而与先天无缘。只有后天的杂念消除，才会顺然进入先天境界。在先天状态下，心与息、性与命是合二为一的。故而炁的输布是全息性的，无偏激的。在这个先天状态下，只要保持心息相依，动静自然，阴与阳就是互生互助的关系，阴长阳消，阳长阴退，相抱不分，无限循环。

阴阳合一了就是丹，心息合一了就称为胎，铅汞合成了就称为药，这都是比喻。心息相依的先天状态持续不断，丹就不断合成、升华；性命相合的先天状态持续不断，丹就不断合成、升华；性命相合的先天状态持续不断，就如同土壤里深埋的种子，萌芽破土，进而茁壮成长。这就是心态在做功中的重要作用。

【原文】

今察众生，每患病缠；皆属先后[①]，未分界限。

吾与点出，个个思勉。

未上座时，先须散淡[②]；无拘无束，活泼自然。

然后上座，更无拘牵。

随其念来，随自出焉。随其自化，只将神全。

念若堆积，毫不沾绊，闭目思睡，身化形完[③]。

无人无我，死尸一团，如此用功，病自安然。

更不惹病，全体舒安。

拘念炁阻[④]，火即焚原[⑤]，着意炁散[⑥]，邪更燎燃，

病从此起，烧干真元。

女子血海，气化出焉[⑦]，邪火一动，蒸透命原。

血渐枯槁，医治难痊。

血动之时，更宜舒展[⑧]；燥气勿发，怒气勿沾。

念更宜净，神更宜恬，随其纷尽，始坐自然。

倘作躁怒，触犯中田，朝夕心垫[⑨]，口苦舌干。

皆由此起，谁辨此端。

修炼之人，丝毫勿犯，稍着尘迹，大坏真元。

尔不自觉，患即来前。身冷身热，皆由有偏。

莫谓修炼，却病延年，倘不知检，患莫大焉。

一时一刻，念念检点，勿犯勿触，易长灵丹。

不须期望，玄而自玄，不必苦功，丹结九转。

不必苦坐，无时不禅，亲居行住，皆长灵丹。

【注释】

①先后：指先天与后天。

②散淡：指清闲淡泊的心情。

③身化形完：指身体化解不存在了，或者说不知有身体的存在。

④拘念炁阻：意思是，如果强行去遏制念头不让其生发，则会使元气的输布受到阻碍。

⑤火即焚原：火，即后天识神之火，平淡用之为文火，专一用之为武火，强制用之为邪火。邪火动，会燃烧得使全体不安，就像整个草原都着了火。

故名“焚原”。

⑥着意炁散：如果后天意识太重，就会使刚刚聚集的一点先天元气又归于消散。

⑦女子血海，气化出焉：女性的血海，是先天元气滋生萌发的地方，如果落入有形的后天，先天气就会化为后天的经血。

⑧血动之时，更宜舒展：每当月经欲来之时，心情更要舒展愉快。

⑨朝夕心垫：早早晚晚心里就像有块石头在堵着，不舒畅，不安然。

【文译】

我们现在去看看世俗社会的芸芸众生，他们每每患病的根本原因，就是没能把先天与后天的界限分清，同时没能把两者的关系处理好。那么，我要将这个道理明白地讲出来，希望你们个个能明悉其理，精进修炼。

例如，我们修炼打坐的静功，还未开始打坐的时候，先要保持一个清净安闲的心情。但这个心情是自然而然形成的，所以它是无拘无束的，又是灵动活泼的，而不是孤寂死板的。有了这个散淡的心境，我们才可以打坐。一旦打坐，原先保持的散淡心境不但不能破坏，而且还要更加自由散淡。如果有什么念头出现，随它来随它去。因为这些来去的念头也都是散淡的，所以来去都是自然轻松的，自生自灭，自演自化。先天的真意没有丝毫触动，所以先天元神也是混沌圆满的，而内丹修炼的最高收获就是要达到气满神全。如果念头一个接着一个出现，你既不要参与进去，也不要焦急制止，直跟它两不相干，而去营造睡觉状态，什么都放下不管了，甚至自己的肉体都消归无有。既无对外界一切的感觉与牵连，也无对自己肉体的关注，就如同活死人一般（编者按：这就是出自自然，待之自然。出自自然，就是人的思想虽然属于后天识神范围，但其思想并没有偏激执著的思虑杂念，是轻松的、活泼的、容易净化的。所以，这种心态虽然属于后天，却与先天保持着正常和谐的联系。待之自然，就是后天的念头出现了，却以真意明神居以意识的主庭，以其恬淡无欲、中正无偏、勿忘勿助的本态，让后天念头自来自去，自消自化。此既是理论，也是法诀。读者当品而试之，定有显效）。

修功者只要按照以上的法诀细心体验地用功，有病者病就会逐渐减轻，直到康复；无病者健康状况则会越来越好，更不会再有病患之忧（编者按：由此可以看出，健康状况与人的观念有着很大的关系，这其中的奥秘是与元气有关的。人的生命中有三神，即元神、明神和识神。元神为先天之神，识神为后天之神，明神则为先天之后天、后天之先天之神。它们三者，从特征上来看是有分别的，从能量供应来看则都是先天元气。后天识神若处于经常的天真纯朴，轻松活泼，它对先天元气的消耗就处在先天程序的设定范围内，输布渠道通畅，输布量正常，故有益于人体健康。一旦进入修功状态，此元气能量又处于贮备状态，故而更有益于人体健康。而若后天识神活动偏激，亦即私欲杂念过重，且一刻不能停止，这就大大增加了先天元气的消耗。这一消耗，不仅造成了元神和明神的元气不能正常供应，而且还会因为输布渠道负荷严重超标，导致经络气脉的阻塞和各种破坏，以致引发各种疾病。而修功则是从心态调节上，由后天返还先天，把被破坏的经络气脉再修复如初。这样，疾病就会在修功过程中逐渐减轻，以至消除。当然，心态调节在练功中的作用很关键，但也不是唯一的。它还需要在形体锻炼上，在呼吸调节上，进行全方位系统地修炼，才会达到练功效果的整体收益）。

念头来了，你如果强行去遏制，那就阻断了元气正常输布的通道。而你强行去遏制的这种念头，要比原来的念头更为偏激，功法里称之为“邪火”。邪火炽烈会烧遍全身，会招致很多出偏性病患。但是，念头来了，你虽没有去强行遏制，但却又参与到念头中去而不能自拔，这在功法里叫“着意”。着意是邪火的另一种表现，它破坏了元气正常的输布通道，而导致元气散漫走失。但这种邪火却因为执著会更加炽烈地焚烧，使身体不得安然，疾病愈发增多。

由此可见，人们患病的起因绝大多数与精神状态有关。如果治病不从精神上、思想上、心态上找原因，消除隐患，那么病患就不会消除或减轻。它们会继续以邪火的形式消耗元气并破坏元气，以致最终把生命体中的元气燃烧殆尽。

女性的子宫是月经的产地，名曰血海。血海之血本于元气气化而生。人如果私欲杂虑过重，就会引燃邪火去严重破坏和消耗元气。正常的月经也会变得不正常，可能导致经血干涸或色泽污浊，由此会连锁性引发各种病症。所以，对一个修丹功的女性来说，尤要引起注意。每当月经欲来之时，心情更要保持一种愉快舒展的状态，千万不要暴躁，更不能发怒，念头要更加净化，心神要更加恬淡。纵然偶尔生出些念头，也如同天上飘动的朵朵白云，随它来，随它去。在这样的状态下打坐，才算得上自然而然，才算得上真清净。反之，如果心情不好，又好暴躁，又爱发怒，直接触犯的就是中丹田。中丹田是藏气之所。气被搅乱，人心里早早晚晚就像堵着块石头，不能通畅，而且老是口苦舌干，极其难受。

总而言之，人的许多病患，追根溯源，都是由精神思想偏激所造成的，但很少有人能认清这个奥秘。现在我们已经明白了这个道理，那就要从修炼中认真去解决它。达标的修道之心是一尘不染的。但凡有一点后天凡心未泯，先天元气的生发就会受到影响，也不清纯。有些修功之人不重视这个问题，所以很容易招致病患，不是身体发冷，就是发热。这些往往都是由于出偏引起的。像这种情况，不知扭转改变，还在进行所谓的修炼，到头来莫说不能却病延年，如果不能迷途知返，还会大祸临头。所以，修炼之人每时每刻都要检点自己的思想行为。只要能彻底消除私欲杂念，去掉后天凡心，先天元气的灵丹就会旺盛生长。你也不必期望它什么时候成熟，到了该成熟的时候，它自然就会成熟。不必苦苦地去修炼什么特殊功夫，只要以清净心去恒持，就会完成九转还丹的功果。也不必苦苦地去打坐，只要以清净心去恒持，无时无刻也都处于参禅的境界。也就是说，只要做到“行住坐卧不离清净”，时时刻刻都是功夫，时时刻刻皆长灵丹。

【编者按】

金丹修炼的基础功夫为性命双修。而许多从事修炼的人，往往只注重于命功修炼，却忽视了性功修炼。岂不知，就绝大多数人而言，性修环节对他们却特别重要。甚而可以说，在性与命的修炼中，性功的比重大约要占到百分之九十五。这百分之九十五的性功修炼解决好了，剩下那百分之五的命功则易如反掌。正因为性功修炼的艰巨性，所以有些人甚至鄙夷命功修炼。道教全真派也把性功放在首位。据说，北七真之一的丘处机，当年在龙门磻溪曾花数十年功夫修性炼性。当然，性功是不能完全替代命功的。但性功的完成，它会从穷理尽性，它会从节流开源等诸多方面，为命功修炼打下坚实的基础。本篇文章为了强调性功的作用，似乎不注重命功的介绍。非不知命功之必要，是传道的方式使然也。

【原文】

尔等修炼，心非不专；后起参入①，先天隔断。

鲜不受病，何怪诸仙；吾今点出，细心相参。

一切妙法，利刃割完；毫发无差②，丝毫勿沾。

朝夕优游，洒洒安闲；有食无食，莫挂心间。

有作无作③，更无局旋④；如是百日，妙景自添。

一字不泥⑤，化如水泉；始算真修，始算真炼。

修本除恶，炼本浑全；有形加炼，病自入焉。

无形自炼，炼乃真玄；今日吾临，万象概删。

先防六贼[6]，亦听自然；有心而防，难中之难。

无心而防，势必自坚；牢不可破，何用防闲。

大众妇女，同心勉旃[7]；身居何等，念立何愿。

事本寻常，切莫看难；易何如之，只分尘缘。

念尽即佛，欲尽即仙；仙佛无异，度尽尘寰。

尔本有心，炼成金仙；不炼自成，不玄自玄。

念与妄想，打扫勿沾；朝朝快乐，便是神仙。

常常如此，何愁西天；吾来度尔，金身全换。

尔等自量，自贵自专；吾言虽浅，妙更深探。

自始至终，大法备全。

【注释】

①后起参入：指后天生起的杂念掺杂到了功态当中。

②毫发无差：结合前后语句的意思，本句中“差”字似为一误字，应为“染”。即“毫发无染”。

③作：指“事”，或“做事”。

④局旋：局，意思是把事放在心上忘不掉；旋，是指为了事情去奔波周旋而操劳。

⑤一字不泥：一字，指哪怕细小的一个方法、一句口诀；不泥，指不要拘泥。

⑥六贼：指眼耳鼻舌身意，这是借用佛教的说法。佛教认为，眼耳鼻舌身意，是人对外感知的六大门户，眼观色，耳听声，鼻嗅气，舌尝味，身触感，意生思，一切贪欲导致的罪恶都是由这六个感官之门所造成，故称其为六贼。

⑦旃：此“旃”字在这里通“毡”，指打坐的蒲团，泛指丹道修炼功夫。

【文译】

你们大家从事修炼，也并不是不专心，但为什么收效甚微呢？这都是由于在练功中有相当多的后天杂念掺入，把先天元气到来的通道阻隔断了。你们想想，生命体中没有先天元气的补充与滋养，身体不生病那才是新鲜事，这难道能责怪众多的仙真没能帮助你们吗？今天我把这个道理点破，你们大家仔细想一想，看是不是这样。

关于下手修炼的法诀，是绝七情为本，断六欲为先，是无需什么方法秘诀的。如果你要想去寻找什么妙法来行施这一功夫，那你就及早把这种念头打消。如果别人对你介绍什么妙法秘诀，你也一概不要去试用。你要把寄托于“法”“诀”的念头消除殆尽，丝毫不去沾染。因为，此步功夫，无为便是大法，也叫作无法之法。如果你执著于什么可供操作的有为之法，那你的心就不能彻底清净，功夫就达不到彻底的无为。因为，有一丝一毫的后天之物不能去除，先天元气就不会源源不断地到来。所以，此步下手功夫保持清静无为特别重要，早晚任何时候，心地都是清净的、安闲的、洒脱的、空灵的。衣食上，吃好吃坏，穿好穿坏，都无所谓，不要挂在心上；有事做，无事做，是大事，是小事，也一概不去计较，不去耿耿于怀，不去奔波操劳。如果能保持如此的心境在一百天以上，那么功夫的效果就会自然出现，你就会感受到先天元气在身中萌生、源源不断、逐步壮旺的特殊美妙感受。如果保持如此状态修持到一年左右，那么先天元气在身中所给人的感受就是千变万化，玄妙莫测。然而，这一切都是自然而然出现的，也都是自然造化的结果，没有什么神奇的。

做功夫不要局限在一个“修”字上，在“修”的同时要兼顾到“炼”。但无论“修”也好，“炼”也罢，都不要在字眼上去执著，去钻牛角尖，把功夫行为搞僵化了。实际上，修中有炼，炼中有修。有修之不修，有不修之修；有炼而非炼，有不炼之炼。你只有把修炼的内涵搞明白了，行施起来圆通无碍了，那才算真修，那才算真炼。所谓修与炼各有分别，那是让你大致明白其中的意思。“修”，指的是把身心上的各种不良行为铲除掉；“炼”，指的是把身心上的纯洁状态恒久地保持，使之纯而又纯。可见，所谓“炼”，只是无为地恒持，并不需要有作有为的方法。如果认为采取什么方法才能更有效地去“炼”，那就出偏了，就是误入歧途。只有无作无为的“炼”，才是真炼，才有真实效果。今天，我为你们讲解功夫法诀，就是要求你们下手把一切有形有象有作有为的方法一概去掉。

例如，我们讲到下手功夫的绝七情，断六欲，实际上也是要顺乎自然，以平静心逐步去克服，不能有心去绝，存心去断。否则，以一个斩之心去斩绝，就如同以油去灭火，只会滋长情欲，把本来复杂的心境搞得更为复杂了。只有以恬淡中和之心去绝，去断，乃是不绝自绝，不断自断。这就像锅炉，你不往里添燃料，火自然就熄灭了。这样的决断效果才是最彻底最长久的、最牢不可破的。

我呼吁大众修道的妇女同胞，大家要同心同德互勉互助来做好功夫。你想把你的肉身修到怎样高的果位，与你所发的愿力大小是相等的，有什么愿力就有什么样的结果。修道，实际上也是极其平常的事情，不要把它看得太难了。但要说它很容易，为什么又有那么多的人修不成功呢？这都在于人们跟尘缘相处的态度所决定。人脑子里没有了念头，就成了佛；人心里消除了一切情欲，那就是仙。仙与佛没有本质的区别，他们都是以身心的高度升华而证得仙佛果位，尔后来超度世人。

你们都是发过誓愿今生今世要修成金仙的人，但要牢记“不炼自成，不玄自玄”这个无为而修的法诀，把一切贪欲之念、理想之念、依托之念统统打消，朝朝夕夕，保持心境活泼空灵，那就进入神仙境界了。恒久如此，何愁修不成大罗金仙。我来超度你们，是想让你们都修成不坏的金身。望你们自思自量，自己珍视自己，自己专心用功。我的言语虽然说得粗浅，但其中却有值得你们深探的道理。只要你们深谙“无为”之内涵，在功夫修持的全过程中，一切大法都包含在其中了。

【编者按】

本节文义是强调在下手之时首从性功入手，并采取最上上乘之无为大法。从理论上讲，无为之法确属上上乘法，不二大法。佛教之禅宗即教人由此顿超直入。但自古及今，下手便能用好此顿超直入之法的，万中难得一人。可见，此法说易极易，只一个“放心”即可，但真正实行起来，对大多数人而言，非历尽千难万险，实难找到“放心”之法。故而，我以为，类似的开导之言，实质对大多数修道者来说，起到的多只是鼓励作用。下手行功，绝七情，断六欲，还是需要使用渐法，一步一步地来，但同时也要深悟顿法之理、之要。也许某一天，渐法功夫做得顺遂，一下子就进入顿悟之境，无为大法就被你油然掌握了。

【原文】

金沙古佛曰：法不妙来诀不妙，妙在火候第一要。

道由无极以生，无极原蕴夫窍[①]。精[②]从此处发，炁[③]从此处兆，药[④]从此处生，胎[⑤]从此处保。

细审机自跃，活活与泼泼，渊渊与浩浩，皆由此处发根窍。

以大处而论，百脉皆由无极分形造；以细密而言，又属无形无象却原万化尽包到。男女俱同，此至宝只分血、精两条。

男精逆行而成仙，女血直腾归心窍。故而各有各法，各有各照[⑥]。

妇女功虽用凝字法，莫将心地紧相抱⑦；

如果意马难拴住，稍着片上血海潮⑧。

血海与气海，两下有分晓；血海以前只七分，此处即是气海窍。窍在那不上不下不左不右一妙窍，血化气凝化炁妙。

后天之气先天化，一杂人欲便隔到。

有后无先成凡种，仙凡各异须知道。

道在此处不算道，炁必归根无极窍，

方能凝成此灵苗，方能结丹火候到。

【注释】

①窍：此“窍”既指下丹田气海穴，又指玄关一窍。玄关一窍无形无象，为修功者进入无欲无念无思无为之天人合发境界。但玄关窍一开，必然会从丹田产生先天炁萌发的兆象。而这后者是有体有位，有处可寻觅的，前后两者又是一体二现。

②精：此指先天元精。

③炁：此指先天元气。

④药：先天元气、先天元精、先天元神皆为药，药经凝练合成方为丹。

⑤胎：即“圣胎”，是“丹”的进一步升华之结果。以物质、能量、信息生命构成三要素而言，“丹”的性质为物质性第一、能量性第二、信息性第三。而“胎”的性质为能量性第一、信息性第二、物质性第三。到了“婴儿现象”，其性质则为信息性第一、能量性第二、物质性第三。而到“阳神脱壳”，其性质为信息性第一、能量性第二，却没有物质性了。

⑥各有各照：照，即关照，实指火候的把握与调控。因男女不同、老少不同、身体康衰不同，故于不同的情况、不同的门派传承，乃有不同的下手火候调控方法，故谓“各有各照”。

⑦莫将心地紧相抱：意思是不要刻意顽固地去意守某一种状态。

⑧如果意马难拴住，稍着片上血海潮：意思是说，如果杂念太多，又难以遏制，可以将意念专注于子宫进行片刻的意守。这个方法是以一念代万念，以正念代杂念，以有依有傍代漫无边际。

【文译】

金沙古佛说：在功夫修持中，再好的法诀都不过是借用的手段，再好也好不过功夫实际中的“火候”。只有“火”与“候”发生了，那才说明功夫有了效验。所以说，法诀的正确与否固然重要，但最重要者却是功夫的效验。

修功的下手（自始）和成功（至终）都是与道相合。而欲与道相合，必须从后天的有极返归到先天的无极方可。只有无极才能生出道来（编者按：若按道之本体论，道生无极，无极生太极，太极生有极。后天返先天的功夫都是返归。即有极返归太极，太极返归无极，无极返归道。这实是把“返归”改说为“生”，用的是比喻性教化语言，而不是理论上的阐述，故不可误解）。无极是个无分别无对立的状态，在这个状态里蕴藏着道的本体。道的本体发生之处称之为窍。这个窍，以其无形，可称为玄关窍；以其有位，可称为气海窍。先天元精从这个窍动发，先天元气从这个窍兆象。总之，先天精气神的药物都从此处产生，孕胎养婴也是从这个窍开始和进行的。细细品味这个窍，它是虚灵活泼，充满无限生机的。广大无垠，气势浩荡的宇宙之一切无不由此生发。这个窍之于人，是生命的总源头。以大处说，人体的百脉千经都是由它的无极始点而分形造化；以微细而言，它却微细到无形无象，不可供人视见，但却将生命的一切演化都尽包于其中。

人有男女性别之分，但这个玄窍的本质却都相同，只不过从人体有形的体位和名象上有些区别。女子的根窍要从血这条路上去追寻，男子的根窍则要从精这条路上去追寻。故而说，男子修仙的下手功夫在炼精化气上，走的是后升前降的督任二脉；女子修仙的下手功夫在炼血化气上，走的是由子宫升绛宫的两宫贯通的直接路线。所以说，男女下手之功各有特定的方法和要领。

女子丹法下手之功也要用到“凝神”之法，诸如血海、气海、绛宫这些地方（编者按：原文中“妇女功虽用准字法”的“虽”字，用法不妥。用“虽”表示女功用“凝”字法区别于的功，这是不对的）。但这个“凝”字的准确把握，应该是专注而又恬淡的团聚神意，“凝”中有虚灵活泼，而不能紧张、僵化、死板地用心意死死相抱在这些窍穴之内。譬如，一开始静功打坐，先是清净念头，什么也不想，什么地方也不去守。但有些人念头一下子断不了，老是心猿意马，想这想那。如果静坐许久，这些杂念总也断不了，那就引一个念头凝神到子宫血海之地。这是以一念代万念，以正念代杂念之法。用好“凝”字诀便有好效果。血海与气海有所区别，血海在子宫，气海在下丹田，血海向前七分的地方便是气海（编者按：敝人不敢妄加分判这些窍穴的精确位置，但可以告诉同修们一个认定的诀窍，即子宫里有氤氲气动的地方便是血海，由血海气动尔后再返归另一地方氤氲气动的地方便是气海。这好比我们黑夜进入一家深宅大院，你不知道一道道门在哪里，待你走到跟前，就有看家护院的人把门打开了，先进一道门，后进二道门，这时你就知道一道道门在什么地方了）。其实，气海这个窍，反应在肉体上固然有具体的体位。但在感受上却是一个不在上，不在下，不在左，不在右，四旁着空，不落边际，混混沌沌，虚涵空灵的一个境界和状态。故而前人称其为玄窍、妙窍。在这个玄妙的窍穴之中，后天的经血会被炼化为后天精华之气，后天精华之气又会被炼化为先天元炁。因为下手要先入先天，故名此以先天化后天。因为炼血化气，炼气化炁，故又名以后天返先天。但在这个过程中，起“化”作用的“火”，是明神和元神的双重先天作用。如果期间一经引动识神掺入杂念，落入后天，那么先天真火发挥作用的通道便被隔断了。人落入后天便是个肉体凡身，有生有死；返归先天则是个仙体金身，不坏不灭。对于仙人与凡人的这一区别，是应当要了解清楚的。

修道修在血海与气海，都还不算最根本的功夫，要把先天元气由在身上的有触有感，修炼到无触无感的空灵境界，那才算归根到了真正的无极之窍，方能生出大药的苗芽，方能证明结丹的火候准可以到来。

【原文】

此点先后何以分？分出火候更莫少。

癸水[①]若未至，勤修莫懈怠，朝夕活泼兼乐好。

太松[②]精神散，太紧[③]闭炁窍，必须不松不紧，不迟不早[④]，不住为住[⑤]，不好之好[⑥]，不凝为凝[⑦]，不照自照[⑧]。

此点火候甚微，众女皆当仔细料。

不识此点不算修，修炼二字须忘了。

多以炼字太著迹，一著便即病根扰。

此病一染着，药物难达到[⑨]。世人动云病根在脏腑，此病根藏在髓道[⑩]。药何以能除[⑪]，全仗纯阳一点贯内家[⑫]，方将此病除得了。

好好好，吾再示一则，再将火候拨几层。

不与层层拨，终归含糊不明，必定受病更深沉。

炁之冲腾须归窍，动时不能静始生。

使尔不知不觉，不见不闻，归根后一动。

性命阴阳会，水火既济分；无极而太极，包含化浑沦。

上座稍凝炼，无相[⑬]凝莫存；有相略微住，一有静机便拿擒。

听其自然而静，不可妄参一识神。

一切齐放下，睡也由他，昏沉也由他，一毫莫错惊。

此点火候少人识，多系将静妄动身。

一动炁散成魔障，千千万万意纷纷。

到此时，即便下榻来散步，等候一刻，上榻衾[14]再行去养静，静自易归根。若是强打坐，疾病内栽根。

再有心多妄，先睡而后用凝神。

无妄切莫用，有妄便炼心。炼字须活着，微凝恍惚而杳冥。方是凝炼法，方是入静第一乘。

此即上座火候要分清，动候必觉，觉时莫杂尘[15]。天人此分界，仙凡此处分。

未觉先天体，俨然赤子身；已觉后天生，此界当细审。

觉时初刻犹恍惚，觉初再转万念萦。

初字再字义，电光一门倾。若无纷纭象，正念听炁分；倘有妄念扰，凝炼进一层。

亦是听炁还阴阳，两下复元再游行。

用此功夫当莫懈，舍此一法非上乘。吾今点此真妙诀，男女一齐记在心。

不是真种真心炼，轻泄天机被雷霆。

法虽甚浅显，细思绝妙始见精。

此即未得金丹时，朝朝不离此法门。

【注释】

①癸水：根据全文之义，此“癸水”乃以月经代指先天炁动之象。以五行分，水为壬癸。壬为阳，为先天，为无形；癸为阴，为后天，为有形。

②松：指心意漫散。

③紧：指意念专注而僵紧。

④不迟不早：迟，指觉迟，是说思想起了杂念很久才被发觉；早，指觉

早，是说思想还没有杂念就已高度警觉。这一迟一早，都不是入静的适宜火候。不迟不早，指杂念生出后能及时察觉，而又不在杂念未生时高度警觉。

⑤不住为住：住，指将意念守住某一关窍穴位。这种方式对制止杂念有一定的“转移”作用，但它仍旧存在“守”的念头，不可能真正入静。故上乘之法以无念为念，以不守（“住”）为守“住”。此法功在“喜怒哀乐之未发”。

⑥不好之好：好，音 hào，即喜好之好，指的是功中心存一个好的企盼，仍属杂念的一种。上乘妙法是不要存在这种对好景象的企盼，淡然待之，敢于啃“铁馒头”，故谓“不好之好”。

⑦不凝为凝：凝，指凝神，即将神意凝聚不散。但有些练功人易犯执象之病，一用“凝”字即意念吃紧，“凝”成毛病。妙“凝”之法，乃心神不动且灵明活泼而已，故谓“不凝为凝”。

⑧不照自照：照，丹法中“内视”、“内观”之别称。前辈丹家认为，一身四大，一身皆为阴浊之物，惟有人之二目乃为阳光所在。功中须合闭二目，将外观之目光反观内照，以阳化阴。但其法妙在无心之观，无心之照，即不照之照。若“有照之照”，识神用前，不得真入静也。

⑨此病一染着，药物难达到：前半句“此病一染着”之“病”，指执著之病。如讲守，就死守，如讲凝，就死凝，不得虚灵活泼；后半句“药物难达到”之“药物”，指先天元炁。

⑩髓道：此借用佛门之《洗髓经》喻指性功。髓，人身之深邃精微之所在，喻指性。

⑪药何以能除：意即“用什么药可以根除”执著的毛病。

⑫全仗纯阳一点贯内家：纯阳一点，指人的真灵性光。内家，以身喻家，指人身之内。

⑬相：指静态的出现。

⑭榻衾：榻，指床；衾，音 qīn，指被。泛指打坐练功的禅床。

⑮杂尘：指杂入后天杂念的尘垢。

【文译】

关于此点先天与后天应怎样去区分，区分以后又怎样正确地去把握细微的火候呢？下面特作一介绍。

当月信还未到来的时候，要恒持精勤地去练功，不要懒惰散漫。但功中不论何时都要形成灵明活泼的景象，保持悦逸中和之心态。功态中意念的掌握情况如何，对功境及功效至关重要，意念太松散了，精神就集中不起来；意念太重太紧了，会把经络上的关窍都关闭起来，先天炁也就无法进入体内。

正确把握意念的作用与火候，其诀窍在于，意念之用既不能松散，又不能僵紧，要处在一个中和态。灵觉的作用，既不能在杂念生出很久才突然发现，耽误了功效，又不能在杂念根本未生就高度关注而落入后天识神的僵紧。为消除杂念，可以采用一定的守窍之法，这是不得已而为之的法子，是将杂念转移为一种单一专注的念头。但有些守窍之念头，仍不是真正的入静状态，故以没有念头不守关窍的无念之念为上。有些人练功有过很好的功态效果，再次练功，她很可能会在功中去回忆以前的好效果，或者期待再次出现好效果。但是这种过去心、现在心与未来心，仍是后天识神之心，必须以先天恬淡无欲之心处之，方为恰当。丹诀有“凝神”之法，而有人一用“凝”字，便凝成个顽固之心，失去“凝”诀之妙。所谓“凝”，只是将神意团聚不散，似凝非凝，不凝为凝，方是妙法。又如“反观内照”，她只是将二目之神光内收内敛内聚即可。此即自然处于先天之状。若真是有意反观内照，仍是后天识神作用。

上述这些火候把握的方法甚为微妙，多一分不行，少一分也不行，必须不多不少，恰到好处，方得其妙。所以，你们这些众多的女同修们，一定要认真仔细地去琢磨领悟。如果不能将这些琢磨领悟明白，那就算不得真正的修炼功夫之人。再进一层讲，功夫虽然是修炼出来的，但真正在修炼功夫中，是要将“修炼”这个意识也要忘掉的。因为，许多人易犯执著之病，意识中有个“修炼”，他就忘不了，会强化“修炼”意识。结果强化的是后天意念，是识神作怪，无论怎样也无法入静，见不到先天。有了这个病根，会时时阻挠练功的效果和进程，先天元炁这味养生药物就难以到达练功者的身上来。通常，人们认为练功出了毛病会反映在脏腑上，是命功的问题。但在这里我所指的病，是指微妙精深的性修问题。那么，有什么药物可以将这个病根去掉呢？别无他法，只有仰仗先天真性纯阳无染的灵明辉光来关照内在的身心，才能将此病根彻底消除（编者按：此法诀在“撤凡火”。人有杂念，如同炉中烧火，越烧越旺。若想火小火灭，不是用水用油去泼火，也不是用棉絮杂物去蒙火。那样做不仅难以将火熄灭，反而会惹出麻烦来。唯一的办法就是釜底抽薪，火自然就熄灭了。所以，止念不在念头上做文章，而是在心地上做文章。心地上消除了生发念头的根源，自然就不会有杂念生出了）。

既然我们涉及了火候问题，那我就再深入给大家点拨一些。因为，若不一层一层深入点拨，你明白了这一层，却不知那一层，终归还是不能彻底明白。在浅层次不明白而出了问题，那还只是浅层次的问题，较易解决。若到深层次出了问题，那就难以解决了。

先天元炁的生发以至壮旺，都是归于玄关一窍发挥的作用。只要玄关一窍能出现，先天元炁就会生发。但玄关一窍的出现与先天元炁的生发，须具备特殊的条件，方有此可能性。这个特殊的条件就是身心系统综合的“静”，即身静与心静的高度统一。只要身心有一丝不能静，玄关不至，元炁不生。玄关一窍的出现与先天元炁的生发，两者是有分别的。前者是当练功者处于不见不闻，不知不觉，四大不着边际的时候，它就出现了。后者是在前者混沌状态的持续下油然出现动象，即表明先天元炁萌生了。促成此两者到来的条件，用术语表示，即性命相合，阴阳交媾，水火既济。用“极”表示，进入玄关一窍就是进入无极，生发先天元炁就是太极，因无极而生太极。混沌无兆的无极，可以孕育生化万物的太极。

开始打坐时，需要稍微强调一些凝炼意念使之入静的意识。如果不这样就会流于思想散漫，要等到初步的静态出现，再去进一步行使“不凝之凝”的“凝神”之法。如果还没有初步的静态出现，那就不能进一步做“凝神”的功夫。有了初步的静，可以略微守住此静。但在守中要反复体验不守之守，勿忘勿助之法。一旦此法用之顺遂，就可以自由掌控入静的火候，使“静”步步深入。其实，说到法诀，惟听其自然而静，不参一见，不加一力。再者，要把识神退居于宾的位置，让先天成为主人翁。

最初打坐入静，“放心”为第一要务。只要不生杂念，坐着坐着睡着了，坐着坐着昏昏沉沉，只管由它，都是不要紧的。这点法诀是很少有人知道的。很多人只以为，只要打坐就不能瞌睡，只要打坐就不能昏沉。其实，这是对深层次功夫而言。若在浅层次，根本不必为此担心。因为许多人不懂这个道理，所以往往是即将入静，她们怕昏沉或入睡，就有了警觉的动象——心动导致身动。而这一动，坏了，静态被破坏了，正要凝聚的元炁也散失了，心再也静不下来了，杂念又乱七八糟出现了。

出现以上情况该如何处理呢？这时暂不要继续打坐练功，从禅床上下来，散散步，定定心，等身心入静的条件具备，再上禅床打坐。这样调理就可以再度入静。如果出现了上述情况，仍然勉强打坐，那将越坐越难入静，久坐还会生出意想不到的病来。

另外，打坐时如果心多妄想，一时很难去掉，就干脆停功睡觉，等睡醒之后，趁杂念未生之时，再行凝神之法。而如果你没有心生妄想，那就不要用这个睡觉的方法。当然，心生妄想时，停功睡觉只是方法之一，也可以用炼心断念的方法，但要用得自然顺遂。特别是“炼”字，既要灵活理解它的含义，也要“炼”出灵明活泼的心境。“炼”之前为“凝”，这好比炉中炼铁，先把矿聚拢在炉中为“凝”，然后点火加热持续烧矿为“炼”。“凝”时，万念顿除，进入恍惚杳冥之状；“炼”时，渐灵渐明，直至光明洞彻。当然，这有个渐进的功态质量升华过程，但法诀的原则是不变的。能做到这些，才是入静的上乘之法。

以上就是上座行功的细微火候，大家一层一层要分清楚。先天元炁是静极而动的产物，有此先天一动，先天灵觉即会感知。但被感知的那一刻，是不能杂入后天意识的，否则即又落入后天，刚刚萌生的先天元炁又会消散殆尽。

由上观之，功态进入先天就属于仙界，功态入不了先天就仍落在凡界。功态进入先天，是一团混沌虚灵之象，人就像在母胎受孕时一样，没有自主的意识，纯由先天自然做主。功态落在后天，人的识神做主，思虑营谋，明明白白。这两种不同的功态情况须详细分辨。

一般来讲，静极而动的先天真灵之觉得感知，虽言感知，但由于是先天心态，仍表现为恍惚态。持续这一恍惚态就是真炼。如果先天灵觉出现后持续未久，人的意识一下清醒，还想留住那个先天状态，这就已经不可能了，这时杂念也会相继不断出现。所以说，初觉和再觉，此两者之间也是一瞬间的变化，就像打开门看到天上的闪电那样迅速。但这一瞬间，两者在本质上发生了根本变化，前者为先天，后者为后天。此又不当不知。

总之，上座入静的功夫，一开始就做得好，没有纷纭的杂念，就持续入静，等候静极而动的先天炁生。如果有妄想杂念干扰，就要用“凝”“炼”之法一步一步去解决。入静，就是以后天返先天，以后天神返先天神，以后天气返先天气。先天神为阴，先天气为阳，一阴一阳和谐交合之后，才有可能行周天火候。

以上所介绍的火候法诀，一是要深入领悟，正确运用，二是要坚持不懈地去实践，才能见功夫。除此之外，再寻找什么上乘法诀是不可能的。我今天将这些法诀明示出来，不独女同修们可用，同样适用于男子修道者。但需要你是个修道的根器，又能真心实修，才有益处。若你不真心实修，把这些法诀当做谋财的手段轻泄于人，那将会遭受天谴（编者按：此是借宗教手段警示于人）。这些火候法诀虽然说非常浅显明白，但你只要细细地思索品味，并付诸于实践，你就会体验到其中的精妙非凡了。

以上这些火候法诀，是在未得金丹之前所使用的部分法诀，诚望修道者能时时不离地掌握它，实践它。

【编者按】

本节文章原录本有许多断句与文字上的错误，今在抄录时均作了修正。特此说明，不在注释中作解。

【原文】

白莲真人曰：

立志贵坚贞，总勿染尘纷①，法②本平而易，运行勿留停。

有时法当用，须知勿太矜③；有时法当舍，默守本来真。

动静两相参，刻刻会天心④。贞女原无法，不过聊点睛⑤。

血气有衰旺，涵养功宜深；久则血化气，白膏⑥贯周身。

自然阴成阳，红尘不动心，方能成乾体⑦，方能证上真。

稍有欺伪念，犹恐堕深坑。

【注释】

①总勿染尘纷：总的来说，思想上一点也不要沾染凡俗之人的那些私欲

杂念。

②法：指丹道修炼的方法要领。

③矜：这里指太自以为是，以为自己对方法要领掌握得当。

④天心：即先天之心。功态中实指那种空静虚灵、无念之念的心境，而这种心境又和身境融为一体。大体上说，欲得“天心”之境界，需要以心意的澄净与周身经络的畅通这两大条件相结合。

⑤贞女原无法，不过聊点睛：这句话的意思是，童贞未破的少女从事内丹修炼原本是不需要什么方法的，这里不过略微提示一点值得注意的事项。

⑥白膏：按照古代丹经介绍，内丹修炼的功夫达到血皆化气的地步时，人体内就没有血液流动，气化后的血液成为白膏凝脂之状。这个现象一般表现在出神前的阶段。

⑦乾体：纯阳无阴之体，即为乾体，也即血化为炁后的阶段。

【文译】

白莲真人说：女子修炼，贵在意志坚定，不要沾染丝毫凡俗之人的那些私欲杂念，这就为丹道修炼打下了坚实基础。而方法相对来说是很平实、很简易的，只要坚持去做就行了。其实，说到方法，也是相对的辩证的东西，有时有作有为是方法，有时无作无为也是方法，有时需要有作有为的方法。但也不要过于自信，以为一切方法，甚至精微的方法你都掌握了，把握不准的还是得请教；有时，有作有为的方法就应该不用，默默静守自己的先天本真。我们把有作有为的方法称为动功，把无作无为的默守称为静功。在功夫修炼中，动功与静功是需要互参使用的，其目的都是为了获得那种虚灵空明的“天心”境界，以寻觅到人的先天本真。

对于童贞之体未破的少女而言，从事内丹修炼原本是不需要什么方法的。但是，你要说没一点方法，那倒也不是，这里略微介绍一下。比如同是童贞之体，但人与人不同，有的血气旺盛，有的血气衰弱，作为用无作无为的默守来讲，前者花的时间会短些，后者花的时间会长些。但不管怎样，功夫到了，功效就会显示出来。到周身血皆化炁的时候，就不再有血液流动的现象了，炁化后的血液已变成白色膏脂之体贯布周身。到了这个时候，自然周身阴皆化阳，一丝红尘凡心也没有了，外界纵有百般诱惑，也无从引动。这样持续下去，才能修炼成纯阳乾体，方能成为上品仙真。反之，修炼过程中，如果稍有私欲杂念掺入，随时都会破坏修炼成果，最终还是堕落在生命轮回的低层次之中。

【原文】

白莲真人曰：

节为修行①之阶级，贞静无尘即初禅②。

更加修炼养真炁，阴降阳升露玄关③。

玄关不在身外求，即在寸地觅大丹。

心果静，神果闲，活活泼泼运周天。

炁也归源，血也归源，细细烹炼炉中丹。

暑也不热，冬也不寒，温温养此真婵娟④。

十月丹完全，三载哺乳听自然。

自然飞升大罗天，自然飞升大罗天。

【注释】

①节为修行：义指节制自己的不良行为以从事修行。

②初禅：此是借用佛门修炼的术语，指念头止息。所谓“初禅念住，二禅息住，三禅脉住”。

③玄关：字面义即“玄妙之机关”，在丹道修炼中，玄关窍开，即可得见人的先天本元。此本元，即元精、元气、元神混融不分之物。不得玄关之窍，永不得见先天本元。

④婵娟：本指美女，此处喻指得丹之状。

【文译】

白莲真人说：节制自己的一切不良行为而从事修炼，这是下手行功的初始阶段（编者按：这是先性后命的下手行功方式）。在这个初始阶段里，只要能做到心地纯洁，无杂私之念虑，就像镜子被擦得干干净净，这就达到“念住”的初禅功夫了。“念住”的初禅功夫，为涵养先天元气创造了条件。“念”从后天识神所发，后天识神属阴；元气由先天元神所招，先天元气属阳。“念住”为阴降，元气生为阳升。能产生自然天然的阴降阳升，必反映为玄关窍开。可见，玄关一窍的开启，对于获得先天元气这味长生药是多么重要！玄关虽玄，但它还是要从人的身心上去寻求，并且首先要从心地的清净上下功夫。所以，从某种意义上讲，人心的方寸之地，就是寻觅大丹的地方。人的心神果能纯洁无染，就会为调息调形营造最好条件。而调息调形做到最佳程度时，周身经络会逐渐畅通无碍，先天元气也会在这个畅通无碍的人身小天地里活活泼泼自由自在地运行。到了这个阶段，后天的气血都返归到先天状态下去了，并接受先天之气的重新造化，后天物质不断被炼化为先天之气，先天之气不断巩固壮大。维持体内的这一状态，就好比炼丹炉在细细烹炼丹药。维持功态需要的是耐力，要经月经年去做，暑天不知热，冬月不知寒，如鸡孵卵，如蚌养珠，一心一意地温养身心内最美好的丹药。内丹修炼要经过百日筑基、十月怀胎、三年哺乳几个阶段。在这几个阶段的功夫渐进中，先是人为功夫占主要，其次一半人为、一半天然，到后来就是一任天然。功夫到一定成熟时候，阳神自然出壳。这时再用自然哺乳之功久久养之，最终就修成大罗金仙的果位，生命就达到无限自由的境界了。

【编者按】

本节法诀是从先性后命的方式讲丹法，并且强调了下手功夫初禅念住的至关重要性。丹道法门虽有先性后命与先命后性之分，但说到底，还是性于命先。例如，讲先命后性，也并非说先行命功功夫的时候不修性功，只是不把性功作为专一功夫去行罢了。而每行命功之时，澄心凝神，仍然是性功在前。所以说，从功夫的本质上讲，只要修炼者下手时候的身体状况允许，直接从性功彻底做起，确是一条毋庸置疑的捷径。

【原文】

金沙古佛曰：

女丹从何得来？男与女两不相伴，女与男大相悬殊。男丹由精化炁、炁化神、神化虚、虚化静笃而丹自结矣。女丹由血化炁、炁化神、神化虚、虚无自然而丹自成矣。但气虽由血所化，却有两解：如心不定，念不洁，身不宁，气不平，则血亦不能化气。而血自为血，气不见气，则血尽成浊而信[①]皆露矣。夫信本污浊之物，何以化气？盖化气者血，而所以化气者，血中之元炁也。元炁者何？血为通身之精气，有此血而精气以藏，无此血而气无归宿。血如海水，水凝而炁凝，冲天则雨露以降人身。有血如海，则血自化气而上达遍体，然后流通百脉。百脉贯而一点下坠，由此而丹望结矣。不然，满腹俗情，日缠外事，性气躁妄，纷化牵连，忧思郁结，妄念打扰，终日无一宁静，则浊气隔断真炁，天地不交，阴阳不调，寒暑不节，周天不合，而病有不成者百无一二。此非道之咎，实人之咎也。

吾今指点众生，各宜细心体会，莫谓道不真，特患尔心不真尔。心果真，扫尽浮念，去尽纷华，和缓性情，暴戾不存，而神恬快乐，斩绝外务，则天气下降，地气上腾，先天真炁自然流露，充满海水，气亦自与神炁相接，不坐则已，一坐而自自然然，其中有无端妙趣，较之人间一切，则有一重天地，方知道不虚而仙不假，诀不误人，但要自性自悟可也。

【注释】

①信：此处所指之“信”，乃指月经排出的污浊之血，与前所译女丹经中之“信”有所不同。造成这种不同所指，乃是不同丹家对“信”的不同理解，所导致的不同解释。读者于此要不执著于文字相，关键在于正确理解丹诀的要义。

【文译】

金沙古佛说：女子修炼内丹，这个丹从什么地方可以得到呢？这要从男与女的生理区别上去认识。因为生理的区别，男与女在下手到结丹的过程中是有异同的。从相异的方面讲，男子丹法要经过炼精化气，炼气化神，炼神化虚，炼虚化静，并且达到静的极致，丹即自结。而女子丹法则须经过炼血化气，炼气化神，炼神化虚，炼虚归无，纯返先天自然，丹即自结（编者按：男与女除下手之功外，其他并无区别。文中说男丹“虚化静笃而丹自结”与女丹“虚无自然而丹自成”，其实是一回事）。

女子丹法由血化气的气，虽然是由血所化，却要从两个方面去加深理解：一个方面，如果练功过程中心不能安定，念不能纯洁，身形不得安宁，呼吸不得平和，那么血也没有条件化成气，血还是血，而气也不见气，到头来，血都变成污浊之物成为月经而流失。想一想，月经已经是污浊之物，不是本来意义的血了，怎么能化而成气呢？我们这里所说化气者为血，不仅是指血脉中流行的血，而重在说明将血化而为气者，乃是血中含有的元炁，这就是要讲的另一个方面了。

那么，元炁又是一种什么东西和情状呢？这要从血说起。人身中之血为疏通、流通营养全身的精气（编者按：人身之血为后天水谷之精所化，先为血气，后化血液。但成血液后，血液中仍有气化物的成分，以金沙古佛之说，这气化物就是精气，而血液则为这精气的载体）。人身有此血液，精气则会以血液为载体运布营养周身。无此血液，精气则没有寄托之所。人身的血液好比大海之水，海水多了，可以凝聚更多的水汽，水汽蒸发到空中可以成为雨水降落大地；血水旺盛，可以蒸发更多的精气自上而下运布周身，流通百脉。百脉贯通，则其中一点精华之精华降于丹田，从此丹田才有结丹的可能（编者按：此段解释元炁的道理并不怎么精彩，所以不能令人信服。之所说者元炁，实为后天水谷之气。当然，人所食后天水谷，来源于大自然，其中确也含有先天元炁，但这，一是要从水谷之气中提炼，二是含量微乎其微。另外，关键问题是将血化气，再将气化为元炁，并非是元炁的作用，而是神与息的合成作用。此神即为明神，为真火；此息为元息，为真风。真火借真风吹动，血自化气，气自化炁。然而，以上所言化血为气，化气为炁，是男女通用的道理和法诀。至于女丹所言由血化炁的"血"，则并不指周身流通的血液，而专指月经之血。再进一步说，女丹所言由血化炁之血，也并不实指月经之血。换句话说，由血化炁并不是指从有形之月经之血化而为炁，而是指把有形之月经逐渐炼没了。而实质上是当月经还未成形，而只有月信发生即行炼化之功逐步达成的。月信的自然萌发，才是元炁的发端。元炁萌发，静而守之，炼而化之，才不会使之转化为后天有形之经血，反而会使此元炁逐渐培养壮大，成为丹母，凝结成丹。行按于此，有意提醒内丹养生爱好者，一定要先明白基本道理，不被前代丹家、丹经的不同术语所迷惑，才能步入丹道正途，否则未有不出偏者。有些人纵然出偏自己也不会知道，不会承认也）。

反之，口头上说是修道练功，实际上日常满脑子满肚子还是跟常人一样，私欲杂虑丛生，天天有忙不完的俗事，性情浮躁不安，一刻也没有宁静的时候。这样的人，身心中充斥着后天污浊之气，与先天真炁相连的通道就被隔断了。这与自然界生态遭到严重破坏的情况一样，天气与地气不能和谐相交，阴阳失调，寒暑节序发生错乱，一年四季正常的周期运化规律就被彻底破坏。比之于人，一定就会生病，生严重的病，不生病恐怕是不可能的。这样的恶劣后果，不是道的错，而是人为的错。我今天指点大众，大家都应该悉心体会我所说的话。不要批评没有真道，而要反思自己的心真不真。自己如果找回了真心，就会扫尽凡俗的浮杂念虑，对于世俗的一切纷华之贪欲，从此一笔勾销。性情变得宁静平和，再也不会暴躁不安。值此神恬气和的状况下而去行功，在特定阶段把一切日常的事务都放下，专心去修炼，身心之内就会与和谐的大自然环境一样，天气自然下降，地气自然上升，先天真炁自然流露，融贯于周身血液之中，后天气与先天炁相接，后天神与先天神相合，接合后的神与气又混融不分。在这样的功态下，不坐则已，一坐则完全进入自然天然的境界。在这样的境界中，练功者会感受到从未感受到的无限妙趣。这个妙趣，给练功者愉快感、幸福感、享受感、满足感，是在通常情况下，一般凡俗之人永远也不可思议，无法感受得到的。那是另外的一重天地。只有进入那重天地，才知道仙不是假的，丹诀也不是前辈人编造骗人的。但这一切，都需要丹道实践者认真做好明心见性的功夫。

【原文】

吾今再下一丹[①]：有谓赤龙不斩而丹不得结、道不得成者，不知血尽[②]而气亦尽矣。如男子之精败[③]而丹亦难成，其理一也。盖男精女血多[④]不可绝，气离血而气无由生，血化气而精始流通。如谓血尽而乃言炼丹何？青年血枯而病反起，此终不离血之一考证也。又言炼之数年而毫无影响，非无诀也，实心无静时之故也。虽在朝夕打坐，十二时辰无一二时静定。即或有定，不过数刻而已，气何时化？神何时凝？丹何时结？经年累月终成一顽人耳。

动云某某修真，某某守节，不管人间一事，吾察其实，却与俗人不相远矣。又云某既得真诀，某某修炼多年而毫无一成。殊不知得真诀者始勤终怠，多年修炼者姑待苟安。如此修道，其诬道也实甚。吾今劝尔众生，论尔之富，富不敌吾；论尔之贵，贵难比吾；论尔之衣服饮食，更难比美夫吾。吾具当下割尽，尔等有何难舍，了割不下？真痴而又痴，迷而又迷，恐终成无缘之人也。可痛也乎？盖仙佛以慈悲度世，世人切勿自弃其仙佛可也。吾本以普济为心，尔等幸勿自绝于吾可也。

【注释】

①吾今再下一丹：意思是，我现在再给大家讲一道修丹的法诀。

②血尽：指月经因生理周期结束或因疾病从而断绝。

③多：此“多”为“都”的意思。

【文译】

我现在再就女子丹法的有关问题给大家作些内涵揭示：许多人都会说，女子修功如果不斩赤龙就不会结丹，就不会成道。但他们哪里知道，正因为有赤龙，才有斩赤龙后的炼丹，并非说压根没有赤龙才有利于练功。为什么这样说呢？赤龙即月经，女子有正常之月经，即表明她体内尚有以先天无形而化后天有形之血的元气。如果她的月经因枯竭而断绝，这就表明生化后天经血的先天元气也枯竭了。这与男子到了老年逐渐没有生殖之精排出，这时修炼内丹成功的难度增大，两者道理是相同的。这都表明，无论男女修炼丹功，男子之精、女子之月经都没有断绝，并处于旺盛时期，这才具备较好的生理练功条件。作为女子，若元气没有月经的表征，元气则就没缘由显示

（编者按：这也说明了“道贵生”的自然真理。男子自幼而长，元气足而精通；女子自幼而长，元气足而经通。精通与经通，这种生殖功能趋向成熟的特征，即显示出“道贵生”的自然真理）。正因为有月经的表征，才进行后天返先天的修炼，把月经的表征倒回去，由血元而化元气，先天元精即开始在周身流通。如果说月经都枯竭了，还去奢谈修炼内丹，那怎么可能呢（编者按：如果月经已经枯竭，必须通过练功把月经再找回来，再行斩赤龙功夫，此为女丹必须经过的功夫步骤）？一般人都知道，如果一个女子还在年轻的时候，她便断绝了月经，而又发生了疾病，这就说明，年轻时断绝月经一定是不正常的事，所以就会生病。从这个现象也可进一步说明，女子的生理在正常的健康、成熟期，是与保持规律性的月经表征分不开的（编者按：女丹所谓“以血化气”，准确解释，就是以有月经表征进而修炼，使月经逐渐消失而返还为先天元气。修的过程，即返还的过程；返还的过程，即炼的过程）。又有人说，某某练功练了数年，可一点没有什么功效反应。这并不是她一定没有得到真诀，说到底，都在于她练功时心一定没静下来。像这类人，虽然她们一天十二个时辰都在打坐，但很难有一两个时辰能真正安静下来。即或能够静定，也不过很短的时间。像这样貌似练功而内在却无功的情况，神何时能凝？气何时能化？丹何时能结？非但不能凝神，不能化气，不能结丹，长此以往地坐下去，周身的经络都会阻塞，周身的气血都会僵滞，终久坐成一身顽疾的废人。

经常还听到道佛门中说，某个尼姑道姑，入道修真一心一意；又言社会上某某女子守寡守节，闭门修道等等。总之，说这些女子能抛开人间俗情，矢志修道。但经我所观察，这些传言与事实不符，许多看起来都像在修道的女子，她们生活的实质，其实与俗人并没有什么两样，只是装了个修道的样子而已（编者按：这样的现象，在今天仍不少见）。又听说某某是得到了真诀的人，但不知为什么，修炼了多年却没有一点成就。他们不知道，有些人确实是得了真诀，开始修功确实也很勤苦，但时间一长他（她）就懈怠了。虽然说他修炼了多年，但多年之中真正从事修炼的实质却很少，大部分时间还是消磨在凡俗事务之中。要说这样的修道，其实还不如说他们在糟蹋道，把道德糟践得不成样子了。

我今天诚恳劝导天下的人，要论你们的富有，你们谁能比得上我当初的富有呢？要论你们身份的尊贵，你们谁能比得上我当初身份的尊贵呢？要论你们饮食的精细与衣装的华贵，你们谁能比得上我当初所享受过的那些饮食的精细，衣装的华贵呢？但我一旦认识了大道真理而步入修道之途，当下就把这一切都割舍掉了。那么你们又有什么理由不能割舍呢？不能割舍这些身外之物的人，其实是很我笨、很痴迷的人，最终跟修道无缘，让人感到痛心。得道的仙佛，从来都是以慈悲之心超度世人的。所以，知其缘由的世人，千万不要自弃于仙佛的超度，那就太好了。我也是以普济天下众生为心愿的，也望天下人不要自绝于我的心愿才好。

（注：接下来一节文乃普贤菩萨讲如如之法，主要讲空性归元，因这些在女丹经注解中多有涉及，故此从略。）

【原文】

瑶池王母曰：

真女[①]本[②]童体，只在清浊分；铅汞[③]虽全备，奈已度成形。

一入胞胎后，不得以真名；既已落后天，岂能便飞腾[④]。

元炁纵圆足，亦宜炼浑沦；自有而返无，方可言归根。

若论返还理，女子未知音[⑤]；常常执著守，两眼照乳庭。

清浊难分辨，混淆炁怎凝；清升而浊降，一定理常闻。

过热炁不运，浊气反上腾；清气既下坠，如何识命灵。

女子无他诀，活泼是要经。心[⑥]活炁自旺，神[⑦]活炁自灵；
意[⑧]活炁自固，性[⑨]活炁自升。活泼非在外，心中不着痕。
心定方上座，上座息调匀；息匀身体化，真乐此中[⑩]生。
乐而忘其乐，周身炁浑沦；自然归祖窍[⑪]，关键毫不存。
能静一刻久，一刻归中庭；能静一时久，一时炁迴萦。
朝朝能静定，一月功有灵；百日即有验，一纪[⑫]定飞升。
何以能此速，元炁未漏崩；可惜太束缚，气血两不分。
时而气化血，时而血化银；化时毫不觉，倘恍又转倾。
所以经年月，曾未见功灵；反转成枯槁，疾病惹上身。
不念大道阐，岂能辨分明?

【注释】

①真女：指修道成功的女子，义同“真人”。真女之体纯阳无阴。

②本：即“建立在”、“根植于”的意思。

③铅汞：本是烧炼外丹的矿物。这里指先天神气，铅为先天气，汞为先天神。

④飞腾：喻指得道成仙。即白日飞升后，自由纵横于天地之间。

⑤未知音：不知其中奥妙的意思。

⑥心：此指先天之心。

⑦神：此指先天之神。

⑧意：此指明神真意。

⑨性：此指先天真性。

⑩中：此指不上不下不内不外不前不后，四大不着边际之中。

⑪祖窍：又称神气穴、玄关一窍等，无方位，无定所，只在神气相合之处。

⑫一纪：古代纪年法，十二年称为一纪。

注：本节文曰瑶池王母所作，显是托名而已，故下文译定为传说。

【文译】

传说上古时女丹家瑶池王母这样说过：

得道成仙的女子可称真女。因为，她们的肉体已经超质变化，纯阳无阴。但这个成道的果实，却是建立在像童贞未破的少幼女子那样的身体基础之上。但仅仅具备了这个条件还是不够的，在进一步练功时还要分辨清浊之气，留清去浊。现以童贞未破的少幼女子的身体与修内丹的关系加以剖析。童贞之体的少幼女子，其身体以先天而言，元神元气是俱全的。但此时的元神元气虽然俱全，却不像父母未生前悬在宇宙自然之中，空灵虚明，已经潜藏在有形的肉体之中。人的生命一旦落入有形的胞胎之中，就不得称为纯真的先天（编者按：这时可称作先天之后天，后天之先天。这个状态大约一直维持到十二岁之前），而带有后天成分了。既然有了后天性质的掺杂，就这个现状是不能随便就炼成白日飞升的真仙境界的。尽管说，这时女子身体内的先天元炁很足很旺盛，但仍然要做返归虚无的功夫。因为，只有从有形有象已经掺杂了后天性质的肉体，返归于父母未生前的虚空灵明，方可称得上返还到了真正的先天，那才是生命之根。返还到先天生命之根，才能由生命之根再造永生之生命。

但要讨论返还的道理和法诀，很多有心从事女丹修炼的人，却不知其中的奥妙及法诀，通常只晓得执著用二目之光去守法乳溪之穴，以为那样就能守法出先天元炁。她们不知道，因为功态的层次境界不同，其气的特征也有清与浊、先天与后天的分别。功中所要采取的是先天清纯的元炁，所要淘汰的是后天混浊的凡气。如果何清何浊，何先天何后天都搞不清楚，混为一谈，怎么能去凝聚先天元炁呢？所以，一定要分辨出两者的不同特征，属于先天清纯的元炁萌生，它因质轻而有升的特征，可摄可采；属于混浊的凡气呈现，它因质重会有降的特征，可消可除。一定要明白这个道理，一定要掌握这个法诀。但功中你要过于执著地用意做功，反而阻塞了先天清纯元炁的通道，而人为制造出大量混浊的凡气在体内乱窜。凡气乱窜，已有的元气也因环境的不适宜而脱离四散，这又怎么能寻找得到生命的真灵之源呢？

女子在返还虚无空灵的功夫中，并没有其他特别的法诀，最关键的是要营造内景的灵明活泼，即心要灵明活泼，神要灵明活泼，意要灵明活泼，性要灵明活泼（编者按：其实说白了，这里的心神意性，皆是指先天而言，是在后天人心、识神、虑意、气性净化消除之后，所自然显示的先天道心、明神、真意与天性。有了这些先天的心神意性，灵明活泼的内景就会自然出现）。心的灵明活泼会使元炁自然旺盛，神的灵明活泼会使元炁自然清灵，意的灵明活泼会使元炁自然坚固，性的灵明活泼会使元炁自然升腾。这个灵动活泼的境界不在人的外表上反映，而是在内环境与内景中没有丝毫挂碍的先天之心上反映。所以，要想达到这一功夫境界，每次在打坐之前，必须先做调心的功夫；心安定之后，才开始打坐；打坐开始之后，再做调息的功夫（编者按：这前后二步功夫做好之后，也就形成了心息相依的功夫效果。这也是前两步功夫所要追求的效果，不要误解为调心与调息是前后分开的）。调息功夫，要调到口鼻呼吸由粗转细，由短转长，由浅转深，成为匀细绵长的天然自然呼吸，即真息状态。这时，肉体的一切由后天所导致的不合理结构和紊乱情况，会逐渐向先天本来合理而和谐的结构程序转化。真正的无限快乐，就在这种不前不后不上不下不里不外不左不右，灵明活泼的“中”态中产生。继而，就连这种无限快乐也不要去主动感受它，使身心进入一种无物、无人、无我的浑沦境界。这就是玄关一窍，也即生命本元的祖窍。在这个关窍中，一切后天相对的感受与概念全都没有了，生命就在这无相对的本元态中重新得到孕育。进入这个关窍后，关键在于持续维持这一先天状态不遭破坏。能静一刻，便有一刻的收效；能静一时，便有一时的收效。每日坚持这样的功态修炼，大约一个月会有明显的身心特异变化；大约一百天会完成筑基。接下来的十月怀胎、三年哺乳、九年面壁，都能如期完成。所以，十二年修达天仙果位，应该是没有问题的。为什么能够这么迅速呢？因为在这种功夫状态的持续下，先天元炁总是在不间断地旺盛、灵明、坚固与升腾，所以神炁相合而结丹，再结胎养婴，其过程就顺利，与一些人断断续续的功效积累相比，不知要快多少倍。但许多女子练功，都太因过于执著，反而束缚了自己的功夫修炼，达不到应有的功效。弊端在于后天凡气消除不了，返还不到血元之地，即有月信也抓不住机遇。所以，虽言练功，最后还是由先天气化为了后天经血，并且因为练功不当，还会导致正常月经发生紊乱，从而形成白带。这些错误功夫导致的负面影响，她自己往往不觉察。因此，就一而再再而三地失误。所以，看起来她练功一练就是几年几年，到头来也没什么功效，反而把人练得形容憔悴了，身体练出毛病来了。想一想，你不把其中的道理搞清楚，不把火候法诀把握准，能不出现这错误的后果吗？

【编者按】

本节托名瑶池王母的法诀，确系真谛法诀，是从顿法谈功夫。关键有二，一是在炼命功前要把性功炼彻底，以便进入命功修炼后能无阻碍地一往直前；二是在命功修炼中要一步到位，进入虚空灵明的先天本元状态，这就抓住了功夫的本质，功效自然就迅速。

【原文】

香逸古姆[①]曰：

吾今谈玄理，专言女法王[②]。女本属静体，阴中亦含阳。

守静终难静，机关蕴中黄。静虽是本体，御柔犹赖刚。

刚乃阳之主，柔乃阴之藏。识得柔中刚，可致弱中强。

气血属后起，祖窍自发阳。一炁通四体，百脉皆琼浆。

赤龙何用斩？浊尽乃流光。此原有分别，妇女[③]两分张。

妇体非全体，元炁已受伤。欲复坤阴气，发动在乳房。

微微用真意，引火用贵良。稍为太着迹，血滞病暗藏。

有意无意运，勿助也勿忘。久久炁归源，阴气自消亡。

阴伏阳乃升，炼成乾元刚。处女不必用，真静始终方。

气静血自化，神清炁自扬。不知也不识，变化概包藏。

周天分度数，不滞合阴阳。始由血化炁，终乃柔变刚。

一月炁交会，去浊留元阳。浊尽清上升，自然涤秽肠。

光明真皎洁，骨髓露莹光。倘不清本源，念虑必暗戕[④]。

火炽周身热，反道现真阳。若知止火法，无意默而忘。

邪火顿消灭，真元尚无伤。此点真口诀，妇女当提防。

果能真如是，道成会法王。

【注释】

①香逸古姆：古代女丹家，其事不详。

②专言女法王：专门阐述女丹家的法诀。“女法王”，指修炼有很高成就的女丹家。

③妇女：这里是将“妇”和“女”分别开来，“妇”指已婚女子，“女”指未婚少女。

④戕：音 qiāng，杀害的意思。

【文译】

女丹家香逸古姆讲道：

我今天给大家谈论的女丹法诀，是专拣古代修炼成就很高的女丹家之法诀。女与男，从动与静的本质属性上相比，女体属阴属静，但女体这个阴的属性中却包含着阳，孕育着阳。这个静的属性中却蕴藏着动，静中寓动，静极而动。能发现这个生命奥秘现象，靠的就是人之明神真意。明神真意，以方位论，不偏不倚，居中位；以五行论，属土色黄，土养万物。静，虽然是本体，却要从静中生出动来。这个动的就是先天元气，属刚。而静属柔，柔是服从于刚的，刚是统御柔的。刚为阳，刚是阳的本质特征；柔为阴，柔是阴的外在反映。女丹修为，就是要从“柔静阴”的本体中，修出“刚动阳”的先天元气来，使人由衰弱变为刚强。

人身中通常所说的气血，都是指的后天，气为呼吸之气和食物化合之气，血则为食物化合之气所凝，这一切都属于浊阴。修丹却不能用这些浊阴的东西，所要用的乃是先天真阳之气。先天真阳之气，只有在打开祖窍后才能发现，才能进入修功者的身中。先天元气一入人身，它会自然逐步地疏通运布到周身四体百脉。这个运布过程，给人的感受是无比美妙的，如同饮琼浆玉液一般，无限舒愉。丹法中通常讲“斩赤龙”，其实哪里用得上去“斩”，只不过身中先天纯阳的元气多了，后天浊阴的气血就少了。当身中浊阴消尽之时，月事自然就没有了，所有的是越来越多的先天之气在体内“光芒四射”。

女丹的整体理论都是一致的，但针对不同年龄段的女性而言，下手方法又是各有区别的。现以已婚中年妇女与未婚少女，作一方法上的区别阐述。

已婚的中年妇女，因为经历两性生活、怀孕、生子、哺乳的过程，所以她们的生理从先天的完美性上讲，已经遭到破坏，先天元气已经耗损。对于这样的女性，静中生动，阴中生阳，下手行功的地方就在乳溪之位（编者按：女丹由乳溪下手，是因为女性的元气消耗，从生育上讲，最后都落在哺乳上，乳汁输出的同时，也输出了自己的元气。所以，以后天返先天，当然要从后天消耗元气的源头开始返还）。但在这里下手，要把握好火候细微才能奏效。

这个火候细微，就是微微用意守在乳溪穴内。下手时的微微用意，称作引火。引火，既要专一意念，又不能执著用意，适度把握称贵称良。如果用意过于执著，就可能导致血滞气塞，久而埋藏下病患。所以，历来的法诀都讲“有意无意”，“勿忘勿助”。如此用功，久而久之，先天元气逐渐由此源头培养壮大，而身中之阴气逐渐消退。阴气退伏，阳气进升，直至身中纯阳无阴，即炼成乾元纯刚之体。

而尚未破身的少年处女做功，就与已婚的中年妇女下手行功的功夫不一样了。因为，少年处女童体未破，先天状况较为完整，先天元气也未遭损耗，所以下手行功只需守静，不必守什么窍，一直坚持始终，这就是不变的法诀。守静，对于少年处女的功用很大。因为气静融入血，血得气蒸转而化气；因为气静而致神清，神清又发挥了元气的运化作用。守静功夫有个递进的过程，先以微微之意引火，待火发动可以有意无意，勿忘勿助而守之。久之，天然真火自然发动，行功者只需于其中无识无知，混混沌沌处之。在这种状态下，元神元气元精都在发挥各自的先天作用，一切变化尽包含在其中。这个状态就类似宇宙自然的运化，纯粹是自然而然，不论周天度数而自然合于周天度数，不管阴阳运化而阴阳运化自在其中。如此行功，开始由血而化气，终则由坤阴之体变为乾阳之体。按功夫效验，凡达到守静标准，大约一个月，先天元气就会充盈在身，并开始排除体内的浊阴之物。当浊阴之物退尽，纯阳之气会更多地进入人体，月事也自然而然就没有了。到那时，体内元气充盈，内视体内光明皎洁，甚至骨髓都是透明的。但是，如果行功达不到至清至静，念虑不断，就会勾动凡火，看似在练功，实则暗中却在杀害自己。凡火者，呼吸之气，思虑之神。凡火泛滥，周身炽热不安，它从反的方向又耗损着身中的真阳之气。所以，火候的调控是非常关键的。譬如勾动凡火之后，行功者发现后运用止火之法，就可将凡火消除。这个止火之法，就是淡化意识，回到勿忘勿助的状态中。止火法，要及时发现问题及时用，方才不伤元气。

以上就是已婚中年妇女与未婚少年处女下手行功的不同法诀，希望修道的女性对此务要弄清，辩证对待，关键的地方要特别谨慎，不要出问题。果真都能按这些法诀去行持，最终都会像已成功的女丹家那样，成为后世仰慕的典范。

【编者按】

读此一篇，可知丹道下手之功乃因人而别。实则除因人而别外，当还有因性而别、因病而别、因时而别等等，不可一概而论。由此也警示一些法诀的执著者，不能将某些法诀视为某些门派的本质性东西，不要本本主义、教条主义，不要泥文执象，最要者，要学会灵活变通。

【原文】

白莲真人曰：

出尘有志，立意无偏。

尤以外内加收敛，寂然不动是本源。

安静久坐烦即散，稍着拘牵气难圆。

女本属静静中炼，真气跃跃自腾翻。

忘意忘言守至善，不迁不移合玄关。

气行切勿滞，气住勿稍添。

烹炼未咸宜，寒躁皆属偏。

果能照此行，功圆见先天。

先天从何见？只取心头无挂牵。

不牵不挂神自活，神活性命两相旋。

旋转不已阴阳会，交媾真气自满圆。

圆圆满满通贯顶，由此下降通七莲[①]。

莲得甘露花心活，七日七朝[②]便开繁。

莲心一繁真心现，自在如来遍大千。

大千世界任游转，看尽红尘苦海边。

方知群仙点妙诀，真不误人驾慈船。

世上贞节急急炼，定许果结游西天。

【注释】

①七莲：前文已有注释，“七莲”，应指人先天纯洁的心性。此先天心性因被后天情识蒙垢，不得如七瓣莲花之开放。有道气甘露的滋润，七莲自然开放。但此处“七莲”之含义似乎又有扩充，认为先天心性之“七莲”花开，乃是性命合一，大药得矣。

②七日七朝：是指得大药后，要用七个昼夜的连续用功，巩固大药的合成效果，得金液还丹。此后，人仙之果已成矣。

【文译】

一个修道的女子，当立下志向超脱世俗，并选择了正确的修道之路后，接下来的实际功夫就是从内外两个方面收敛保养。所谓外敛，就是消除邪思杂念，净化心意，这叫作修性；所谓内敛，就是保养体内的精气不让其流失。这两者做得彻底，能达到上座时寂然不动，这就奠定了最好的基础。寂然不动就是彻底的安静。保持这种持久的安静，原来未上座时身体的一些不适和心情上稍有的不畅，都会一扫而光，越坐越舒服。这种舒服来自身中不断生发的先天之气，而先天之气又在身中和谐运布，使身心逐渐向一派无限和谐的浑圆状态营构。如果在此期间，有七情六欲的勾动，引起后天识神与口鼻呼吸的凡火，已经营构起来的与即将营构起来的浑圆功态，马上就会被打破，再行营构又颇费周折了。

一般来说，女性本体属阴静之性，练功入静较男子要容易。常言道：“人心死，道心活。”入静，即死去后天识神的人心，遂换来先天元神的道心。道心即现，元气即生。只要保持道心常现，元气即源源不断滋生壮大，气势磅礴。从火候法诀上讲，人心死，即忘意忘言，舍去后天一切念想；道心活，即守住喜怒哀乐之未发的那个无心之心，并将这种状态恒持下去，自然会合玄关，洞开玄关。玄关开，元气生。元气有其最和谐最规则的运行规律，生命只能服从于它的主宰。所以，元气行动时，人的意识要跟随元气走，意随气行。而当元气走到何处停顿下来不再前进时，人的意识也要跟着停下来，既不要督促元气前进，也不要单独前进。元气在体内运行一周，名为一个周天。这其间的口诀有升降，有烹炼，有沐浴温养等等，该升则升，该降则降，该烹则烹，该炼则炼，都当候到行火，不要有主观过激行为。功中有忘，但不知休息，空无一物，这叫作“寒”；功中无安，却不知止念，烦躁难静，这叫作“躁”。此两者皆属出偏，必须以上法纠正之。果然能按照以上的法诀行功，各方面的要领都能完全顺遂地把握，以后天返先天就是不难的事情。

那么，在功中哪一刻见到的才算先天呢？简单回答，从行功者心头消除了后天念虑的那一刻。因为，念虑是后天的，属识神，它的活动轻则是对先天的消耗，重则是对先天的破坏。所以，后天念虑一驻，先天元神就发挥了对生命统御运化的功用。这一功用，使人的性与命互根互生，互育互化，循环不已。这种先天阴阳的交合运化，使神越来越清明，使气越来越充盈。体内之气的浑圆状态达到一定的程度，它们又会像天上的甘露一样，洒落在清明的心田里，给生理上实在的心胸以宽阔无限、空灵无比的舒妙感受。这是先天真阴真阳交合而产生的大药现象（编者按：当然，还有其他的景象伴生），它会由上田乳溪一直贯通到下田子宫，产生连锁性美快感受。此时，需要的是死心不动。守住此状此象，大约需经过七个昼夜之后，生命的再造之功宣告初步完成。人的生命自此超脱于生死之外，自由自在。在这个生命层次上，再看社会上的普通人，觉得都是在苦海里挣扎沉浮，十分悲哀可怜。也只有在这个生命层次上，才知道前辈仙家所留下的丹诀，都是实修实证的真谛，都是度人到美好彼岸的法船。世上有志的女性修道者，一旦得到丹诀就要急急行功，时不我待。只要你功夫下到了，哪有不能成功的道理呢？

【编者按】

此篇顿修之法，仍然是针对未婚少女而言的。

【原文】

广慧古佛曰：

吾今流指[①]一火候，是贞节女[②]共参观[③]。

不拘榻[④]前强打坐，优游散淡不拘拴。

任其自放自收缩，一时念及自参禅。

一时不静休上座，强坐气反阻祖原[⑤]。

此点元炁静中来，优游渐长两缠绵[⑥]。

缠绵亦有考验诀，神若昏昧想贪眠。

然后轻身榻上座，一坐真炁会自然。

不用此法神难合，此功日久顶上圆。

但要化尽解身累，易去后天接先天。

若非贞节两等辈[⑦]，休用此功妄去贪。

若贪此功成睡魔，反使神炁隔窍关。

再拨贞女修行诀，子时阳动下榻前。

默念佛号三五十，再行用功照点前[⑧]。

子时若不身移动，天人交战[9]在此间。

能移身法化魔累，佛号一声彻地天。

辰刻不宜轻移动，妄动神机败本原。

此乃修真上上诀，贞女一同共参观。

何分两等拨火候，贞女神原在两间[10]。

节妇志向虽坚定，却多耗伤未修前。

内蕴元炁俱伤败，另起炉灶始还原。

辰刻升坐神炁足，不足不动更伤丹。

丹何以名修有形，丹本炁凝号曰玄。

玄即丹之别名号，神圆炁自两复还。

此贞节女真火候，修到百日再点丹[11]。

女本真阴藏真阳，故点辰到用功参。

子时一阳初发动，游行活泼运周天。

一阳动时真阴旺，上座必便自抱还。

所指中藏天机妙，留心揣摩勿妄传。

口中说诀皆是假，修真还在念尽捐。

能除万缘清似水，明珠掌上放光圆。

【注释】

①流指：意思即“公开地说明”。流，即从口中吐露出来；指，明白地指出。

②贞节女：根据下文的内涵表达，这里特指两类女性，即贞女与节女。贞女，即童体未破，一直未婚，且能洁身自好的女性，年纪约在十二岁之后、二十几岁之前。节女，指已婚之中青年女性，生育过子女，丈夫故去或离异，能固守节操，独身不嫁。修道的贞女节女既可以出家修行，也可以在家修行。

③参观：即参悟的意思。

④榻：本指床，这里泛指供打坐练功的禅床或蒲团。

⑤强坐气反阻祖原：勉强地打坐，由于心不能静，体不能安，呼吸之气不能顺畅，反而会形成障碍，使先天元气不能进入到身体中来。本句中“气”原文为“炁”，是前人之混用，今改用准确之“气”字。“祖原”，指生命的本元。

⑥两缠绵：比喻男女之间和谐地性交。

⑦若非贞节两等辈：意即“如果不属于贞女与节女这两类的女性。

⑧照点前：意即“照前面时间的惯例”。文中“点”，即更点之义。如一夜分五更，一更分五点。这里泛指时间。

⑨天人交战：此语隐喻人体小宇宙与宇宙大天地相合之后，在天然自然的状态下发生的生理上类似性交配的那种快感冲动。

⑩两间：这个表述较为模糊。根据文章中的“天人交战”来看，“两间”，可以理解为死子时与活子时同步感应。

⑪再点丹：意即“再行点拨丹诀”。

【文译】

古代佛门修炼家广慧大师曾说：

我现在公开指明一种女丹法诀，可供属于贞女和节女范畴的女性参悟。

先说静功的打坐。无论你在禅床或者蒲团上打坐，总是要使心能真正静下来，才能坐出功夫。所以，当心不能静、意念纷杂的时候，干脆从禅床或蒲团下座，走动走动，使意念轻松并减弱（编者按：人的意念源自识神。识神具有阴阳两面，如果某一意念滋生，识神的阴阳两面统一和谐，那么，这一意念在达到高潮之后，会自动慢慢减弱，至最后消失。如果某一意念滋生后，识神的阴阳两面闹对抗，意念则会更加强烈地两面滋生，心就不得安静。

所以，功中出了杂念，最好是不要理会，让它自生自灭。如果想硬性制止，反而如以油扑火，越扑越旺）。这就如同对待天上的白云，它飘来就让它飘来，它飘去就让它飘去，念头自然一个个都消失了。等到念头没有了，心清静似水，上座练功自然见功。但凡有一时心不能安静，就不能勉强上座。因为勉强打坐，由于杂念导致的识神顽拗，呼吸不能顺畅，肢体不能松柔，造成身体的微观系统不开放，不和谐，会阻碍先天元气的渗入。此种情况，不但坐不出功夫，久之微观系统会更严重地遭到破坏，还会引发各种病症。

就练功而言，先天元气是从虚极静笃的状态下进入人的生命体中来的（编者按：因为虚极静笃的状态，是人完全放弃后天意识的状态。当人完全放弃后天意识，人就把生命交给自然天道统御了。自然天道就会将先天元气再度施于人身，使人的生命接受再造）。只要功态持续得好，先天元气就会由弱到强由少到多，源源不断地在生命体中发展壮大起来。先天元气再造生命，与生命由后天父母交媾而成，两者之间具有某些相似性。即从练功者的生理上，会产生性媾合的美快舒愉感。能不能达到这种功效，也有自我检验的方法。即功中人的神志不是昏沉的，但又不是非常清醒，处于似睡非睡，有我无我的状态。如果打坐中出现昏沉欲睡的状况，则要猛提精神驱除昏沉（编者按：如果人因疲劳、身体虚弱等各种原因，不能克服昏沉欲睡，那就只能停功晚眠。等到自然睡醒，在没有完全恢复清醒的状态下，进入打坐练功）或者熟睡至醒。在无昏沉困顿的状态下继续打坐，这时心静，神清，体轻，呼吸顺畅，自然会渐入功态的佳境，引动先天元气的到来。如果不采用这种打坐的应变处理方法，神气就难以相合，也就难以长功。所以，这种应变处理方法是最为有效的。而在良好的功态下持续日久，首先会在头部产生圆满光明的内景，并逐步向下扩充，至最后达全体圆满光明。总之，修功得功的过程，就是要把后天因自然及人为两方面所导致的先天生命程序的耗损与破坏，再修复完好，让它重新接受先天的再造。

这里所披露的法诀，主要为贞女与节女所提供。不属于此两类的女性，可以选择其他下手法诀，绝不能用此法诀。因为，下手法诀是因人而异的，不能生搬硬套。即便符合条件的女子，选用这些法诀也不能有一个“功”上的“贪”字。假如你一次坐两个小时感到很舒服，但你想加快功夫进程，你就坚持坐三个小时或更长时间。在增加的那十分二十分钟内你还好受些，到了后来，你就坐累了、坐烦了、坐困了。这种贪功的结果，要么就是坐出毛病来，要么就是昏沉入睡，把仅有的一点功效也坐糟蹋了。

上面是笼统讲贞女节女静功打坐的基本情况和道理，下面先讲讲贞女行功的法诀。

贞女夜间打坐，当子时到来时，应当暂时下座，点上一炷香，默念你所信仰的佛号（注：如阿弥陀佛、无量寿佛等）三五十遍，然后再上座继续练功。为什么要这样做呢？因为，贞女从生理上讲，先天本质保持得相对较好，容易发生天人相合的感应现象。子时，是天地阴静陌生的时刻，对于先天本质保持得相对较好的贞女，功夫达到一定程度，天地的子时也会在生理上反映出来，称之为活子时。活子时阴静阳动，会从生理上给人以类似两性交配的舒美之感。这种感受达强烈之时，对于一个缺乏经验的练功者来说，有时难以把持，容易引发后天的性欲冲动，大大有损功夫的长进。所以，当外部的子时感应到生理的子时那一刻，为避免引动后天性欲冲动，就要即刻下座，焚香念佛。因为念佛有庄严肃穆之心，会解化一切后天心魔，所以一经焚香念佛，后天的性欲冲动就没有了，就可以再上座练功，进入更好的功境中去。在一天十二时辰中，子时是一阳初动，而到辰时（编者按：相当于上午7点到9点钟之间）则是阳气生发的最顺畅时机，这个时候就不要轻易下座。如果这时轻易下座，就会影响先天元气最顺畅的生发与输布，那将是练功的一大损失。

以上就是贞女静坐功夫的秘诀。所以，贞女对这些法诀要特别仔细去领悟。

为什么要把贞女与节女的法诀分开来说呢？因为，两者在关键的地方有所不同。例如贞女，她们的关键之处就是，要把握好死子时与活子时天人感应时的火候处理。

现在再来说说节女修炼的法诀。

节烈的女性，她们的优势就是意志坚定，一旦选择了修道，就会坚定不移地走下去。她们有这样的优势，同时也有自己的劣势。这劣势就是，在修道之前，因为生育子女，或由此带来的妇科病，身体已经遭到严重的亏损，内在的先天元气已经被大量耗损。所以，节女与贞女就不同，贞女可以借助自身先天的“炉灶”来“炼丹”，而节女自身先天的“炉灶”已遭到破坏，需要重新修建“炉灶”来“炼丹”——即找回先天元气。贞女下手，关键火候在死活子时；节女下手，特别重辰时。我们已知，辰时是天地间阳气生发十分畅顺的时刻，于此时练功，天地的阳动之象会感应到人的生理上来，对于培养自身的神与气，使之旺盛充沛，具有至关重要的作用。当然，我们讲的是天人相合，天合于人，人也要合于天。所以，于辰时打坐，也要保障坐功之前的神气培养（编者按：在我以为，之前最好的方法可以做些吐纳导引的成功）。如果上座之后表现的是神疲气枯，再好的外部时辰也不利于打坐的静功。因为，这样的状况越打坐越会坐出毛病，反不如不坐。

为什么叫作“修丹”呢？“丹”是借古时外丹烧炼的“丹”而言的。据说，服食外丹可以使人立地成仙。故以先天元气炼之入身，可使人长生久视，也称为“丹”。此“丹”产自于身内，又名“内丹”。因为它要经过练功人按照特定的法诀和漫长的时间，从损坏了的身心里再把它找回来，故名为“修丹”。

内丹修炼所说的“丹”，指的就是先天元气。把先天元气凝聚在体内，就借喻为“丹”。因为，此“丹”有质无形，只可感知，不可视见，又称之为

“玄”。所以，“玄”，又是“丹”的别名，合称为“玄丹”。虽然我们说“丹”是先天元气所凝聚，其实又是先天神与气的凝聚。从修丹步骤与效应顺序来讲，性修于前，命修于后。性修之效在凝神，神凝而气聚，命修之效在气聚。神凝气聚，玄丹乃结。

以上就是贞女节女们应了解和掌握的法诀。以此法诀修到一百天以后，再给你们进一步指点。但是，这里再重复强调一下，本法诀关键之处在于女性属于坤卦，真阴之象。但此真阴却蕴藏着真阳。所以，我们对于节女，要求她们注意辰时的功夫，以培养身中的神气；对于贞女，要求她们注意子时的功夫，以便阳气发动，使之运行周天。总而言之，身中有一阳生发，真阴也显示为旺盛之象，这样打坐就能以后天返先天，就能坐出功夫来。

以上披露的法诀，其中泄露了很多天机，希望女同修们要多加揣摩参悟，不要忘加浅薄地去相信。再者，嘴上讲法诀，再真也是虚假的，只有把功夫修到了自己身上，那才是真实的。说一千道一万，功夫还在下手之初时祛除杂念，寡欲清心，这样才有可能返还先天之本。

【原文】

瑶池王母曰：

吾又提醒，女子金丹；由渐而进，由勉而安。

由下而上，由后而先；漫漫烹炼，渐渐熬煎。

不松不紧，火候自然；期至水涌①，北海②滔天；

如河泛涨，急靠尔船；若是溯③浪，定许失船。

养静女子，海水甚坚④；一到期间，如火燎原。

倘不停功，祸起眉前。

停一七日，二七无嫌，勿谓懈怠，功夫难添，必待露尽，再言参玄。

若不待尽，秽气相参。水泛海潮，时至周遍，

窍窍聚会，周天已满，同流而下，故曰滔天。

如何泛涨，百渎流泉；山溪小谷，共聚一团，

方曰泛涨，此理明言。养静不停，逗期参禅[⑤]，

真火一发，恶秽烧干；既成痼疾，药苗难痊。

不但北海，秽枯燥干；百脉阻滞，膏肓成坚[⑥]，

力难破血，干入髓间。吾今指破，下细与谈，

免受奇祸，个个畏难。此即妙法，必不轻传；

吾今指出，鼓励女媛。多停期至，自不病连，

期至之日，活泼为先。勿忧勿闷，七情悉捐，

六欲扫尽，悠悠然然。洒洒自如，冷饮莫贪；

太辛辣物，亦莫咽沾；自然祛病，一生安闲。

【注释】

①期至水涌：指等到月经到来。“期”，等待；“水”，指月经。

②北海：喻指子宫。以五方比五行，南为火，北为水。月经为水，生于子宫，故喻子宫为北海。

③淜：音 píng，指涉水过海。“淜浪”，指迎着浪头涉水前行。

④海水甚坚：根据全文之义，此句中的“坚”，应为“旺”。用“坚”字只是出于词句的押韵，表达的意思并不十分准确。

⑤逗期参禅：逗，挑逗。“逗”，也作“斗”，有对着干的意思。“参禅”，这里指修习静功。

⑥膏肓成坚：“膏肓”，中医学上的人体部位名称，在心下膈上，为体内重要部位，后泛指人体气血的深微之处。例如，“病入膏肓”，指疾病侵入人

体的深微之处，已不可救药。“坚”，这里指痼疾。

【文译】

古代女丹养生家瑶池王母说：

我再把女子丹经的关键法诀提示一下，以便让大家加深认识。

女子丹法的修炼要循序渐进，不可急于求成，要保持一个坚持不懈而又淡然平常的心态。练功就像攀登台阶，要由下而上一步步升级。这个过程，也是由后天一步步返还先天的过程（编者按：这一层主要讲的是凝神调息、心息相依的功夫与火候。凝神，对外是收摄与消除杂念，对内是守静与调息。全然不着意，那叫炉中无火；意念专注而强烈，那叫暴火。无火则水冷，暴火则水倾。所以，意识平和温柔，勿忘勿助，随息自然，才是正当火候）。

女子修炼丹功，当遇到月事出现，子宫内月经排泄量就比较大，这时就像河水陡然涨了起来。月经没来之前，练功就像在平静的河面上驾着一叶扁舟悠闲地钓鱼；月经一来，如同河水猛涨，水高浪急，这时必须将小船急忙靠岸停泊。这时你若要顶着浪头划船向前，其结果必定是船翻人亡。这其中的道理在于，经过静功修炼的女性，她的身体要比一般情况下强健很多，所以经血的排泄量也就很旺很强。月经一旦来临，就如同燎原烈火，一发而不可收。这时如果不立即停止练功，就可能会发生一些意外的出偏现象，非但损耗功夫，还会引发严重的病患。所以，在练功过程中，月经一旦来临，就要停功七天或十四天（编者按：经期结束的早且干净，停功时间可短些，反之则长些）。这并不是懒惰懈怠，而是要避过练功的不利因素。必须要等到月事过去得干干净净，才能继续练功。如果月经没有干净，你就开始练功，这时污浊的秽气就会掺杂在先天元气的运行之中，使先天元气运行通道受阻，从而引发病患。

这里再解释一下“北海滔天”及“如河泛涨”的道理。

女子的月经就像海潮，是规律性出现的。它的发生，是外部自然感应到人的生理，由人之生理整体作出反应而发生的。也就是说，月经虽然产生于子宫，但它是由身体的整体气化感应，并经过气血网络的各联络点——窍，进行汇聚，最后集中到生殖基地——子宫。在生殖功能未被利用的情况下，气化为血，清变为浊，先天落入后天，而被排泄出去。因为练功人身体好，所以气血旺。气血旺，子宫内月经排泄量就大，所以，称之为“北海滔天”。又因为，月经看似由子宫产出，但追根溯源，它却是由人体许许多多的经脉汇聚而成，就像无数条小溪小河流入大河。月经期出现，人体无数条经脉就像小溪小河遇上暴雨季节，猛然涨水流入子宫这条大河，这就喻为“如河泛涨”。这个道理一旦剖析清楚，大家的疑团也就烟消云散了。试想，月经一旦出现，先天化为后天之生理本能机制的运行，一是有一个过程，二是不可能逆转。如果此时继续坚持练功，那就是跟生理本能机制的运行对着干，其实是违背了道法自然的原则，肯定不会有好结果。我们可以试作分析，此时坚持练功，就会发动先天元神元气的真火。这是一种生命强能。真火一发，正流行于身体百脉中的，已由轻清之气化凝呈相的经血（编者按：虽还未达子宫，但已化为浊血），有可能会被烧干，从而成为无法清除的垃圾留存于经脉血管之内。久而久之，终因血脉阻塞不通，引发许多顽疾。到那时，刚刚修炼出来的一点先天元气，也起不到任何作用了。不但子宫因血脉不通而反常性断经，而且又因为百脉阻滞，人体气血最深微的地方——膏肓，也与外部层次存在顽固的障碍阻隔。在这种情况下，再有本事的人，也难以把死瘀的败血清除掉了。不但如此，这种败血干枯于经脉血管中的现象，还会一直延伸到骨髓中去，其危害性是非常大的。现在，我把这些都仔细地跟大家讲明白，以免女同修们出现这些危险情况。

以上这些法诀，历来都不是轻易传授的。我今天把它点破，就是为了鼓励女同修们精勤向道。至于月经期间，让女同修们停功一段时间，就是为了避免生出疾患。但在此期间，虽说是停功，从某种意义上讲，停的只是命功，还要讲究性功修持。性功修持，就是去七情，除六欲，养我恬淡之心。恬淡之心是活泼灵明的，而不是沉寂孤闷的。除此之外，还要注意饮食卫生，切勿食用口味过于偏激的酸辣苦麻等食物。同时，还要注意冷暖湿燥的调节，以保持最合养生的环境与条件。这样，避免了疾病的侵袭，避免了俗事的干扰，就可以安闲自在地练功了。

【编者按】

这一节的法诀，主要讲的是女性月经生发的机理，以及月经期必须停功的道理。我以为，这里应该停的功，是功中对气有所调运的功。如果只是守静——即也不守某一窍，也不调什么息，也不运什么气，那就出不了什么问题，反倒是无害而有益。不知道者以为然否？

【原文】

此缘之中，又分几端，今生造道，前生累冤。
冤冤相极，亦难身安，多受病染，缘结难全，
半途废者，暗有周旋，生虽不乐，殁[①]即证仙。
生能造成，金仙[②]手拈，由仙而上，直归西天，
生死两途，何挂心间。
吾今道出，众位女贤；苦中受苦，勿贪脂甘。
略略放过，扫尽俗缘。俗缘扫尽，真神[③]自全。
全此一点，飘荡仙山。
欲登宝塔，任尔高攀；欲到普陀，随尔足探。
欲游东京，任尔闲玩；欲至西土，佛引过关。

欲步凌霄，由尔进前；吾所言者，并无诳谈。

女子功夫，与男相兼；只分地步，地本非玄。

一切妙化，俱不异男；尔等切悟，书中载全。

毫不差错，各自修潜；切记切记，吾甚心欢。

【注释】

①殁：音 mò，死亡。

②金仙:《慧命经》曰:“又问曰:‘《楞严经》谓十种仙报尽还坠，何也?’”答曰:“十种仙还坠者，乃旁门小法耳，所以成者亦小果耳，故有所坠也。若得慧命起手，则不名十种仙，而名金仙矣。且金为西方，实即气也。气属阳，神属阴，阴得此阳，故名阳神。阳神者，众人有所见也，亦得取物；阴神者，众人无所见也，无能取物也。”根据以上描述，可知金仙为阳神出壳之后的成仙阶段。因金子永不腐朽，故金仙也泛指生命永生不死的证果。

【文译】

说起修道，那是非常讲究缘分的，但人与修道即或存在缘分，而这缘分对不同的人也存在不同之缘分。假设一个人在今生知道修道，很虔诚，也很精勤，但他在前生造下许多冤孽，致使在他今生身心落下很多病症，而使他不得安宁。正由于这种因果报应造成的先后天身心疾病，所以，尽管他今生与道结缘，但这个道缘在今生今世也很难有圆满的结局。因此，有些修道的门派对于这样今生难以一次修成者，就教给他们灵魂转世的方法。当今生的肉体难以负载灵魂继续修炼时，就闭息而亡，让灵魂转世投胎，在下一次新生命期继续修道（编者按：据古代典籍记载，类此灵魂转世的事例很多。有些甚至要转世十数次，最后才能修成，所以，修仙这件事，乃一半人为，一半天就。一生修成者，要具备非常优越的综合条件，而世人大多数都难以具备这些综合条件。所以，修道者多如牛毛，成道者少如凤毛麟角。但是，我们每个人是否具备优越的综合条件，一部分我们自己是知道的，一部分是我们自己无法知道的。因此，谋事在人，成事在天，应为每一个修道者所保持的心态。从这个意义上讲，修道最为体现价值的是生命修为的过程，而不是结果。过程完美，其结果必定完美。虽然不同的人会有不同的结果——这是个人所无法主宰的，但完美感却是相同的）。如果一个人综合条件相当优越，自己又有大志大勇，那他在今生今世就可以取得极高证果，修成阳神出壳的金仙，似乎也不过是信手拈来的事情。实际上，生命在于宇宙自然之中，也不过是幻化形式之一。你若修成仙体，那固然是了不起的事。但从仙再往上修，其实就是返归大自然了（编者按：原文“直归西天”一句，表面意思是去见如来佛祖，其中真意在于“见如来”。何谓“如来？人之有形“来”自于自然之空空无形，即名“如来”）。你把这生命的奥秘弄清楚了，则对生死也就会进入达观的境界，心中也就没有什么挂碍了。

以上我把修道的奥秘都明言相告了，希望你们这些女性中的精英能立下大志向，精勤修道。在常人眼里，抛弃一切物质和情欲享受，确是很苦的事。但在实际的修道练功中，还有常人想不到的苦中之苦，诸如不沾荤腥地吃素等等。而作为一个修道人来讲，你能将世俗人做不到的事情做到，将世俗人放不下的事放下，心中还有什么烦恼和挂碍呢？既然没有烦恼和挂碍，一旦入静，气归元气，神归元神，神气合一，销阴煅阳，自成纯全阳神。阳神纯全，自登仙位。到那时，你的生命体在有形世界里具有超时空存在的功能，上下四方，六合之内，可以随时随意到达。你的生命已成气化之体，你可以聚则成形，展示生命现象与功能；你可以散则化气，与宇宙自然浑化为一体，这就是修道的最高证果。

我所说的这一切，都不是虚言诳语，都是前人的实证经验事例。

女子丹法与男子丹法基本是相同的，但男女存在生理上的区别。所以，在下手阶段，男女的法诀是有不同之处的。过了初级阶段，两者的法诀都是相同的，证验也都是相同的。这些法诀，在前人留下的经典里多有记载。你们要用心参悟，根据各自不同的情况，在火候把握上要做到分毫不差，这样才能安全快捷地顿超直入。你们若能认真记住我的一番婆口苦心，把它们运用到功夫实修当中去，我就十分高兴了。

【原文】

响月文通古佛曰："道[①]虽分层次，不过为修炼者把心拴。

若论贞节不须炼，真静二字始终玄。

女本属静体，翕辟[②]发自然。灵气白发现，血化为金丹。

阴气消融尽，真火蒸髓间。何有凝滞病，何有斩龙言?

不化而自化，坤位转成乾。

【注释】

①道：这里指修道的境界。

②翕辟：翕，音 xì，聚合之义。辟，古字为"闢"，音 pì，开放之义。

【文译】

响月文通古佛说，修道的境界虽然由浅入深由低到高分许多层次，但对这些层次的境界体验，无非在于修炼者心性修炼效果的进步，则会带来修道境界的升华而已。下手丹诀叫作"拴心猿，锁意马"，也即收心。但仅仅"拴心,，是不够的，还要能够"放心"。"拴心"，即拴住后天意念。但如果持续地"拴"，那说明后天意念仍旧没有放弃。所以，"拴心"之后要"放心"，即要把后天意念给放下。后天意念一放下，先天心性自然就会显现出来。但一般人的后天意念是很难彻底放下的，所以才有功夫的修炼。而对于贞节的女性而言，她们有坚定的意志，有纯一的向道之心，所以她们的心不必去“拴”就能放下，一下手就能处于真正的纯净心境。像这样的情况，她们是用不上“修炼”二字的，是顿超直入的，一下子就进入那个“玄之又玄”的“众妙之门”，一任先天的造化。

女性，从其本质属性上讲，属于静体。就如同大地，属于阴静之体，它的冷暖变化主要受制于太阳，阳光强烈，日照时间长，大地就温暖，万物生长就旺盛；阳光微弱，日照时间短，大地就寒冷，万物生长就受到限制。这种阳开阴合、阳放阴收的现象与规律，完全是自然作为。正是大地这种属静的体性，一任自然造化，才会有大自然生生不息的动植物生命演化。女性一旦呈现出这种类似大地的静体，其生命体中阴阳的收发开合亦是一任自然造化。先天元气灵动活泼，自然发挥生命造化功能，后天的经血自然会从源头上蒸化为气。再经过持续静修，气则去阴留阳，由后天返先天，自然凝结为生命永生的金丹。当阴从气的成分中逐渐退尽都成为阳性的时候，从“火”的概念上可称为“真火”。当“真火”遍布于全体，身体如同蒸笼中的食物接受“真火”彻底的熏蒸时，还有什么疾病不能祛除呢？经血这条“赤龙”还用得上什么“斩”才能断绝吗？在这其中，什么有为的功夫都不用，一任自然天然，不化而自化，属阴的坤体自然也就转化为纯阳的乾体了。

【编者按】

这一节法诀主要讲“真静”在女丹修炼中至高无上的作用。“真静”法诀同样适用于男子丹法。因为，功夫中的真静，是万念俱灰，而一灵独存。人在母胎受孕时就是这种状态。练功者的真静与胎儿在母体受孕时的真静，其内涵是完全一致的。其根本差别是，胎儿的真静是彻底不由自主的，他的先天自然就是母体。而修炼者的真静是自主形成的，这时的先天自然不再是母体，而是宇宙自然，是道。人若能得真静，功夫根本用不着“炼”，只要持续真静就行了。但世上入手便得真静的，万者难得其一。故对大多数修道者来说，还是得修，还是得炼。坚定不移地修炼，真静亦有可得之日。

【原文】

响月文通古佛曰：

清静真诚是妙玄，莫用后起①就②先天。

念定即宜长长坐，神昏不必死死探。

朗如皓月真性体，明若秋水大玄关。

活泼不沾亦不滞，杳冥③如有更如闲。

一灵④运动渣滓化，乐境层层如鱼鸢⑤。

莫将假身囿⑥真我，方能返本而还源。

【注释】

①后起：指由后天而起的思维意识及活动。

②就：即服从之义。

③杳冥：功态下所处的一种虚无缥缈状态，无人无我，无内无外，四大不着边际。

④一灵：实为先天神气的化合之体。

⑤乐境层层如鱼鸢：鸢，音 yuàn，指一种黑褐色的鹰。全句形容自由活泼、生机灵动无限的功态境界。鱼鸢二物，一在水中，一在天空，都处于自在活泼之状。

⑥囿：音 yòu，古代帝王畜养禽兽的园林，这里指遭受困阻不得自由之义。

【文译】

老子《道德经》上说："玄之又玄，众妙之门。"这是指道的本体。修道者要返归于道的本体，条件就是清静与真诚，千万不要动用后天的思维念虑。因为清静与真诚也正是先天心性的表现，固以先天就能招摄先天。而思维念虑属于带有渣滓的后天，后天只能招惹后天。练功中该怎样辨别先天与后天的入手条件，又该怎样去处理它们呢？这也不难。假如下手静坐，心无一丝杂念，干干净净，清清亮亮，这叫念定，这就是先天心性的表现。处于这种状态，你就一直坐下去。只要念定的情况不改变，能坐多久就坐多久。若静坐之中心神不定，或精神疲倦，这叫作神昏。神昏属于后天浑浊的神态。那就不要勉强再坐下去，该睡觉睡觉，该做事做事。还有，什么叫真性显露？当功态下心如止水而又光明洞达，无滞无碍，犹如一轮明月高挂在万里碧空之上，这就叫真性显露。什么叫玄关一窍？当心息相依到一定程度，撒手忘我，进入神气相合之中，那便叫玄关一窍。然而，玄关一窍又可分为小玄关与大玄关。小玄关是玄关的初始阶段，状态是虚无缥缈混混沌沌；大玄关则是玄关的深入阶段，状态是晴空万里，碧波荡漾，生机一片。什么叫活泼？就是功态下心息气三者既相融相合，又流畅灵动，自由自在，无挂无碍。什么叫杳冥？就是功态下的若有若无，若即若离，就像万里晴空飘浮着几丝轻云，游离悠闲。总之，真性显现之时就是玄关开启之时，真性持续呈现，玄关则会步步深入更高境界。玄关就是杳冥境界，在杳冥境界里就灵动活泼，生机无限。这个灵动活泼、生机无限的作用发挥者，称之为气。它是元神元气在先天状态下的聚合之物，因其灵动称为元神，因其运化称为元气。有此气一灵独运，身心内一切后天渣滓都会被化解，最终身心会成为明通之体，无碍无滞，自由自在，就像鱼儿在水中自由游动，就像雄鹰在天空自由翱翔。

但是，许多修道之人在功夫上难以取得成就，这是什么原因呢？就是这些人始终摆脱不了后天，他们太贪恋由有形物质构成的后天生命，太难以割舍眼耳口鼻舌这些感官的欲求，太难放下思想中存在的爱、情、贪、求之心了。岂知后天有形的生命体都是由后天物质所组成，而后天物质都是不断演化的，因而所构成的某种物体的存在期也是短暂的。只有先天真性才是永恒不灭的，能见真性，乃见真我。真我常存，生命才可以长存。知此道理，就不要被肉体这个幻化的假身像牢笼般将我们的“真我”给禁锢住了，我们要打破肉身这个限制我们自由、限制我们生命永生的牢笼，找到真性，方能返还先天，以使真我常存。

【编者按】

这一节丹诀是详解丹功术语所反映的功夫境界及内涵。

【原文】

响月文通古佛曰：

莲台①宝塔②候斯人③，真真不昧本来因。

先将清浊分明晰，久坐灵气渐渐生。

元炁蒸腾休惊恐，任他升降自调匀。

勿忘勿助真火候，有意无意莫留停。

烦闷即忙游散步，拘泥便觉神不宁。

念动是火非真药，性静无尘即真金。

锻炼原无分层次，淘尽渣滓自澄清。

不须别求真口诀，今宵言语须谨遵。

【注释】

①莲台：依我的划分，莲台实指真意明神，她是由后天返先天的主人翁。

②宝塔：依我的划分，此“宝塔”应指玄关一窍。

③斯人：即先天真我，即灵动之气。

【文译】

清静丹法的要旨就是下手即以明神真意做主，从而使心息相依、神气相合，而进入玄关一窍，找到先天灵动之气的真我。这就叫以真招真，以先天摄先天。这是来不得丝毫虚假的。如果心有一分不纯，气有一分不和，息有一分不定，先天境界就不会出现。所以下手修功，要把先天条件与后天现象区分清楚。清纯安静的即为先天条件，浑浊杂乱的即是后天现象。能够区分先天与后天清浊之别，留清去浊，自然越坐越见功夫。因为，在这时的坐功中，先天元气会逐渐萌发，逐渐壮旺。但元气最初在体内运动，容易使尚无体验的练功者感到惊奇与恐慌。这是因为：一、以前从未感受过身体内还有气的如此活动；二、此时由于身体内经络通道并不顺畅，所以气的运行时显时隐，时动时静，时活跃时轻微，并且没有规律。所以，要提前明白这些道理，当元气在身中萌发并开始活动时，则不必惊慌害怕，要顺其规律与形势加以调节，它动，顺其动；它静，顺其静；它升，扶其升；它降，随其降。元气还未在身内出现时，要保持心息相依。但要顺其自然，既不能忘却，又不能过分用意，处在有意无意之间，这才是最为适当的火候，并且要持续不断地把握这个火候。如果坐着坐着心情烦闷，安静不下来，就不必勉强打坐，可以下座散散步，也可以去做些别的安闲事。等心安定下来后，再继续上座练功。如果心已散乱，还想勉强打坐，这只会使心神更加受到拘束，越发影响练功。所以，前人说，念头一动，这叫凡火，不是先天真药物。只有心性纯净无染，才像真金一样，方为炼丹的真药物。又所谓火候功夫，在持续恒久的真静真定中，是没有锻炼与温养这些方法区别的，也没有所谓到什么层次用什么方法，静与定就是一切一切的方法。在这个恒持的静定中，先天元气自然由微而著，由弱而强，由局部到整体，从而将身内后天阴浊之物逐渐化除，最终成为一片澄清阳明的先天状态，此时还用再向别人寻求真正的口诀吗？这里把一切的法诀都和盘托出了，就在于你们去谨慎地行持了。

【编者按】

这一节丹诀是就练功的情况提出了辨别及应对调节之法。以上三节按其顺序可谓是明道、说理、吐诀，连贯融通。

【原文】

金沙古佛曰：

点醒缘中修真女，贞节两端听根生[①]；
知此妙诀非无法，法本诀出自有箴[②]。
常洗凡身归静地，勤养仙心垢化冰；
多贵仙根少扰俗，割断凡骨换仙身。
明明常照前身[③]映，星辉七斗放光明；
两目灵光常生内，两耳灵根常闭门。
两鼻不为凡香引，真香发动贯七星[④]。
一口能杜俗粗气，行住坐卧号佛身。
两手不沾人情态，多翻贝叶[⑤]念诸经。
两足稳住天台[⑥]上，丹室禅宫漫举行。
步履轻摇心便荡，妄动耳目即扰神。
神扰心即随机出，散漫无归烝何匀?
内息不匀外气扰，内外一息自归根。
内主不摇神自稳，摇动不宁烝难盈。

即或有动真机转，困顿无归扰黄庭。

呼吸一匀先天动，后天自让先天行。

若能念死后天绝，先天自从左右[7]生。

此机本是自然来，并无功用诀点明。

吾今指尽无上妙，望尔[8]凡胎[9]照去行。

同修真志休贪诀，点尔关窍坚尔心。

尔志能对吾之志，尔心难似吾心清。

能比吾心清如水，三载以后我亲临。

现身度尔童贞体，平空形飞走朝云[10]。

吾形常在尔心内，尔心即是我观音。

观音菩萨常常在，功成果结伴吾身。

七莲能化千万朵，千万莲花覆尔身。

此种捷径都不去，还在何处拜世尊?

【注释】

①听根生：听，任凭，发自；根，根本，指先天本来；生，发生，呈现。连起来的意思就是，任凭先天本来的性质呈现。

②箴：本指一种石制的针，可为人扎入骨肉治病，这里喻指规劝性、教导性的话语。

③前身：即先天之身，实指先天元炁。

④七星：这里泛指宇宙自然。

⑤贝叶：印度贝多罗树的叶子，用水沤后可以代替纸张，古代印度人多用此树叶抄写佛经，后也喻指佛经为贝叶经。

⑥天台：这里喻指打坐的蒲团或座位。

⑦左右：这里指身边很近的意思。

⑧尔：古语指“你”。

⑨凡胎：指未经修炼的凡俗之人。

⑩平空形飞走朝云：指白日飞升的最高证果之情形。

【文译】

金沙古佛在谈到女丹修炼法要时说：

我要让困惑不解的女修士们清楚地知道，“贞”与“节”在修炼中有至关重要的先决优势。但这先决优势是发自自然的，不是刻意去营造的。“贞”，是童体未破，童心全现；“节”，是坚毅之志，凌然之心。前者有先天自然者，有修为返成者。以后天修为返成而言，看似有意有为，实是“损之又损，以至于无为”而所获得，故不是去有意营造可成。立“节”之道，亦是同理，发自自然，也可修为而成。但此修为只是去掉后天人为雕饰而已，还是要一任先天呈现，这就是一般人所不知道的妙诀。

当然，以上所谓妙诀，只算是揭示一个奥秘，说明一个道理。接触练功实践，除此妙诀之外，也不是没有具体的方法。但这些方法都是在遵循以上妙诀的原则下制定出来的，并依此去规范修功人行为的。下面就具体的方法讲一讲。

我们常人的身体行为，不论是出于职业必要，还是出于个人习惯和嗜好，其中许多都是违背养生的，有害健康的，损耗先天精气神的。正因为如此，不修行的人就叫做凡人，没经过功夫锻炼的身体就称为凡骨。修行的人就是要遵从养生的规范经常洗涤凡骨，使身体返归本来的和谐清净。常人的心因为充斥着杂乱的七情六欲而一刻不得安宁，故称为凡心。丹道修炼家的心始终保持先天混沌纯朴之心，此心一尘不染，无喜无忧，平和安详，故称仙心。修行之人就是要用仙心来化解凡心，使沾染污垢的凡心像坚冰吸收热量一样而消融干净。总之，以上两者都是要求修行人从身心两个方面，按照仙家的标准，与凡俗的行为彻底决裂。

再来说说静功入门的相关法诀。

首先，打坐时要瞑目静心，反观内照。反观内照正法按其先后过渡，先用有为之法，即将心神集于上丹田泥丸宫，如坐高山之巅俯观身心内环境的自然运化。如此待一切顺畅自如，再撤观而听息。先听之于耳，后听之于心，再听之以气。久而久之，经络顺通，气运无碍，身心内环境就会由僵滞昏暗渐达清爽光明。那种光明洞达广大无垠的感受，我们说它像晴朗的夜空，有北斗七星闪耀在广阔无际的太空，也不为过。

反观内照的配套法诀，一是闭合双目，使眼睛的灵光益用于内；二是两耳关闭对外的接听功能，而守听于内；三是鼻孔不去嗅外在的气味，而自会体感身心内先天之真味。要知道那种真香真味呈现出来以后，它甚至会充满宇宙自然呢！四是嘴巴闭合，牙齿轻叩，既不使口中吞吐粗俗之气，又务使周天运转的通道得以连通。

以上方法，不独是打坐修炼静功时如此去做，即便是日常的生活中也要按此原则去规束，使行立坐卧的一切身心行为都符合仙家修炼的要求。那么可以说，你即或未修成佛，而你的行为也已经符合佛的标准了。进一步讲，修行人的双手不要去做凡俗人做的事情，而应当多去翻看丹经道书；修行人的两腿要经常盘坐于丹房蒲团之上，让它为练功服务。

就行为的动静而言，即便你很轻柔地走动，也必有意念活动在内，心不会处于最安静的状态。更不要说耳目这些感官，只要有意识地去发挥作用，就会扰动神的先天安静状态而诱发为识神。识神动则心机动，心机动则使元气耗散，后天呼吸之气也不得匀畅。就呼吸而言，关窍经络与血脉里的鼓荡运动为内呼吸，内呼吸的功能来自先天；口鼻呼吸为外呼吸，外呼吸的功能来自后天。在先天状态下，就如婴儿尚在母腹孕育，是内呼吸在起唯一作用。而内呼吸的状态是最匀畅、柔和、完善的。人处后天，内呼吸虽然仍在起着主导作用，但却被外呼吸所左右。外呼吸如果与内呼吸配合一致，人仍会处于先天状态，生生不息。如果外呼吸因身心妄动而紊乱，就会扰得内呼吸规律也被打乱，人的生机也就同时被破坏了。这些问题的关键在于一心，心处安静之态，元神就为生命之主，就会发挥最完美的生命调节功能；心处妄动之态，元神就被识神所束缚，不能正常发挥先天功能。心与炁的关系如同油与火，心为火，炁为油。心不动则火不生，心妄动则火炽烈，火炽烈则耗油既快又多。打坐之中若勾动妄心，就会耗损元炁，使它老得不到增添。即或某时一静之时出现真机，元炁生动，也会被后来又生发出来的妄心所扰乱散失，使“藏气之所”的中黄庭不能归于安宁。

入静安心之后，调息是至关重要的一步功夫。当鼻孔呼吸调至自然顺遂，匀细绵长，自然就会引动先天的胎息，这时后天口鼻呼吸也就顺然过渡到以先天胎息为主了。这就是下手妙诀，一是死去后天念头，一是消失后天呼吸。此两者都祛除之后，先天元炁随之就在最近最直接的身心内得以生发。

由后天返先天，其中有一个机关，一转即返归先天。但这个由后天返先天的一转，并非有意地去怎么转，只是放弃人为，顺其自然而已。从练功的本质内涵上讲，最高的功是无功之功。功之所以要修要炼，纯是针对后天而言。譬如先天生下的婴儿，赤身裸体，一丝不挂，然后才一件件地往身上穿衣服。这衣服就是后天之物。要给婴儿洗澡，就得脱去身上所穿的一件件衣裳。这脱衣的过程就像练功过程，一切不过是为消除后天而已。一旦脱到赤身裸体，还用再脱什么吗？一理相通也。以上我把最奥妙的修炼内涵都直接点明了，希望你们这些未曾修炼的凡夫俗子们能认真照着去实践。在修功中，立志是实在的，而法诀运用则是灵活的，你若机械地去运用，那就又错了。所以，这里我强调的关键是先要坚定志向。可以这样讲，即或你们立下的志向已经达到像我一样的程度，但你们的心却远远未能达到像我这样纯净无染的程度。所以，要知道任重而道远。如果你们的心都修到像我这样纯净如水，三年以后我会再来亲自指导你们，让你们都返归童贞之体，继而修炼到白日飞升的天仙境界。我的形象和话语若能常驻你们心间，那你们的心里就是我敬的观音菩萨。正是因为我们修行人心中有了这尊观音菩萨天天相伴，我们才能修成正果呀！观音菩萨是什么，她实指人心的慈悲、平和、安详。观音菩萨的莲花宝座指什么，它指的是人心的纯洁与安稳。所以，观音菩萨的形象喻示的就是人的先天之心。有先天之心，方能招摄先天之炁。这就是“七莲能化千万朵，千万莲花覆尔身”之喻义。

以上所讲，都是修道的妙诀、修道的捷径。如果一个修功之人连这种捷径都不知道走，那你拜神拜佛又有什么益处呢？

【原文】

金沙古佛曰：

吾今无他法，将收心之上品，扫念之绝妙，一一与尔指的端[①]。

心意走不是另一件[②]，未将大道细嚼参[③]。

试想这身居红尘，如在苦海一般。

今生落人道，来生失落苦不堪，俗言一失人身万劫难。

幸尔等今有缘得问大道，身坐蒲团，心也不须收，意也不须观，念也不须扫，猿也不须拴。有身如无身，心似无栏关[④]。也不必观尔的心，也不必记尔的法言，略取一意在乳间。一刻心不定，一刻莫抛散；二三心不纯，二三莫放闲，却又不可紧紧拴，也只在有意无意之间。太紧气必滞，不注意念偏[⑤]。

吾再有一法，也只收心上妙丹[⑥]。

常在诵经典，念杂默念经。一遍只得一二刻，觉恍惚，念自捐，自自然然，功满百日见先天。

一坐遇睡魔，醒时即参禅，志清不用收，念起再用此法收妄念。

实在难，实在难，实在难将尔等牵缠斩。斩不尽红红绿绿花花衣衫，斩不绝南田北地儿女情肠一大串，纵是仙佛手段，也难度尔上仙苑，也难携尔上吾船。

劝尔等莫再退却，自将金丹抛入那孽海无边。生时不知悔，死后方了然。

【注释】

①的端：的，目的；端，终端，意即彻底。

②另一件：意指另外的一件事。

③嚼参：意指细细地品味体会。

④栏关：即阻碍。

⑤不注意念偏：此句话分段读应为“不注，意念偏”，指意注乳溪穴，不即不离。如果意念没有关注此穴，意念又会偏离而生出杂念。

⑥上妙丹：意即上妙的丹法口诀。

【文译】

金沙古佛说，我今天不讲别的法诀，只将收心和扫除杂念最行之有效的方法，彻底披露给你们。

在静坐功中，心意的杂乱和游移不是别的什么原因，主要是没有细细品味大道与修为之间的深刻内涵，没有去认真体悟。试想，我们每一个人身居红尘，无尽的烦恼使我们沉陷于一个无边的苦海之中，这还是人的生命层次中的苦恼。今生做个人就有这么多的苦恼，那如果来生不能做人而成为低等动物，可能遭受的苦难比人不知又多出多少倍。我很庆幸你们这些女同修们有缘得以访求大道，又能够专业地静坐修炼，那当然须掌握行之有效的方法。

其实，收心和扫除杂念也很简单。也无须有个收心的念头，也不要有个注意的念头，也不要有个斩念的念头，也不要有个拴心马锁意猿的念头。有这个肉身只当没有这个肉身，将心放开，让它没有一丝阻碍。这样，静坐之中，也不必观你自己的心，也不必想着念诵什么止念的口诀，只用一点微微的意念关照两乳之间的乳溪穴。只要在一定的时间内，心意难以安定，你就一意关照在乳溪穴不要离开。即或之后又二三次心意不定，仍要用这种方法去行施。但是，这个定在乳溪穴的关照只需微微之意，你若意念过重则又错了，程度就在有意无意之间。意念太紧，气息必然僵滞。但意念不能定注于此穴，又会分散游移。这都不会取得好的效果，重者则会出偏。

我这里再介绍一种方法，也是对收心止念最行之有效的。这种方法就是经常诵读经书，并且要倒背如流。如果杂念生出，就开始默默背诵经文，背诵一遍经文需要一定的时间，背着背着，连背诵都忘了，这样就把杂念化解掉了。这是针对自然放心止念而言。经常营造并维持这种状态，作为专业修炼静功，大约到一百天左右的时间，身心就会全面进入先天状态。

还有一种情况，有的练功人坐着坐着睡意来了，这叫着睡魔（此乃神疲气弱之故）。这时就不要勉强练功，就让自己睡上一觉。待一觉醒来，趁尚未完全清醒的那一刻进入练功状态，这也是最佳火候的把握。而练功时神志本身就很清静纯洁，你就不必再用什么收心止念之法。只有当杂念生出，才能再使用收心止念的方法。

说起收心止念，对于一般虔心向道的人来说，实在是一件很难的事。要知道，人生在世有多少的恩爱牵缠，岂是那么容易斩断的。功名、富贵、美色、财产、亲情等等一切，将人陷得深之又深，捆得紧之又紧，牵得长之又长，要想一一斩割断绝，岂是那么容易。然而，仙道修炼，这一切一切的恩爱牵缠最终都得断然了结，而且都须靠自己断然了结。得道的仙佛与你结缘，也只能起到指引方向的作用。自己不能割断恩爱牵缠，就是得道的仙佛也不能把你度上仙界。即使我想超度，也难将你们牵携上我的法船。所以，我在这里要特别警示，希望大家要坚定信念，不可知难而退，把自己通过努力可以得到的大道金丹，因为自己不争气而被耽误在恩爱牵缠的无边孽海之中。生命还存在的时候往往不感觉后悔，而当死到临头，什么都明白了，那时后悔却来不及了。

【编者按】

本节文章专讲收心止念的方法，讲得非常仔细，讲得非常辩证，是丹经中难得的好口诀。

【原文】

再醒童贞女，各自细打算。

前生之根本非浅，今生遇奇缘。

并无人牵引，一听大道阐妙玄，一个个自己心愿，看破了红尘世界，了脱这七情不沾。真乃是千古稀罕，果算得女中奇男。

但只是眼为六贼[①]主，见不得红红绿绿花花朵朵披好看。一念便打转，事事爱体面，虚假人情费真念。吾今劝尔休沾染。

莫忧这事难结果，莫窒[②]这大缘难满愿。又莫虑普陀[③]无人唤。尔能了脱人间诸挂绊，自自然然有金童和玉女时刻来经管。不使尔道炁被魔扰，不使尔道法被魔缠。一直悟到头，勿沾勿染，身也轻，体也便，百病不生乐无边。

即至功满日，宝盖和幢幡[④]，护法韦驮[⑤]前，引路十八罗汉把驾参。花仙彩女千千万,四面拥护到西天。

尔贞女试看好不好，真真是前根不亚缘法赛天仙。苦口良言，切戒汝惟冀[⑥]，个个记心间。

【注释】

①六贼：佛教用语，指视听嗅尝触想等六种人的感官触觉及思维功能。因这些功能的发挥能诱发人的念欲，会使人走向身心行为不良的极端，故称六贼。

②窪：音 wā。义同“洼”，表示低下。这里表示自卑无信心。

③普陀：指修得正果的佛和菩萨。

④宝盖和幢幡：本是古代帝王出行时随侍为之遮挡阳光并彰显威仪的装饰物，宝盖为伞状，多层；幢幡为高举的条幅，很多。这些装饰物多为锦缎绣制，精美豪华并有威严之势。后来宗教为渲染仙佛境界，在说教乃至绘制雕塑仙佛人物时，均会加上类似装饰物，以显示仙佛至高无上的威仪和显赫地位。

⑤韦驮：佛教守护神之一，亦称韦天将军。佛教传说他为四天王之中，南方增长天王的八将之一，而居四天王三十二将之首，穿武将服，执金刚杵。

⑥冀：即希望。

【文译】

现在给你们尚未婚育而又进入修道之门的青少年女同修们讲讲，希望你们能够清醒认识一些相关问题，并各自做好自己的打算。

按说你们这些人与修道的缘分，前生就已经扎下根了，所以在今生，虽然并无人有意接引你们，可你们就有这种奇缘，就能遇上传道的大德高人，一听讲道就能领会其中的玄妙内涵。并且你们个个都是自发地看破了凡俗的常人世界，毫不犹豫地斩断了私情。像你们这样的意志和根器是千古少见的，可以称得上是女子中的英雄大丈夫。

但尽管如此，我还是要警示一个问题，即要能把住眼这道关。为什么这样讲？因为人的眼耳鼻舌身意这六大感官与思维会诱发人的念欲，修道人称它们为六贼。而在六贼之中，眼是首当其冲的大贼。这个大贼是不容易控制的，如果让它看到一些美色美景，就有可能诱发人的欲望（编者按：所以把住相关的最好法诀应是儒家的“非礼勿视，非礼勿听”。人的感官与思维从本质上讲，是为人生存服务的，不能不使用，而不能因为修道就去堵截这些功能。其实，人的这些功能是无法堵截的。但偏激使用会有害生存，所以要正确引导，淡泊而用）。所以，我现在要规劝你们，千万要把好感官思维的门户，不要让六贼闯入。大家不要担忧修道何时才有结果，也不要自卑地认为与修道无大的缘分，更不要忧虑会不会修到仙佛的地位，有没有天界的上帝来召唤你。只要牢记，凡是能够了脱一切的后天挂绊，全心全意修道，就会有成功的那一天。修得了金丹大药，自然有真阳的金童和真阴的玉女随身护侍你，不让识神这个阴魔扰乱你身中的道气，破坏你对火候的准确把握。总之，你只要进入先天状态，一直向前悟修，不再沾染一丝一毫的后天念虑，你的机体就会生生不息，轻灵活泼，百病不生。及至到了功果圆满，那时候还愁天界不接你位列仙班么！那时，你将享受天界最高的礼遇，有护法的韦驮引路，十八罗汉参加护行，宝盖幢幡，仙女如云，前簇后拥，送至西天极乐世界。你们说这等的结果好不好？这都是因为你们前生有缘，才可能获得如此的天仙之果啊！

我这样苦口婆心劝导你们，希望你们一个个都能修成正果。所以，我特别要告诫的是，你们不要把修行只停留在向往的阶段，而不去实践，那最终只会什么也得不到。

【编者按】

读这一节文章不要以为是迷信的说教，而要领会文章的苦口婆心。因为，作为一个传道者，他所采用的说教方式是因时因地因人而异的。在古时宗教信仰气氛浓厚的时代，借用宗教的说教是有实际作用的。即便在今天，对于某些人，这种说教方式或许仍有一定作用。而对于大多数修道之人而言，由于大家对现代科学有常识性认识，传道者就必须借助于现代科学知识来传播修道的法理了。

【原文】

圆明道姆曰：

圆明炁本圆，炁原藏一穴。一穴分九窍，东西并南北[①]。

星象列宿位，以一为转折[②]。不睹亦不闻，似有似无别。

有无归中候，煌煌辉四廓。此穴不多大，万象尽包括。

大如天边外，小配形难测。高而三天上，卑又海底澈。

穴道分明点，人皆听清白；今非重重点，精微难透彻。

不阴亦不阳，阳精媾阴血。阴气归血海，阳精此发泄。

发动人不觉，恍惚心其悦；飘飘而荡荡，清浊分皂白。

不乐心焦闷，阴阳两不接。一得神缥缈，炁包无阻隔。

子午莲方吐[③]，阴阳两交叶；阴合阳祖炁，莲蕊遍池列。

阳配阴祖炁，花开茂枝叶；此处一花放，七朵尽行开。

血海通祖炁，祖炁又归血；血枯炁必阻，炁阻血自竭。

阴竭病疴起，皆因炁郁结；郁结又何来，拘滞不洒脱。

因心不脱落[④]，先后气关闭；闭是下阻上，塞是凭空说[⑤]。

因闭血不动，不动乃阻塞；炁阻关自闭，一线不通彻。

血气有清浊，清浊何分别？心清无私妄，呼吸亦皎洁。

皎洁合真阴，真阳自交迫。清浊自然分，信不失一月。

轻清而上浮，浊自不漏泄。心杂气必躁，呼吸亦猛烈。

躁与阳相交，邪火发如铢；便烧真阳炁，干枯病易得。

世医如盲瞽[⑥]，诊脉药妄切。先将气血补，通关毫不涉。
一旦浊气凝，经络更闭塞。及至心病起，烦躁又发热；
口干并舌焦，食冷暂激烈。医术更恍惚，问症再分别；
一闻热症起，凉药用知柏[⑦]。先补而后冷，痼疾了不得。
服尽百草物，形容渐瘦白。及至莫奈何，参茸加归鳖[⑧]。
滋阴又培阳，头绪更乱择。修真受害累，个个怕悟得。
不修犹快畅，修来反受折。

【注释】

①一穴分九窍，东西并南北：文中“九窍”，实喻四通八达，无处不到。此“九窍”亦如九宫，按方位指东西南北之四正四隅共八方，再加中央之位，共成九宫。

②星象列宿位，以一为转折：中国传统星象学认为，天上星宿分四方，东青龙，西白虎，南朱雀，北玄武，每方又分七宿，共四象二十八宿。二十八宿以北斗斗柄所指的角宿为起点，由西向东排列。星宿的转动可以引起地球季候的变化。而星宿的转动却是受北斗所指挥的，所以北斗在这里就被称为“一”。而在丹道修炼中，先天元气就像北斗这个“一”，是它统御着身体气血周流的变化。

③子午莲方吐：这里全是比喻之义，诸如子与午，它们本是十二地支“子丑寅卯辰巳午未申酉戌亥”中的二支。古人用十二地支，表示一个事物周期的流转过程。例如，表示一天中昼夜的阴阳循环变化情况等等。而“子”是阴达极致而生阳之象，“午”乃阳达极致而生阴之象，都是阴与阳一方为另一方创造生的条件，故可称阴阳互媾互生。“莲”，比喻先天元炁的出现。“莲方吐”，就是说先天元炁刚刚萌发。

④因心不脱落：文中的“脱落”，就是“放下”的意思。“因心不脱落”，

就是说“因为心不能放下”。

⑤闭是下阻上，塞是凭空说：此句的意思是说，先天元气和生命在通道上发生了闭塞。追溯其原因，从“闭”这个意思上讲，就是处于下位的后天之心阻断了处于上位的先天元气进入生命体的来路。而“塞”则是就空的流通被隔断而言的。前者“闭”是因，后者“塞”是果。

⑥世医如盲瞽：此句是说，世上流行的医疗方式，若从丹道修炼的本质内涵去看待，都如同盲人摸象般，摸不到实质上来。瞽，指瞎眼。

⑦知柏：知，指知母。柏，指黄柏。知母为清热泻火之药，黄柏为清热燥湿之药。

⑧参茸加归鳖：参，指参类补气之药；茸，指鹿茸，助阳之药；归，指当归，补血之药；鳖，指鳖甲，养阴之药。

【文译】

女丹修炼家圆明道姆说：

我们把先天元气的性质称为圆明。圆，就是浑圆，无微不至；明，就是清明，抟之不得。但先天元气原本潜藏在一个特殊的穴窍里，这个穴窍四通八达，无处不到，在任何一个时空里——大到宇宙天体，小到人体，都会显示其圆明运变的作用和规律。但这些作用和规律无论怎样运变，都要受到先天元气的统御。先天元气是始终处于主宰之位的最高统帅，从术数学上讲，它就是“一”。无论数字发生怎样的复合变化，都是由“一”开始的。这也如天上的四方星宿，其方位运转会改变地球的季节变化。但四方星宿的方位运转，却是受着北斗星指挥的。先天元气虽然发挥着如此大的作用，但它却是看不到摸不着的。说它存在，你却找不到它；说它不存在，却时时处处都有它的踪影。所以，我们说它实际上处于有与无之间的那个“中”态，而发挥着圆明通达的辉煌作用。先天元气所处的穴窍说大也不大，因为人想找它也很容易，在自己身心上就能找到。但它可以把宇宙万象都包括在内。所以说，它是其大无外，无边无际；其小无内，针尖上还能显示大千世界。说它高，高到九天之上不见头；说它低，低到大海深处不着底。

以上比喻应该把先天元气所藏的穴窍讲清楚了。但要结合女丹功修炼，当然还要针对性着重指出，不然精微之处大家还是弄不明白。

【编者按】

请注意，这里所讲的丹诀是针对中青年妇女而言的。当然，其中一些道理和宏观理论是适合不同性别不同年龄的所有内丹修炼者的。

我们可以就女性的月经周期现象，谈一谈其与先天元气的关系。在一个月经来潮的前阶段，生理中会有一个先天阴阳之气的自然媾合，我们可以将这个阳气称为阳精，因为，它负载生命信息；可以将这个阴气称为阴血，因为它能化合血的物质。两者在媾合之初是没有明显征兆的，我们称此时为“不阴不阳”。

因为女性的月经现象与自然本能的生殖现象相关联，所以它的发生地在子宫。因此，大自然赋予的先天阴阳二气媾合后就会归藏到这个地方。阴气的性质是静的，它归藏到子宫血海不会有什么动静。而阳气的性质是动的，它同阴气一同归藏到子宫血海，就会萌发动象。而阳气萌发动象之时，则说明阴气已同时到达（在先天状态下的先天元气，实则是阴阳一体的，呈现的是太极之象，既有阴，又有阳，以其真静显示真阴的一面，以其真动显示真阳的一面。有时为了便于讲解，可以将阴阳分开来讲。当然，也有些丹道家在自己的理论构建中将阴阳分开，诸如这里所讲的丹诀，就是另外的事。但修道人必须明白这些道理，才不会被大同下的小异理论所困惑）。先天真阳元气在子宫萌发，并不是给人一种什么特别的感觉，只是在那个时候人会生出特别的舒愉感，会在没有外向的引诱刺激下，自然生发出对性交配的渴望。

这个时候，人会有神魂飘荡的感觉，也正是在这个时候，先后天正处于清浊分离的态势（此时进行修炼，先天就会炼化后天，使先天元气进一步巩固壮大；此时进行性交配，先天就会凝聚为后天，化为孕育婴儿的营养；此时既不修炼，又不进行性交配，一部分元气就会继续潜藏，一部分则会与后天气相接，化合成浊血排出体外），或者归于先天，或者落于后天。人在这个时候如果心情不好，或郁闷，或忧伤，或烦躁，或恼怒，则会破坏先后天的正常演化，导致月经紊乱或发生经血病。因为，前面的先天落于后天，显示的还是人生理的自然规律，而后者则是由于人为的心理因素，破坏了生理上先后天的阴阳自然演化规律，阴不接阳，阳不接阴，阴阳相阻，相生变相克，所以就会引发毛病。

作为丹功修炼，就是要抓住先天真阳之气萌动，刚刚处于与后天的交融化合，但尚未出现清浊分离的时刻，以先天之心扶持先天之气，一任其巩固壮大，让这个"一"始终发挥主宰作用。这样，由得"一"而进入心神缥缈的境界，身心由先天元气的混沌所渗透，人则处于无人无我、无内无外的混沌气态之中。

女丹法诀最核心的奥秘是，"生在子，养在午"。说白了就是，子宫是先天真阳之气萌生的地方，而乳溪穴则是先天真阴之气涵养的地方。将这两个穴窍连通起来，生而有养，养而再生，壮旺到一定程度，就会像莲苞一样开辫吐蕊，这是先天真阴真阳相交的结果。而练功中纯洁明静的心态，正好合于先天真阴之相，它是附和真阳祖气的，真阴合真阳，就会像莲池荷花盛开；真阳也是愿意交配真阴祖气的，所以就会像莲池荷花越开越旺。如果把身体比作一个莲池，只要有一枝先天元气的荷苞绽放，离整个莲池荷花盛开还会远么？这就是练功中从局部穴窍下手与整个身心的关系所在。

从女性的生理内在关系上讲，子宫血海是与先天元气相连通的。因为连通，故而先天元气又会在这里成为后天之血构成的"酵母菌"。从常识上讲，一个处于有正常月事年龄段的妇女，如果她的经血紊乱了，少了或枯竭了，那必定是连接先天元气的通道阻断了。因为通道阻断，先天元气来不了，经血自然就枯竭了。那么，这种阻隔和枯竭的原因在哪里呢？从表象上看，首先是源于气郁结不通。气为什么会郁结不通呢？原来是作为通道的经络系统处处拘滞不畅。为什么经络系统会处处拘滞不畅呢？从根本上说，是因为心理出了毛病，心不能安静，心不能平和，时时处于紧张状态，就把先天气与后天气的连接通道给一一闭塞了。元气是先天的，人心是后天的。先天无私，为上；后天有私，为下。所以，闭，是为下之人心的过错，是下把上隔离了；塞，是就流通受阻而言的，只有空才能流通，空被造成不空，那就是塞。这里都存在互联关系：先后天通道关闭，血就不能滋生流动；血不流动，又加重了通道阻塞；先天气与血海的通道一旦受阻，气不能入，通道也就报废了。由此可以看出，这条先后天相连的生命线有多么重要！若这一条生命线造成阻塞，对人的生命会有严重威胁。

血与气既然有清浊之分，那么该如何去区分呢？心情时常保持恬淡无欲，平静中和，这就会使气清，即便口鼻呼吸属于后天，但也是清明皎洁的。这种清明皎洁的心气与呼吸之气，都合于先天的真阴属性。因为，真阴是吸引真阳的，有了真阴，真阳就会到来。在正常的月事过程中，先天阴阳与后天阴阳交互发生运化，清浊自然析分，保持一月月的自然规律而自然延续。气是轻轻的，自会上浮而发挥生命能量的作用；未起作用的血是重浊的，自然会排出体外以净化身体。但在月事的特定阶段，如果心情杂乱，气必焦躁，呼吸也会猛烈，这些统称“后天燥火”。先天真阳萌动之时，遇到后天燥火干扰，因为性质相斥而引发非常顽固的邪火，反过来把身内潜存的真阳之气也烧枯烧干，这样那样的毛病也难免乘虚而入了。

世俗的医疗方式大都如盲人摸象，他们仅摸着人们的表象去治病，而不能从本质内涵的分析把握上去治病。所以，对妇科疾病往往都是妄诊妄治，不能解决根本问题。例如，对于月经不调，他们会认为是气血亏损，下手开的就是补气补血的药物。其实，这与解决关窍的闭塞毫不相干。浊气一旦在身中凝结，吃滋补药物只会加重经络的阻塞，导致病上加病。还有，因为心情不好，在月事阶段，从而伴随着心烦气躁，咽干口渴，往往喜欢吃凉东西，认为可以缓解烦热。这时，如果去问世俗的庸医，他看你是热症，马上给你用知母黄柏类的解热泻火药。这样，先前用补药，后来又用解热药，使得病症变得更复杂、更严重。再后来，百般治疗也不见好转，弄得人形容憔悴，骨瘦如柴。待到无可奈何的地步，庸医又会给患者开些诸如人参、鹿茸、当归、鳖甲等滋阴壮阳的药物，这其实是把头绪搞得更乱了。

一个从事丹道修炼的人，如果就像以上那样对待妇科疾病，那将会使修炼受到严重伤害。然而，很多修道的人正是如此，有了病不去深悟其中的根本道理，以便找到根治的方法，而是一任庸医的摆布。类似这样的人，不从事丹道修炼，或许很快活；从事丹道修炼，反倒徒增更多的人生苦恼。

【原文】

吾今明告诫，血停有规额[①]。
血如山谷水，浸流督不得，
一督乱窜发，反触正脉穴。
不得不遍流，甚至冲过格。
人身血海内，只有三条脉，
气海与血海，任督总一穴。
精[②]从此处过，浊从此处泄，
若非寒冷滞，必不至阻塞。
塞而不须流，通路把药切。

须温休太燥，分清浊[3]自别。
如是治此病，妙手称上客。
吾今与点破，以免受冤孽。
分配阴阳路，男女指一节：
男有此祖炁，分配在精穴[4]：
女子祖炁合，阴从血海说。
男有此阳关，须逆不须惑；
女有北海地[5]，波摇似水迫。
大周天大动，小周天亦阔，
十二时辰候，子午二极接。
此点有分解，有修未坐宅[6]。
修者子午合，真炁真媾结，
未修仍交会，真祖炁难泄。
此处真命谛，勿轻妄与说。
北海有清浊，清者气淡泊，
浊乃形质露，是日念扫绝。
念净清浮上，与祖炁相接；
念杂气入质，清反归浊炙[7]。
月信多差错，即是念太憾[8]。
念憾神自昏，神昏莫分别。
清浊两混杂，真炁不上拍[9]。
果常如是样，如是病发脉。
必得是日到，不想妄自灭，
优游无稍滞，洒洒而喋喋[10]。
不虑亦不愁，不惊亦不吓，

不张亦不大，皎皎而洁洁。

行住无罣[11]碍，惺惺而悦悦，

不识亦不知，闻听念不涉。

形骸似飘荡，天光而地白，

手足如轻挠，浮动不沾节。

最忌心太猛，念恐功有缺，

此念是大病，快快治宜切。

三七露未尽[12]，床褥莫拘节，

听其露尽时，上床方合格。

此乃一定法，非人休传诀。

再望尔归女[13]，此处一旦泄。

无诀道难明，执诀炁有隔。

【注释】

①血停有规额：血，指月经；停，这里指阶段和周期，不指停止，如古代绘画技法将人面部分为“三停五眼”，“三停”即指上中下三个阶段；规额，即规律及其限度。全句义为：月经的阶段和周期是有其规律限定的特征。

②精：此精指先天的精华之气，即先天元气。

③浊：指已化为血质的月经。

④精穴：此指男性的生殖系统本质功能发生之处，即外生殖器到睾丸一段。

⑤北海地：即血海的另一喻称，实指子宫。北，五行属坎水；北海，海水旺盛之处，象征子宫是产生月经血水的地方。

⑥有修未坐宅：有修，指有些修行的人；未坐宅，指还未深入理解内丹修炼的内涵，就像还未进入家中一样。类似我们说对于某种技能有人已经入

门，有人还未入门。

⑦清反归浊炙：意指清纯的先天元气反而会阻碍渗入杂浊的后天经血之中。

⑧慽：即戚，心动貌。《孟子·梁惠王上》："夫子言之，于我心有戚戚焉。"

⑨不上拍：即不合拍，义指不和谐。此语源自古代音乐合奏中的拍节，各种不同乐器演奏，能合于统一的拍节之中，音乐必和谐优美，反之则杂乱无章。

⑩喋喋：原指讲话流利不断，这里指滔滔不绝的情况。

⑪罣：即"挂"字的古写。

⑫三七露未尽：三七，即二十一天；露，指大部流尽但尚未干净的经血。床褥莫拘节：床，指禅床，打坐静修的地方。此句指此时还不必对禅床打坐练功那么认真，可以随便些，因为时机还未到。

⑬归女：即皈依道门清修的女子。

【文译】

我现在明白地告诫女同修们，月经的阶段及周期是有一定规律和规律制约下的特定内涵现象。打个比方说，月经的到来和消失，就像山泉的流水，是受气候规律制约的，水大水小，都是自然的流淌，而不能人为地加速。如果一加速，这种浊血在正常渠道流不及，就会流窜到其他经脉，特别是人身的正脉。这就像洪水泛滥，不该流经的地方给淹没，造成灾难性后果。按女性的生理构造讲，子宫血海只有三条脉是其正常通道，这就是中丹田气海和任督二脉，并由任督二脉一线相连（编者按：这是否成为传统定论，不好说。我以为只能视为一家之言。但这一定论是否准确，并不会影响到内丹修炼，因为其基本道理是正确的）。在这一线相连的三条脉系中，先天元气的精华要从这里光临人体，而化为后天浊质的经血也要从这里向后天通道排泄。这条经脉线只要不发生塞冷症状，就不会阻塞。如果发生阻塞，造成月经排泄不正常，需要用药物治疗，那就要用温性药，使其温解，返还到清浊自然造化自然分别的状态。这样判断治疗月经疾病，才算得上高手。我今天把这个问题点明，以免女性修道者遭受不必要的痛苦。

天道自然将人的男女分为阴与阳两种不同属性，男为阳，女为阴（编者按：男虽为阳，但阳中含阴；女虽为阴，但阴中含阳）。但作为先天，皆是真阳元气所生所化。因为人后天分别构成为男女，生理结构便有所不同。正因为生理结构有所不同，所以男子先天元气在后天身体内的萌发点在外生殖器，而女子的先天之气萌发点则在子宫。男子外生殖器称精穴，女子的子宫称血海。关于男子的精穴这一阳关，顺则由生而死，逆则生生不息。这种修炼理论，由于男子丹法的传播面广，早已被人们明白无误地了解了。但女子血海作为先天元气的萌发处，世人还是很少知道的，他们可能只会知道经血就像海水波涛汹涌，不会想到这个地方会是先天元气的萌发地。

无论男子的精穴，还是女子的血海，两者既是先天元气的萌发处，所以在内丹修炼过程中，它们的功能作用与特征都是显著的。在大周天阶段，这个地方作为元气始发地，动象是非常强烈的；即便处在小周天阶段，这个地方的动象也是由点及面影响很大的。

先天元气在人体有其运化的周期循环规律，从昼夜十二时辰讲（编者按：传统所讲一昼夜十二时辰，相当现代人使用的二十四小时。子时是午夜十二点到凌晨一点；午时是中午十二点到下午一点），子时是元气开始生发的时刻，经过丑、寅、卯、辰，达到巳时，元气已达到强盛，所以到了午时它就开始静养蓄藏了。因此，子午二时对修炼者来说非常关键，前者是生气，后者是养气，两者要衔接得和谐完美。而对于这些分别，有些修炼者还未能深入领会，不懂它的关键性和重要性，这是需要引起重视的。

当修炼进入持续的状态，真元之气在人体就是按着它自身的规律生养运化的，十二时中的变化，阳长阴消，阴消阳长，都是和谐循环的，都是阴阳相合的。子时的阳生，午时的阳养，真炁都是在循环中通过阴阳交媾而一层层提炼升华。在这种持续的修炼状态下，打坐是修，不打坐的间歇还是修。表面形式上有修与未修的区别，而在体内元气的运化、蓄养、提炼却是没有间断的。这就是命功修炼的真谛，作为修炼门派内部的奥秘，这些都是不能轻易向外泄露的。

在子宫这个北海每次月经发生的周期中，有属于先天清纯的东西，有属于后天污浊的东西。先天清沌的东西就是无形的元气，后天污浊的东西就是有形的经血。作为修炼者要留清去浊，也就是说，每当经期的先期征兆即先天元气生发的时候，就是最佳练功时期，这时要扫除一功杂念进入功态。因为人没有后天念头的时候，人体就处于先天本能发挥作用的时候，先天本能就会使人体呈现为先天开放系统，与先天元气相接，使这一生命的原始祖气源源不断进入人身。而如果心存杂念，一方面是先天元气不能来入人身，另一方面是已经来入人身的先天元气，也会随着杂念的心火杂入后天之气，最后都成为后天浊血而被排泄掉了。分析许多月经失调的原因，大都与心理不好的因素有关。心态清静平淡，就像一池静静的水；而心态不好，或杂念丛生，或愤怒、或紧张、或悲伤惊恐，就像一池水被狂风吹、暴风雨打、巨石砸、沙尘扑，池水很快就被搅乱得一塌糊涂，这就是心不动与心大动乱动所产生的截然不同的后果。人的心念活动太多太重，造成人的神气昏沉，也使体内原本先天后天清浊循环周流的本能机制功能紊乱，使先后天清与浊的秩序打乱混杂，那么身中即或还有先天元气的存在，也难以发挥调控生理功能节拍使之和谐有序的作用。如果一个人老是这个样子，她以前如果没有什么病，这时候也会有疾病发生了，会比不练功的人发病更严重呢！

因此，就练功来讲，到了月信到来的前兆（编者按：以前注解的文章里，对前兆的表现有所阐述，此不重复），保持一副清静心态来练功是至关重要的（编者按：当然，下手练功保持清静心态至关重要，而实际上作为练功修道人，自始至终都是应该保持清静心态的）。在那种功态下，由于后天与先天连接，先天元气不仅持续在体内萌发，而且还发挥生命本能的统御作用，气血和谐流畅，滔滔不绝；心态清静空明，无愁无虑，无恐无惧，无烦无恼，像明月一样明静皎洁。即或这时下座做事，同样有功态中那样炁畅的感受。在去其一切念想的功态下，从心理上讲，人是处于无识无知忘人忘物的混沌状态；从生理上讲，人的肉体此时被气充盈，有些飘飘荡荡四大不着边际的感觉。四肢有时会像有人轻挠那样痒生毫窍，舒愉美快；有时也会像在空中飘水中游那样飘浮自在，而肢体却是根本未动的。

练功中还有两大弊端应当注意避免：一是意志力过强，比如要下定决心一定要在多长时间内练到什么程度之类；一是时时担心练功效果不好。这些也都属于杂念的范畴，虽然跟别的杂念从某些性质上有所区别，但从练功本质上讲，仍然是个大毛病，要及早根除。

月经期间，最初出现先兆时是练功佳期，一旦这个时期过后月经来潮，就要暂停练静功（编者按：应指不要硬性练打坐，但生活行为应该保持静功的要领。这时作一些适宜的轻柔平缓的动功锻炼是可以的），直到月经彻底干净。有些女子因为身体的某些疾病，月经周期长，二十天左右月经还未干净，这时都不要考虑到禅床上打坐练功，练功安排可以松散随便些。等到月经彻底干净，才可以上禅床严格地练功。这是一个练功的原则性要求，也是一个秘诀，不是合适的人不能告诉她的。

以上这些都是丹道修炼的奥秘，对于天地间修道者这样一个精英群体，在我这个地方都一下子泄露了。如果要再告诫什么，那我就再告诉女同修们，我虽然说了这么多秘诀，可你们千万不能执著于这些法诀。因为法诀虽是奥妙所在，却是灵活使用的。没有发觉，修道就没有指路明灯，而若执著于法诀，那你若欲寻先天元气却又成为了一道障碍。

【编者按】

古人曰，得意忘形，得蹄忘筌，吾注丹经如是，望读吾注者亦如是，足矣。

【原文】

平居[①]心与口，多把佛号默[②]。
有念方默着，无念不必默，
只将人事了，手莫控花蝶[③]。
不过衣鞋制，常探内功烈，
手做人间事，念冷如冰铁。
眼为摇心贼，莫着花影色[④]。
此乃俗骨累，尔愿立修德。
修德与修真，修性修心应。
须应德自新，一朝炁蒸耶。
超身云霄外，飘飘卧极北[⑤]。
吾驾凤凰辇，金花仙女接。
引乐游上界，携尔到佛国。
仙塔登几层，眼观大千陌[⑥]。
红尘劳苦辈，俗胎甚惨烈。
南天一观望，代为泪垂帛。
纵是大慈悲，难将无缘恻。
即是大愿船，莫渡自作孽。

西天大佛祖，万法总难契。
吾本圆明祖，将临于此宅。
分分明明点，望尔心甚切。
莫忌淳淳告，朝夕静是诀。
欲多来缠扰，由于眼招贼。
眼见如未见，反观思内穴。
不轻亦不重，不急又不歇。
不燥亦不妄，千般亦不迫。
不沾亦不脱，百感概消灭。
不乐自然乐，不绝自然绝。
上座休用意，死尸恍默默[7]。
天崩尔不崩，地裂尔不裂。
人言休动气，自取自明白。
清福与红福，观红如视黑。
青白分真伪，人杂类各别，
我无金刚体，妄游极乐国。
长短莫计较，不听自除耶。
高超世几等，不与俗同格。
志大言勿大，心真念莫怯。
常常体仙佛，在此谈玄诀。

【注释】

①平居：指日常生活。平，平常；居，饮食居住生活。

②默：指默念。

③手莫探花蝶：手，指举止行为：花蝶，比喻红尘之中与金钱、物质、

性色有关能诱发人欲望的事物。

④莫看花影色：此句与③有相近之义，不过是专指性色而已。花影色，喻指穿戴打扮华丽漂亮的男男女女。

⑤极北：北极，指北极星。但古人所谓的北极通常就是北斗星，又名帝星，认为地球上一切季候的转变都有是受它统御。文中的“极北”是以北斗帝星来比喻道气，即先天元气，因为是它统御着生命。

⑥大千陌：即大千世界。这里特指纷乱繁杂的人间世界。

⑦死尸恍默默：即指把肉体当作已死去的尸体。但这里的“当作”并不是有意义认为，而是根本不去考虑肉体的存在与否。如全真派始祖王重阳修炼内丹时将自已置于土穴之内，与世隔绝，自称其土穴为“活死人墓”。

【文译】

在平时的日常生活中，心中要经常默念佛号（编者按：通常所念的佛号为“南无阿弥陀佛”）。当然，修炼念佛号与一般佛教徒念佛号不同，一般佛教徒的功课就是念佛号，修炼念佛号是为了消除杂念。修炼者有了杂念就立刻在心中默念佛号，没有杂念的时候就用不着默念佛号了（编者按：这是以佛号的威严来断除杂念。也可谓以正念代杂念，以一念代万念。但以念代念毕竟是消极之法，权宜之计，只有无念之念才为道心所在。无念之念即为清静之心，清静之心即为佛心道心，既有佛心道心，何用默念佛号道号）。

从事修炼的人，她们首要的功夫就是要了却人间俗事，身心行为不去参与那些柳绿花红、刺激人耳目诱发人欲望的任何事情。日常的生活不过有食果腹有衣遮身就行了，要把最大的精力放到内功修炼上，要做到虽然看起来日常从事的一些事跟别人并无两样，但常人和俗人会跟所做的事情时常发生纠葛，会因事特别高兴或十分烦恼，而修道人却不一样，她的心已经超然物外，看世事冷如冰铁，所以她们的心不会被世事染着。

在初人修道之门的阶段，要知道人的眼对于心的修炼有很大负面影响。有时候心想清静，但眼一看到外部有刺激的事物，心就清静不下来了，所以眼被称为摇心之贼。也正因为如此，前辈教人初步下手就是闭目垂帘。把眼睛闭上，就看不见外界的事物，就不会扰乱心地清静了（编者按：此也是初入门径的权宜之法，有一定的作用，但不能起根本之作用。根本之法还在于以心制心，以心炼心，从心上自修。心的根本真的清静了，睁着眼睛看外物，也不会被外物所诱惑）。眼睛被外物吸引，导致人的欲望丛生，从而为之付出数不尽的精气神，最后多病多灾，这都是凡胎俗骨之人自招的苦累。你们懂得了这些，就要立刻发誓愿从德行上修起，更换凡胎俗骨为道胎仙骨。

在修道的功夫中，心理与生理是互为作用的。例如修德，它可以培养人的正气与和气，而正气与和气又正是先天元气的性质。所以说，修德就是修真，修性也是修心。一个有德行的人必是性情谦和之人，一个性情谦和之人必是心地清静之人，这是品行与心理的连锁反应作用。同时心理的良性反应，又改善了生理的不和谐状态，使之向和谐的先天转换，使后天的肉体机能与先天元气的供应通道疏通，先天元气从而又源源不断向人体输布，最终使人体的质量彻底地升华到高级的生命层次，人的生命就会由被造物主统御变为等同于造物主，这就是前人所说的得道升天。得道升天有超级的享受，会坐上只有人间帝王才能坐得到的龙车凤辇；有无数的仙女奏乐起舞，拥前簇后；有无数大大小小的天官来迎接你到极乐的佛国。这时你要登几层仙塔向凡俗的人间再望一望，你就会生出无限的感慨，会觉得生命还处于红尘世界的那些凡俗之辈，是何等的我昧、何等的劳苦、何等的可怜啊！你有南天门这么一望，就不免会为他们掉下眼泪，因为我昧与不觉醒是不可救药的。神仙可怜他们，但救不了他们；大愿船想载他们，但他们死活不愿上船，只好被苦海淹死。即便是西天的大佛祖用尽一切的法术，也救不了他们呀！

我的道号叫圆明道姆（圆明就是先天元气，生命之祖），我来到这个地方与大家相处，就是要把女子内丹修炼的奥秘明白无误地给大家讲清楚，期望大家早日修得正果的心是十分真切的，希望大家不要忘记我的谆谆劝告。

下面再具体讲一下日常习静的功夫要诀。习静之功就在于“静”，所以一天从早到晚想到静，能静就算抓住了要诀。那么怎样习静呢？前面说过，日常心里欲念缠扰，主要是眼容易被外界事物引诱。现在就要练习眼功，看见外物就跟没看见外物一样，无动于衷，同样把这种平静的心念用到静坐时反观内照上来（编者按：心主神，神主气。心动则神动，神动则气动。故心之所在，神之所依，气之所伏。心动于外，神发于外，气耗于外；心守于内，神养于内，气蓄于内。外耗伤害生D命，内养保存生命，理甚明也）。这种平静的心念怎样去营造和把握呢？记住，平静的心念是既不轻也不重，既不急又不慢，既不焦躁又不狂妄，再多再紧的事压在面前也会从容不迫地去面对，对做任何事情既不会不负责但也不会太在意……总之，一切可以和情感发生关系的事在这里都淡化得像一杯白开水。但世人绝不会领略到这种静心会给人带来超然的内在享受，可谓是外在看不出乐趣何在，而内里却享受着最大的乐趣。正因为如此，领略到平静好处的人，她就不会有意地再去断绝某些不良的身心行为，但在生活中也就自然地断绝了。

再从静坐的功夫上讲，一上座就不要再想这想那，要万缘断绝，连内守的“守”心都放弃掉，人就像一具没有精神体存在的尸体那样，一任自然造化。就是面前天崩地陷、鬼哭狼嚎，仍是心如冷冰，无动于衷，这就是真静。这种真静是从心根上静起的，所以它能够永恒地静。当然这种静的功夫要从初步入门一点一滴地修，修到一定程度自然就入轨了。比如初级阶段，如果别人指责了你或者骂了你，其实你没有错，但你要学会不恼怒不动气。事后你再去回顾品味，以前你好动怒生气，而动怒生气后你的心情你的身体是个什么样；现在你遇事付之一笑，之后心情身体又是个什么样。有了这些对比，你的静功就会提高一步，你对俗人的幸福和修道人的幸福就会辨别得更加清楚。你的人生价值观彻底改变了，那么你和常人对某些事物的价值判断就会截然不同。常人认为是幸福，你则认为是痛苦；常人看的是红色，你却认为是黑色。所以说，人世间对任何事物的价值判断是没有统一标准的，各自都是处在不同的角度、不同的高度来加以判断。而修道人则是跳出人间的三维时空看待事物，所以他把握的是本质性、永恒性的东西，不会像常人那样以分别心去辨别善恶真伪。也正因为修道人抓住了本质性和永恒性的东西——道，他才能性命双修，最终修成百病莫侵永生不息的金刚之体。试想，我们不能修成金刚不坏之体，又怎能享受生命的无限自由和幸福呢？

以上主要谈的清静法诀，深悟其中之理，就会看破世事，不会与人计较短长错对，感官不去介入事物，心就安静；心安静，气就和畅。这就是修道比世俗高超不知多少级别的境界，怎么会跟世俗相提并论呢！

当然，修道要立高大的志向。但是，不管具有多么大的志向，同时也要以平常心待之，不要认为有多么了不起。心中要去做某一件事，就默默去做，坚定地去做，不要畏难。水滴可以穿石，铁杵可以磨针，功夫到了，自然就成功了。我们做功夫时要体会到，一法一诀，都是前辈苦修而成的仙家佛家一点一点在实修中琢磨出来的，我们用着现成的法诀，多幸福，能不珍惜么！

【原文】

妇女书少读，性理更难得。

只守一念静，丝毫内莫塞。

如光天化日，如星又似月。

如北极之亮，七星挂天阙。

明明而朗朗，昭昭无点黑。

尔心明似斗，内七星灿烂。

皂[①]云虽遮蔽，本体仍不绝。

云过星犹朗，尔心如星炟[②]。

心中无一坐，有尘心定别。

心本原无妄，因见妄入宅。

心本无他想，耳听便遭厄。

心本无黏滞，因身不便捷。

身口不合意，便动怒不悦。

有此一怒态，五脏火发越。

此根不除尽，枉把道修也。

【注释】

①皂：黑色。

②炟：音 dá，火起之义。

【文译】

作为女性修道者，如果不读和少读有关的丹经道书，你就不明白性理，性修功夫就达不到上乘境界。比如讲心的清静，丹经教人只守念头的纯净。纯净就是无念之念，内心空明净洁，没有丝毫的渣滓堵塞，像万里无云的晴天，又像星光灿烂的夜空。再举例说，像那净碧的夜空，北斗七星挂在天际，明明朗朗，熠熠生辉。修道人的心就像北斗，纵然天空偶尔会有乌云遮蔽，但本体的心仍然纯洁无染，乌云过去了，天空仍是碧蓝的，北斗仍是辉朗的。心中没有杂念的染着，这就是道心。心中若有一丝后天杂念，那就是后天的分别心。人的心从先天本态上讲是没有妄杂的，心生妄杂都是由于后天感官和意识介入外物，才把妄杂引入心的家园，比如耳听外物、眼观外物、鼻嗅外物、口尝外物、身触外物、意想外物等等。有了这些介入，原本的清静心便不得清静了，而且稍不合意便心生恼怒。人一有恼怒，五脏便凡火相克，引发各种疾病。所以说，欲修清静之心，如果不从感官与意识上消除对外物的有意介入，同时淡化外物的刺激，就不能真正得到清静，所谓修道也就是一句空话。

【原文】

吾今下细点[①]，贪字宜制裁。
衣食固莫贪，自然有凑者[②]。
善念也莫贪，仙凡念上别。
妙法亦莫贪，守静妙莫测。
功夫亦莫贪，随时快坐摄[③]。
妙境亦莫贪，镜象无形色。
安安而乐乐，欢欢而悦悦。
潇潇而洒洒，悠悠而阔阔。
即是妙景象，此象贪不得。
由它自来去，由它自然结。
由它自变化，由它自交接。
念静神不扰，二三载必得。
吾今大慈悲，逐一告知者。
尔妇女等辈，莫拘是妙诀[④]。
一拘即成病，莫怪道诳惑。
内外皆莫梱[⑤]，神仙气超越。
游行念超朗，心自皎而洁。
来往又何拘，天高月又缺。

人生难满愿，到头知红黑。
此时风气薄，人言听不得。
各修各性体，仙凡有分别。
仙原仙根来，凡本前生孽。
今生虽富贵，身谢甚可怯。
不带有功善，罪过注黑册。
一生无善折，银钱空手撇。
只带一身罪，尘埃膝屈血。
罚入大地狱，来生作聋瞎。
仙凡此分界，修炼又有说。
纵难成上品，仙佛化解厄。
养性阁中修，功满朝上阙。
修真丹满足，佛旨下仙帖。
金童执宝幡，玉箫天地彻。
迎尔归极乐，永享千万劫。
不入轮回道，不生亦不灭。
不死亦不老，长生榜上客。
时而烟霞伴，时而凤阁歇。
时而天涯转，时而海岛阅。
观不完金刚美景，看不尽琉璃秋色。
这才是功行圆满的大快乐。
这就是修道归根的大妙诀。

【注释】

①下细点：即下力气仔细地说明白。

②凑者：指施舍周济的人。凑，帮凑。

③随时快坐摄：随时随地坐下来，就能很快进入功夫状态，招摄先天元气。

④莫拘是妙诀：功夫中不要拘泥于、执著于前人告知的法诀，而能辩证灵活运用，才是真正的妙诀。这里并非否定前人的法诀，是告诫后人不要犯教条主义错误。因为前人的法诀既有共性也有个性，后学者要能识别共性与个性，以便功中能在共性原则的指导下认识个性，正确处理个性。

⑤内外皆莫榴：指表现在外的神情心意和游动于体内的气血，都要使其流畅无阻，不要人为地造成僵滞。

【文译】

我今天下工夫仔细地将另一个法诀和盘托出，这个法诀就是制裁贪心。作为一个出家修行者，什么身外之物都放弃了，那当然也不能在衣着上有华美的要求，有施舍者供应粗布衲衣也就够了，这叫不贪衣。修行人要经常做善事，但思想也不要贪在行善上，要将行善当做一件很平淡的事去做。修炼家和普通人在念头上是有分别的，修炼家看一切事都很平淡，无挂于心；而普通人则是把念头挂在许许多多的事上放不下来。练功中法诀很重要，但也不能贪，你若贪在法用上，你就会执著，就会强化关注心，而不得真正入静。所以，对法诀也要平淡视之，灵活处之，而以守静为宗旨，在守静中获得最佳效益。打坐练习也不能贪，不要强制自己一次非要坐多少时间，也不要计划多长时间一定要达到什么效果，只要一坐就能入静、上攻就行，如果坐不住就下座停功，随情练功。有些人练功中出现了好景象，比如气感强、气感舒服、内景绚丽美妙无限，她就老想着这个感受不放，深恐它们跑掉了，或是再练功时还没什么感受，就老想着某次的好感受希望它们重来，这也是个贪字。有这个贪字，遇到好感受也会很快消失，想它再来也越发不会来。放下一切的贪字，保持恬淡的心态，时常安逸舒畅，高兴快乐，潇洒悠闲，自由自在，这才是修行者所要保持的修道心态。功中出现再好的景象都是不能贪的，采取的对待方式就是它来任它来，它去任它去；它想凝结就凝结，它要解散就解散，它要变化就变化。只能为先天发挥作用营造宽松开放的条件，而不能给它们制造任何障碍。如果能做到像以上所说的，念头能彻底地静，心神没有任何扰动，一任先天元气阴阳交替，和谐运化，大约有二到三年的时间，内丹就可以结了。

我今天是怀着一颗慈悲的心，将以上这些法诀一一仔细地告诉大家。但也要告诫你们，不能又拿我说的法诀当成教条，机械地去实行。因为在修炼内丹的功夫中，说到底无非是道法自然，所以，一拘泥一执著就犯了毛病。如果谁因拘泥执著犯了毛病，出了问题，那就不能怪是传道人的错、法诀的错。修炼的过程就是要使运用在外的意念和流行在内的气血没有任何的僵滞阻碍，这就是前人所说的心平气和。后天心平后天气和就能营造出先天神活先天气旺的大好形势。具备了这个根本条件，就是云游四海也不会影响修行者的练功。因为她们已经能够把练功体现在行立坐卧等一切生活行为当中去了。

修行人要看破红尘，你看世间无数的人，哪一个一生最终真正实现了他的理想，他们都或多或少带有遗憾，落下了不同的结果。当今的世界人心不古，世风低下，人们的思想言行更加乱套，不能听信，不能仿效，所以修行人只管修炼各自的性命，与凡俗之人划清界限。修仙人是因为你前世造就了仙根，你才有缘修仙，所以你要珍惜。凡俗之人是他们前生造了孽，他们才无缘修仙。别看有些人现在那么富贵，一旦他病衰老残，那就可怜了。如果他生前不做善事，他的罪过就会被记录下来，不但死时一文钱都带不走，死后还会在阴曹地府遭受惩罚，受尽折磨，再投胎凡间，可能就是先天残疾，一辈子受罪。这就是仙与凡的区别。

再从修炼来讲，只要你去努力，总会有所收获。你就是修不到上上乘境界，也会因地佛的指引而消除人生身心许多的痛苦和烦恼。而如果你有条件踏踏实实去修炼，功夫到了自然就会修成上仙。关键在于药足火妙而丹结，在此基础上持续修炼，自己会有仙佛告知你成功。修成上仙自然身人仙界，享不尽的仙界之乐，永远也不会受造化的轮回变演了。这时的生命是既不生也不灭，既不死也不老，就叫做长生。不但长生，生命体还能超越时空局限，在相关的宇宙时空里纵横自在，享受无限自由。这种结果才是功行圆满的大快乐，这其中所讲的才是修道归根的大妙诀啊！

【编者按】

以上文译基本告一段落。希望读者在阅读时分清哪些是重要法诀，哪些是比喻，哪些是宗教性劝勉，明白主次轻重，以利灵活运用。

我观圆明道姆女丹法诀，确系至理名言。此篇法诀按顺序可为：识玄关、辨子时、认祖窍、降燥心、温三脉、分男女、择功期、除杂念、不执法、伏眼贼、死人心、守静念、戒贪著、莫拘诀。